Herausgegeben vom Wissenschaftlichen Rat für Soziologische Forschung in der DDR

Ingenieure in der DDR
Soziologische Studien

Autorenkollektiv
unter der Leitung von
Manfred Lötsch

Dietz Verlag Berlin 1988

Autorenkollektiv:
Frank Adler Kapitel 6
Herbert Bernhardt Kapitel 4
Manfred Lötsch Kapitel 1 und 2;
Mitarbeit Kapitel 3, 4 und 5
(Leiter des Autorenkollektivs)
Irene Müller-Hartmann Kapitel 5
Klaus Römer Kapitel 3;
Mitarbeit Kapitel 2

Ingenieure in der DDR : soziologische Studien /
Autorenkoll. unter Leitung von Manfred Lötsch. – Berlin :
Dietz Verl., 1988. – 200 S. : 7 Abb., 8 Tab.
(Schriftenreihe Soziologie)

ISBN 3-320-01105-7

Mit 7 Abbildungen und 8 Tabellen

© Dietz Verlag Berlin
Lizenznummer 1 · LSV 0185
Lektor: Irmhild Kosin
Reihenentwurf: Gerhard Schmidt
Umschlag: Helmut Wengler
Printed in the German Democratic Republic
Gesamtherstellung: INTERDRUCK
Graphischer Großbetrieb Leipzig,
Betrieb der ausgezeichneten Qualitätsarbeit, III/18/97
Redaktionsschluß: März 1988
Best.-Nr. 738 459 0

00620

1001360194

Vorwort

Unsere Studien über Ingenieure – die sich im übrigen durchweg als Diskussionsbeiträge verstehen – haben es mit einer spezifischen Schwierigkeit zu tun. Auf der einen Seite waren wir bestrebt, mit einiger Konsequenz beim Thema zu bleiben, das heißt die Probleme zu behandeln, die mit der gesellschaftlichen Funktion der Ingenieure, ihrer besonderen Verantwortung für wissenschaftlich-technischen und sozialen Fortschritt zusammenhängen. Auf der anderen Seite erzeugt dies eine Einengung des Blickwinkels, gegen die sich vieles einwenden ließe. Entwicklungen, über die sich wissenschaftlicher, technologischer, wirtschaftlicher und sozialer Fortschritt einstellt, sind immer das Resultat des Handelns sozialer Gruppen und gesellschaftlicher Kräfte in ihrer Gesamtheit, aus denen sich nicht eine Gruppe als »besonders wichtig« herausheben läßt. Genau genommen, müßte jedes Element der sozialen Struktur immer in seinen vielfältigen *Beziehungen* zu anderen Elementen dargestellt werden, wobei, wenn die Komplexität der Zusammenhänge in ihrem ganzen Reichtum beachtet werden sollte, auf unterschiedlichen Ebenen liegende Strukturen abgearbeitet werden müßten: Beziehungen der unmittelbaren Arbeitsteilung und Kooperation (zwischen Ingenieuren und naturwissenschaftlicher Intelligenz, zwischen Ingenieuren und Produktionsarbeitern usw.), aber auch Beziehungen, die aus der *politischen*

Organisation wesentlicher gesellschaftlicher Entwicklungen hervorgehen.

Wie jede andere soziale Gruppe auch, verhalten sich Ingenieure zu den Herausforderungen, die die wissenschaftlich-technische Revolution mit sich bringt, nicht isoliert. Sie sind, was die vielfältigen Probleme ihrer sozialen Entwicklung angeht, nicht auf sich allein gestellt. Jedes spezielle Problem, das darzustellen wir bemüht waren, steht in einem übergreifenden gesellschaftlichen Kontext; das reicht von der Rolle und Verantwortung der Ingenieure im Rahmen der gesamtgesellschaftlichen Strategie bis hin zur unmittelbaren Ebene des Betriebes oder der wissenschaftlichen Einrichtung.

Wir haben es somit, um die Dinge auf den Punkt zu bringen, faktisch von der ersten bis zur letzten Zeile immer mit politischen Angelegenheiten zu tun. Keines der Probleme, deren Lösung historisch herangereift ist, wäre anders zu lösen als durch politisches Verhalten: der Ingenieure selbst, aber auch aller gesellschaftlichen Kräfte und Institutionen, die an der Entfaltung der unserer Gesellschaft wesenseigenen Leistungspotentiale und Triebkräfte mitwirken. Insofern verknüpfen wir mit unseren Studien eine doppelte Hoffnung. Wir gehen auf der einen Seite von der seit vielen Jahren immer deutlicher werdenden Erfahrung aus, daß die Sensibilität von Ingenieuren für die sozialen Aspekte ihrer Tätigkeit wächst: nicht nur im Sinne der Wahrnehmung von Verantwortung gegenüber der Gesellschaft, sondern auch im Sinne zunehmender Engagiertheit gegenüber den sozialen und politischen Rahmenbedingungen der eigenen Tätigkeit, von denen Effektivität, Leistungsmotivation und Leistungsverhalten maßgeblich abhängen. Wenn wir unsere Studien als Diskussionsbeiträge definieren, hoffen wir in erster Linie auf Ingenieure als Diskussions*partner*: nicht zuletzt, weil sie selbst die Probleme, über die wir uns äußern, am besten zu beurteilen vermögen.

Zugleich wenden wir uns mit unseren Vorschlägen, wie einleuchtend oder kritikbedürftig sie auch immer sein mögen, an jene gesellschaftlichen Kräfte, die für die Belebung des interdisziplinären wissenschaftlichen und politischen Dialogs eine hohe Verantwortung tragen: an die Partei- und Gewerkschaftsorganisationen der Kombinate und wissen-

schaftlichen Einrichtungen und nicht zuletzt an die sozialistische Ingenieurorganisation unseres Landes, die Kammer
der Technik. In der Gesamtheit der Bedingungen, von denen
die weitere Beschleunigung und soziale Beherrschung der
wissenschaftlich-technischen Revolution abhängt, kommt
der Entfaltung der wissenschaftlichen Leistungsfähigkeit unserer Gesellschaft erstrangige Bedeutung zu; die dabei zu lösenden Probleme sind eine Herausforderung an gemein-
schaftliche Anstrengungen.

Der soziologische Beitrag, dies pro domo, kann nur als
Moment des Ganzen wirksam werden: als Element kollektiven Nachdenkens, als Moment des Meinungsaustauschs
und, wo immer das nötig ist, des Meinungsstreits, im günstigsten Falle als Anregung. In diesem Sinne stellen wir unsere Einsichten und Standpunkte, unsere Sichtweisen und
Lösungsvorschläge zur Diskussion.

1.
Die gesellschaftliche Funktion und Verantwortung des Ingenieurs

Der Urquell aller technischen Errungenschaften
ist die Neugier und der Spieltrieb des bastelnden
und grübelnden Forschers und nicht minder
die konstruktive Phantasie des technischen Erfinders ...
Sollen sich alle schämen, die gedankenlos
sich der Wunder der Wissenschaft und Technik bedienen
und nicht mehr davon geistig erfaßt haben
als die Kuh von der Botanik der Pflanzen,
die sie mit Wohlbehagen frißt.

Albert Einstein

Was eine bestimmte Gruppe von Menschen zur sozialen Schicht der Intelligenz macht, ist nicht einfach die Spezifik ihrer Tätigkeit (wie etwa die Eigenschaft, »kompliziertere geistige Arbeit« zu leisten), und auch nicht die Eigenart ihrer institutionalisierten Ausbildung. Es ist der Umstand, eine spezifische gesellschaftliche Funktion auszuüben.

Demzufolge ist, wenn von der geschichtlichen Funktion des Ingenieurs ausgegangen und seine Wirkungsweise in der heutigen Gesellschaft beschrieben werden soll, ein breiterer Blickwinkel anzulegen. Das Fremdwörterbuch nennt »Ingenieure« lakonisch »wissenschaftlich ausgebildete Techniker«, Meyers Neues Lexikon definiert sie als »Absolventen von Ingenieurschulen«. Das mag, wenn auch gewisse Tautologien nicht zu übersehen sind, für die Erklärung des Wortes ausreichen – aber der Frage, welche Rolle Ingenieure im geschichtlichen Prozeß der Technikentwicklung gespielt haben, kommt man damit nicht näher.

Die gesellschaftliche Funktion des Ingenieurs, dies als erste und allgemeinste Bestimmung, besteht darin, technische und technologische Neuerungen hervorzubringen. Dies tun, ließe sich einwenden, andere Menschen auch; die Erfinder des Rades im 4. Jahrtausend vor unserer Zeitrechnung haben die möglicherweise wichtigste technische Erfindung der Menschheit hervorgebracht, ohne »Ingenieure« gewesen zu sein. Aber, um mit Gramsci zu sprechen: Jeder Mensch kommt im Laufe seines Lebens auch in die Lage, einen Knopf anzunähen oder ein paar Eier zu kochen, was ihn keineswegs zum Schneider oder Koch macht.[1]

Als Träger einer gesellschaftlichen Funktion – wie auch immer ihre Bezeichnung – haben Ingenieure zu allen Zeiten, seit es die objektive Erscheinung »Technik« gibt, eine maßgebliche Rolle im technischen und technologischen Fortschritt der Menschheit gespielt. Dabei gab es die Sache weit eher als das Wort oder die institutionalisierte Ausbildung. Die Bergakademie Freiberg, die älteste montanwissenschaftliche und eine der ältesten technischen Bildungseinrichtungen der Welt, ist gut 220 Jahre alt – aber Menschen, die im weitesten gesellschaftlichen Sinne die Funktion von »Ingenieuren« ausübten, waren bei der Erzeugung von Metallen in der Bronze- oder Eisenzeit ebenso am Werke wie bei der Schaffung mesopotamischer Bewässerungsanlagen oder römischer Aquädukte; Zeugnisse ihres Wirkens sind antike oder mittelalterliche Bauwerke ebensosehr wie die technischen Leistungen des erzgebirgischen Silbererzbergbaues. Schriebe jemand eine umfassende Geschichte des Wirkens von Ingenieuren, entstünden zumindest wesentliche Konturen einer Geschichte der Produktivkräfte in ihrer Gesamtheit.

Aber auch wenn sich das gesellschaftliche Wirken von Ingenieuren in großen historischen Dimensionen darstellt, so lassen sich doch einschneidende Höhepunkte, qualitative Schnittstellen und Umschlagpunkte ausmachen. Dabei rückt, zumindest wenn man die jüngere Geschichte im Auge hat, zweifellos die industrielle Revolution des 18. und 19. Jahrhunderts, mit der die Herausbildung der maschinellen Großindustrie begann, in den Mittelpunkt. Mit ihr wurden die Voraussetzungen für ein qualitativ neues Tempo der Produktivkraftentwicklung geschaffen, dabei vor allem der

---

1 »Der verbreitetste methodische Fehler scheint mir zu sein, daß dieses Unterscheidungsmerkmal in der Spezifik der intellektuellen Tätigkeiten gesucht wurde und nicht im ganzen System der Beziehungen, in dem sie und damit die Gruppen, die sie repräsentieren, als Teil des Gesamtkomplexes der gesellschaftlichen Beziehungen ihren Platz finden.« (Antonio Gramsci: Zu Politik, Geschichte und Kultur, Leipzig 1986, S. 225.)

technischen und technologischen Innovationen. »Solange Handwerk und Manufaktur die allgemeine Grundlage der gesellschaftlichen Produktion bilden«, schreibt Marx, »... findet jeder besondre Produktionszweig empirisch die ihm entsprechende technische Gestalt, vervollkommnet sie langsam und kristallisiert sie rasch, sobald ein gewisser Reifegrad erlangt ist ... Die große Industrie zerriß den Schleier, der den Menschen ihren eignen gesellschaftlichen Produktionsprozeß versteckte und die verschiednen naturwüchsig besonderten Produktionszweige gegeneinander und sogar dem in jedem Zweig Eingeweihten zu Rätseln machte. Ihr Prinzip, jeden Produktionsprozeß, an und für sich und zunächst ohne alle Rücksicht auf die menschliche Hand, in seine konstituierenden Elemente aufzulösen, schuf die ganz moderne Wissenschaft der Technologie.«[2]

Freilich hatten technische Neuerungen zu allen Zeiten neben empirischen auch wissenschaftliche Grundlagen,[3] so in der Mathematik, dabei in erster Hinsicht der Geometrie, in der Astronomie und in der Physik, dabei vor allem der Mechanik. Genaugenommen waren auch die gravierenden Erfindungen der industriellen Revolution noch keine systematische Anwendung der Wissenschaft: Watt war ein Uhrmacher, Arkwright Barbier, Fulton Juwelierarbeiter. Aber mit den sich herausbildenden Funktionsprinzipien der großen Industrie und der Entstehung der »modernen Wissenschaft der Technologie« bildeten sich die grundlegenden Voraussetzungen heraus, um den Zusammenhang von Naturwissenschaft, Technikwissenschaft und materieller Technikentwicklung zum dauerhaften *Grundprinzip* der Produktivkraftentwicklung zu machen; das war, wie gravierend vorangegangene technische Erfindungen auch immer gewesen sein mögen, der entscheidende Sprung.

So ist es auch keineswegs ein Paradoxon, wenn wir das Innovationsgeschehen des 17. und beginnenden 18. Jahrhunderts als industrielle Revolution bezeichnen, die Innovationswelle zwischen den siebziger Jahren des 19. und den zwanziger Jahren des 20. Jahrhunderts dagegen nicht – ob-

2 Karl Marx: Das Kapital. Erster Band. In: Marx/Engels: Werke (im folgenden MEW), Bd. 23, S. 509/510.
3 Siehe dazu J. D. Bernal: Die Wissenschaft in der Geschichte, Berlin 1967, vor allem Teil V und Teil VI.

gleich sich gute Gründe für die These finden lassen, daß in der letztgenannten Phase eigentlich umfassendere und tiefergehende Umwälzungen vor sich gegangen sind: die Erfindungen der Otto, Daimler, Benz, der Edison und Siemens haben, wenn man die technische Neuerung nicht isoliert betrachtet, sondern ihre technologische Anwendung und Ausbreitung berücksichtigt, Produktionsprozesse und Lebensweise mehr verändert als alle technischen Erfindungen vor ihnen. Aber es waren technische Innovationen *im* Rahmen der Funktionsprinzipien der Großindustrie, während die industrielle Revolution diese selbst hervorbrachte, und es waren Entwicklungen, die zum Ausbau der materiell-technischen Basis der kapitalistischen Produktionsweise führten, während die industrielle Revolution – und eben dies ist der entscheidende Sprung – diese in ihren wesentlichen Grundlagen schuf.

Wie aber auch immer: Das gesellschaftliche Wirken von Ingenieuren hat eine lange Geschichte. An der Nahtstelle von Natur- und Technikwissenschaft angesiedelt, wird es mit der industriellen Revolution zum entscheidenden Bindeglied zwischen Wissenschaft und Produktion. Die Tätigkeit des Ingenieurs wird professionalisiert, seine Ausbildung wird institutionalisiert. War in der Vergangenheit die Ingenieur*funktion* von anderen Berufsgruppen eher »nebenher« vollzogen worden (teils von komplex tätigen Wissenschaftlern, teils von Handwerkern), wird sie nun zur Angelegenheit einer speziellen sozialen Gruppe.

Mit der Herausbildung dauerhafter Wirkungszusammenhänge zwischen Wissenschaft und Produktion bilden sich neue Gesetzmäßigkeiten der Produktivkraftentwicklung heraus, die auch wesentliche Verlaufsformen der heutigen wissenschaftlich-technischen Revolution prägen. So ist, um ein Beispiel zu geben, die Geschichte der Automobilindustrie von den ersten Anfängen bis zu den heutigen internationalen Spitzenniveaus geradezu ein Modellfall für die Wechselwirkung von Basis- und Verbesserungsinnovationen, für die Auswirkung des allgemeinen Prinzips auf eine Kette weiterer Erfindungen, für die volkswirtschaftliche Multiplikatorfunktion einer Basisinnovation, am Ende für die gesamte Wirkungsweise des zwischen Wissenschaft und Markt liegenden

Zyklus, einschließlich der bedürfnisbildenden Wirkung der Produktion. Aber gleichzeitig ist heute vieles neu und anders.

1.1.
Ingenieure im Zyklus »Naturwissenschaft – Technikwissenschaft – Produktion – Absatz«

■ Die erste Besonderheit der gegenwärtigen Entwicklungsphase der Produktivkräfte, die für die Bestimmung der gesellschaftlichen Funktion des Ingenieurs wesentlich ist, ergibt sich aus den prinzipiellen Unterschieden zwischen industrieller und wissenschaftlich-technischer Revolution. Was die wichtigste Eigenheit der heutigen industriellen Revolution ausmacht ist nicht nur, daß mit ihr ein neuer Techniktyp entsteht, der, während die industrielle Revolution physische und energetische Beziehungen zwischen Mensch und Arbeitsmittel umwälzte, die *informationellen* Beziehungen zwischen Mensch und Maschine und damit geistige Operationen erfaßt.[4] Der universelle Charakter der Umwälzung, die sich nunmehr anbahnt, entsteht aus einer völlig neuen Qualität der Beziehungen zwischen Naturwissenschaft und Technik. Die wissenschaftlich-technische Revolution der Gegenwart beruht in einem qualitativ anderen Maße auf naturwissenschaftlichen Basisinnovationen: so der Entdeckung des Halbleitereffekts als Voraussetzung für die gesamte Entwicklung der Mikroelektronik; der theoretischen und technischen Kybernetik als Basis modernster Entwicklungslinien der Automation und der Rechentechnik; der Kernspaltung als Quintessenz der modernen Entwicklung der Physik der Elementarteilchen; der Entwicklung der Molekularbiologie, mit ihr der Entschlüsselung des genetischen Codes, als Voraussetzung für eine biologisch-technologische Umwälzung, deren Reichweite heute nicht abzusehen ist; der Entdeckung des Lasereffekts mit seinen unübersehbaren technischen Anwendungsfeldern.

Auch in der Vergangenheit lassen sich Neuerungen nach

4   Siehe: Ökonomische und soziale Wirksamkeit des wissenschaftlich-technischen Fortschritts, Berlin 1986, S. 14/15.

Basis- und Verbesserungsinnovationen[5] unterscheiden. Neu ist zweierlei. *Erstens* bilden sich im Zusammenwirken von Natur- und Technikwissenschaften Basisinnovationen unterschiedlicher Ordnung heraus, so daß die Antwort auf die Frage, was eine Basis- und was eine Verbesserungsinnovation sei, nicht nur von deren Neuigkeitsgrad und Reichweite, sondern auch vom Bezugssystem abhängt. Vom Standpunkt des naturwissenschaftlichen Grundprinzips ist die Entwicklung von Schaltkreisen mit immer höherem Integrationsniveau eine Verbesserungsinnovation, vom Standpunkt der Technologie ist jede neue Integrationsstufe eine echte Basisinnovation. *Zweitens*, und das ist das Entscheidende, wirkt ein neuartiger Rückkopplungsmechanismus: Breiter werdende Anwendungsfelder und die mit ihnen gewonnenen technologischen Erfahrungen wirken auf das Grundprinzip zurück und befördern dessen Perfektionierung.

Das ist für unsere Frage nach den *Veränderungen* in der Funktion des Ingenieurs wichtig.

Bernal schrieb noch Mitte der fünfziger Jahre: »Die Tatsache, daß sich der Beruf des Technikers aus dem des Wissenschaftlers entwickelt hat und daß beide Berufsgruppen ständig und eng miteinander verbunden sind, bedeutet jedoch nicht, daß zwischen beiden Berufen kein Unterschied besteht. Tatsächlich sind sie – was ihre Aufgaben betrifft – ganz und gar verschieden. Die Hauptaufgabe des Wissenschaftlers ist es, herauszufinden, wie etwas gemacht wird, während es Sache des Technikers ist, es dann zu tun.«[6]

So einfach liegen die Dinge heute nicht. Die Beziehungen zwischen Naturwissenschaft und Technik sind vielschichtiger und verwickelter geworden. Die naturwissenschaftliche Basisinnovation ist keineswegs sofort anwendungsfähig. Auch die Unterscheidung zwischen Grundlagenforschung und angewandter Forschung ist heutzutage eine zu weit getriebene Vereinfachung. Innerhalb der Grundlagenforschung müssen zwei wesentlich verschiedene Typen bestimmt werden: die reine und die anwendungsorientierte Grundlagenforschung.

5 Ausführlicher zur Typologie von Innovationen siehe Karl-Heinz Uhlig/Peter Petschick: Innovationsstrategien in der BRD, Berlin 1983, S. 28/29, 36 ff., 70 ff.
6 J. D. Bernal: Die Wissenschaft in der Geschichte, S. 15.

Wie die bisherigen Verlaufsformen der wissenschaftlich-technischen Revolution zeigen, ist es *letztlich* die auf Gesetzeserkenntnis zielende reine Grundlagenforschung, die die einschneidendsten Innovationen vorbereitet. Bernal zitiert in diesem Kontext J. J. Thomson: »»Forschung auf dem Gebiet der angewandten Wissenschaft führt zu Reformen; Forschung auf dem Gebiet der reinen Wissenschaft führt zu Revolutionen.«[7] Die einschneidenden naturwissenschaftlichen Basisinnovationen, von denen bereits die Rede war, wären ohne »reine« Grundlagenforschung nicht denkbar gewesen; die Entwicklung der Physik der Elementarteilchen ist dafür wohl das klassische Beispiel.

Aber zwischen diesem Typ der Grundlagenforschung und der »angewandten Forschung« liegt ein Vermittlungsglied, dessen Bedeutung ständig zunimmt: die *anwendungsorientierte Grundlagenforschung*. Sie ist für unser Thema besonders wichtig, weil hier die Funktion des Ingenieurs im Zyklus beginnt. In der Phase der anwendungsorientierten Grundlagenforschung geht in die rein kognitive Funktion bereits eine wesentliche praktische Komponente ein. Hier geht es darum, auf dem Boden naturwissenschaftlicher Grundlagenerkenntnisse jene »Übersetzungen« zu erarbeiten, die strategische Anwendungsfelder erschließen. Diese Phase entscheidet darüber, ob, in welchem Tempo und in welchem Maße es gelingt, den verfügbaren Fundus an naturwissenschaftlichen Erkenntnissen in langfristige Grundlinien der Verfahrens- und Erzeugnisentwicklung umzusetzen. International bestimmende und führende Positionen bei der Einführung und Ausbreitung von Schlüsseltechnologien hängen weitgehend von dieser Phase des Zyklus ab.

Es sind somit globale Gesetzmäßigkeiten der wissenschaftlich-technischen Revolution, von denen die SED ausgeht, wenn sie der kombinatseigenen Grundlagenforschung, die notwendigerweise anwendungsorientierten Charakter hat, eine wachsende Bedeutung beimißt. Sie und ein beträchtlicher Teil der Hochschul- und Akademieforschung sind auf heutige und absehbare volkswirtschaftliche Schwerpunkte zu konzentrieren: Informationstechnik, flexible und rechnerge-

---

7 Ebenda, S. 16.

stützte Automation, Lichtleiter- und Lasertechnik, Biotechnologien.[8]

Hier, an der Nahtstelle zwischen Natur- und Technikwissenschaft, werden deren Grenzen fließend. Die Funktion des *technikwissenschaftlich* orientierten Ingenieurs besteht in diesem Bereich, der genau genommen als eigenständige Phase im Zyklus Wissenschaft – Produktion definiert werden müßte, darin, zum Auffinden der durch strategische Anwendungsbedürfnisse bestimmten Fragestellungen (und der aus ihnen hervorgehenden Forschungsstrategien) und zur Erarbeitung grundlegender Lösungswege beizutragen. Der wichtigste funktionale und soziale Partner der Kooperation des Ingenieurs ist hier der Naturwissenschaftler.

Der zumindest quantitativ dominierende Abschnitt der Ingenieurtätigkeit ist die *technikwissenschaftliche Forschung* im engeren Sinne, einschließlich der *unmittelbar anwendungsorientierten Forschung, Entwicklung und Konstruktion.* »Die Spezifika der Ingenieurarbeit drückt sich darin aus, daß sie in jedem Fall auf den Produktionsprozeß und das Erzeugnisprofil gerichtet ist … Der Hauptanteil der Ingenieurarbeit wird in den Kombinaten der Volkswirtschaft durch die F/E-Abteilungen getragen und äußert sich in der Weiterentwicklung von Technik, Technologie und Erzeugnissen bei gleichzeitiger Sicherung der Stabilität und Kontinuität der Produktionsprozesse.«[9] Dem ist zuzustimmen, wenn berücksichtigt wird, daß auch in der vorher beschriebenen Phase das Wirken des Ingenieurs »auf den Produktionsprozeß gerichtet« ist – nur eben in einem strategischeren, weniger unmittelbaren Sinne.

Schließlich sollte ergänzt werden, daß ein nicht unwichtiger Teil der Gesamtheit der Ingenieure an technischen Universitäten und Hochschulen in seiner Tätigkeit Forschung und Lehre verbindet. Dennoch bleibt, daß technische Forschung, Entwicklung und Konstruktion ein Haupttätigkeitsfeld des Ingenieurs darstellen.

8 Siehe: XI. Parteitag der SED. Berlin, 17. bis 21. April 1986. Bericht des Zentralkomitees der Sozialistischen Einheitspartei Deutschlands an den XI. Parteitag der SED. Berichterstatter: Genosse Erich Honecker, Berlin 1986, S. 56/57.
9 Autorenkollektiv unter der Leitung von Gerhard Schellenberger: Technisch rationell – sozial effektiv, Berlin 1986, S. 85.

■ Die Bedeutung der Ingenieurtätigkeit in dieser Phase erschließt sich über eine *zweite Gesetzmäßigkeit* der Verlaufsformen der wissenschaftlich-technischen Revolution. In einem hohen Maße wird das Tempo der gegenwärtigen Produktivkraftentwicklung dadurch geprägt, daß sich Erkenntnisse der naturwissenschaftlichen und anwendungsorientierten Vorlaufforschung immer breiter werdende Anwendungsfelder erschließen. Während Basisinnovationen der vorangegangenen Phasen das langfristige Tempo bestimmen, hängt das unmittelbare Tempo der Produktivkraftentwicklung in wachsendem Maße von der Applikations- und Diffusionsphase wissenschaftlich-technischer und technologischer Neuerungen ab; das ist auf den Gebieten der Mikroelektronik[10] und der Lasertechnik besonders augenfällig.

Während sich naturwissenschaftliche Durchbrüche vom Kaliber der Entdeckung des Halbleiter- oder Lasereffektes nur in größeren Zeiträumen ereignen, können neue Anwendungsgebiete in wesentlich kürzeren Fristen erschlossen werden, wobei sich Applikations- und Diffusionsprozesse keineswegs auf bloße »Anwendung des Bekannten« reduzieren lassen. Auch in dieser Phase sind Basisinnovationen, zumindest solche im Bezugssystem von Verfahrens- und Erzeugnisinnovationen, möglich; so ist beispielsweise die CD-Technik, in deren Entwicklung Sharp und Philips gemeinsam etwa 500 Millionen Dollar investierten, vom allgemeinen Standpunkt der Lasertechnik eine Verbesserungs- oder Anwendungsinnovation, vom Standpunkt der Tontechnik jedoch eine echte Basisinnovation. Zweifellos wird vor allem in dieser Hinsicht, das heißt in bezug auf Anwendungs- und Ausbreitungsprozesse, das Tempo der wissenschaftlich-technischen Revolution weiter zunehmen.

Diese Gesetzmäßigkeit ist es, von der sich die ökonomische und wissenschaftlich-technische Strategie der SED leiten läßt, wenn sie die Notwendigkeit tiefgreifender und schneller Generationsablösungen bei Erzeugnissen und Verfahren betont. Zugleich wirken hier Gesetze der Produktivkraftentwicklung und ökonomische Gesetze zusammen. Die »Entwicklungsstufe der Wissenschaft und ihrer technologi-

10 Siehe dazu Kurt Hager: Marxismus-Leninismus und Gegenwart, Berlin 1986, S. 27 ff.

16

schen Anwendbarkeit«[11] bestimmt heute mehr denn je Wert und Gebrauchswert. Die globale Wirkungsweise des Wertgesetzes bringt es mit sich, daß die wertbildende gesellschaftlich notwendige Arbeitszeit durch den internationalen Maßstab bestimmt wird und daß der Gebrauchswert als stofflicher Träger von Wert und Tauschwert durch die Erzeugnisse repräsentiert wird, die dem internationalen Standard entsprechen. Ein Zurückbleiben hinter dem weltweiten Tempo der Generationsablösung müßte also bewirken, daß die national aufgewendete Arbeit, wie hoch auch immer die dabei eingesetzte Qualifikation, auf dem Weltmarkt wenig gilt. Der Kampf um Spitzenleistungen hat gesetzmäßige Gründe. Wenn vor allem in den Applikations- und Ausbreitungsprozessen das Tempo der Erzeugnis- und Verfahrenserneuerung weiter zunehmen wird, hängt die Position der DDR im Gefüge der Weltwirtschaft davon ab, wie sie in der Entwicklung des Gebrauchswertes und der Qualität sowie in der Entwicklung der Effektivität mit internationalen Entwicklungstendenzen Schritt hält.

Obwohl hier selbstverständlich die Fähigkeit *aller* Klassen und Schichten zur Bewältigung dieser Herausforderung in Rechnung gestellt werden muß, halten wir es für berechtigt, vor allem in dieser Phase von einer *besonderen* Verantwortung des Ingenieurs zu sprechen. Wenn auch die Rolle des Technikwissenschaftlers in der Vorlaufforschung wächst, so ist diese doch – als Grundlagenforschung – weitgehend eine Domäne der Naturwissenschaft. Tempoverluste in der Überleitungsphase können Ursachen haben, die vom Ingenieur nicht beeinflußt werden können. In der technischen Forschung, Entwicklung und Konstruktion hängt jedoch alles vom Ingenieur selbst ab; für diese Phase trägt er die Hauptverantwortung. Von seinem Wirken hängt es ab, wie es gelingt, Erkenntnisse der Vorlaufforschung zügig in Verfahrens- und Erzeugnisinnovationen umzusetzen und so die »erste Phase« des Überleitungsprozesses zu bewältigen.

Der Knotenpunkt der Funktion des Ingenieurs im Zyklus Wissenschaft – Produktion ist, so scheint es, die *unmittelbare Überleitungsphase*. Längst ist die Tätigkeit des Forschers und Entwicklers nicht mehr darauf zu reduzieren, daß er dem

11   Karl Marx: Das Kapital. Erster Band. In: MEW, Bd. 23, S. 54.

Anwender das Ergebnis »übergibt«. In der Regel schließen sich der Forschung, Entwicklung und Konstruktion langwierige Test-, Erprobungs- und Einführungsphasen an, die immer mehr zum integralen Bestandteil der Arbeit von Forschungs- und Entwicklungsingenieuren werden; übergabereif sind nicht die papiernen Unterlagen, sondern die funktionsfähigen Anlagen.

Um einen »Knotenpunkt« handelt es sich hier nicht deswegen, weil diese Phase »wichtiger« wäre als die anderen; jeder Abschnitt des Zyklus ist so wichtig wie jeder andere. Der Knotenpunkt entsteht aus der größeren und spezifischen Natur der hier zu lösenden Probleme. Jedes leistungsfähige Forschungsinstitut vermag technische Lösungen zu präsentieren, die der Abnehmer nicht »will«; teils, weil für die Realisierung die materiellen oder finanziellen Voraussetzungen fehlen oder weil aus objektiven Gründen Produktionsprozesse nicht oder noch nicht umgewälzt werden können, teils aber auch, weil Konservatismus und fehlende Risikobereitschaft Neuerungen entgegenstehen. »Die Stärke der technischen Tradition«, schreibt Bernal, »liegt darin, daß sie niemals ganz falsch sein kann; wenn etwas früher funktioniert hatte, wird es wahrscheinlich auch weiterhin funktionieren. Ihre Schwäche liegt darin, daß sie, bildlich gesprochen, ihre eingefahrenen Gleise nicht verlassen kann.«[12] Technischer Traditionalismus kann sich mit ökonomischem Traditionalismus verbünden: Wenn es bisher möglich war, den Plan zu erfüllen, werden wir ihn auch weiterhin erfüllen.

Innovationsprozesse sind unbequem. Mehr als in der unmittelbaren wissenschaftlichen Forschung – in der es natürlich auch Konservatismus und Beharrungsvermögen gibt – schließt die unmittelbare Überleitungsphase den Kampf gegen Altes und Erstarrtes ein, der nur komplex zu führen und zu gewinnen ist: durch das Zusammenwirken des Ingenieurs mit Arbeitern und Leitern, mit Partei, Gewerkschaft und anderen gesellschaftlichen Institutionen.

Am vielfältigsten – und augenscheinlich auch am widersprüchlichsten – sind die Aufgaben des Ingenieurs in der nachfolgenden Phase des Zyklus: der *unmittelbaren materiellen Produktion* einschließlich ihrer direkten *technologischen*

12   J. D. Bernal: Die Wissenschaft in der Geschichte, S. 15.

18

und arbeitsorganisatorischen Vorbereitung. Auf der einen Seite setzt sich hier die innovative Funktion auf vielfältige Weise fort: in der Zusammenarbeit mit Forschungs- und Entwicklungsingenieuren bei der Einführung technischer Neuerungen; in der Zusammenarbeit mit Arbeitern und Meistern des Rationalisierungsmittelbaus; bei der Durchsetzung der sozialistischen Rationalisierung in allen ihren Stufen und Formen.

Auf der anderen Seite können die hier zu lösenden Aufgaben denen in Forschung und Entwicklung geradezu entgegengesetzt sein. Während es in Forschung und Entwicklung (was fast schon eine Tautologie ist) um *Neues* geht, hat der Produktionsingenieur vorwiegend eine stabilisierende Funktion: Produktionsprozesse müssen, einmal mit Aufwand etabliert, in durch technische und ökonomische Zyklen bestimmten Zeiträumen kontinuierlich fortgeführt werden. Die hier wirkenden übergreifenden Zielkriterien: Innovation *und* Kontinuität bilden keine automatische und widerspruchsfreie Einheit. Was aus der Sicht des Zieles, Erforschtes und Entwickeltes rasch durchzusetzen, als Hemmnis erscheinen kann, ist aus der Sicht des für Stabilität und Kontinuität verantwortlichen Produktionsingenieurs in vielen Fällen zwangsläufig. Hier können objektiv determinierte Interessenwidersprüche entstehen, in deren Erforschung die Soziologie (und nicht nur die Soziologie) leider bisher viel zu wenig investiert hat.

Ingenieure, so können wir bis hierher vorläufig resümieren, fungieren in allen Phasen des Zyklus »Wissenschaft – Produktion« unterhalb der Ebene der naturwissenschaftlichen Grundlagenforschung. Das allein würde ausreichen, von einer außerordentlichen Komplexität der gesellschaftlichen Funktion des Ingenieurs zu sprechen.

Aber die Gesetzmäßigkeiten und Verlaufsformen der wissenschaftlich-technischen Revolution haben noch weitergehende Konsequenzen; nicht zufällig betont die wirtschaftswissenschaftliche Literatur die wachsende Bedeutung der Zyklusphase »Absatz«. Im traditionellen Verständnis ist »Absatz« eine Angelegenheit des Kaufmanns. Er wird durch den Ingenieur nicht verdrängt, wohl aber wesentlich ergänzt, vor allem (aber nicht nur) im Außenhandel. Längst werden Produkte – vor allem des Maschinen- und Anlagenbaus, des

Schiffbaus usw. – spezifischen Kundenwünschen entsprechend entwickelt, konstruiert und hergestellt, bildet sich eine von Kundenwünschen und Abnehmerbedürfnissen ausgehende Tendenz zur angepaßten, maßgeschneiderten Kleinserienproduktion heraus.

Die der Konstruktion und Fertigung vorausgehende Erkundung der Abnehmerwünsche und Marktchancen ist jedoch primär kein kaufmännisches, sondern ein technisches Problem. Vor allem im Anlagen- und Maschinenbau hängen Absatzchancen und Devisenrentabilität in hohem Maße von der Gewährleistung des technischen Service ab, was zu weiteren neuen Tätigkeitsbereichen des Ingenieurs führt. Beim Import von Wissen und Technologien können nur Fachleute gewährleisten, daß internationalen Höchstniveaus und den konkreten Bedingungen unserer Volkswirtschaft entsprechende Einkäufe getätigt werden. Auch die Phase »Absatz« (und Einkauf) wird zu einem Tätigkeitsbereich von Ingenieuren.

Weiterhin weitet sich das Tätigkeitsfeld des Ingenieurs auch im horizontalen Sinne aus. Das Alltagsbewußtsein assoziiert geradezu automatisch den Begriff »Ingenieur« mit den Begriffen »Forschung« und »Produktion«, weit weniger wahrscheinlich mit: Banken und Sparkassen, Handel und Dienstleistung. Die Applikationsprozesse, die gegenwärtig weltweit Tempo und Verlauf der wissenschaftlich-technischen Revolution bestimmen, erstrecken sich zunehmend auch auf solche Bereiche. Die »Computerisierung des Büros« muß unter anderem auch von Ingenieuren durchgesetzt werden.

Neue Dimensionen in der technischen Beschaffenheit industrieller Konsumgüter werden neue Dimensionen in der technischen Diagnostik und des Service erfordern. Wartung und Instandhaltung modernster Medizintechnik erfordern technische Spezialisten. Es ist nicht auszuschließen, daß über kurz oder lang Ingenieure auch in allgemeinbildenden Schulen, etwa im Fach Informatik, tätig sein werden. Die Aufzählung ließe sich fortsetzen; sie sollte hier lediglich illustrieren, daß sich das Tätigkeitsfeld des Ingenieurs auf den größten Teil des Zyklus »Wissenschaft ... Absatz« erstreckt und sich, bedingt durch gesetzmäßige Verlaufsformen der wissenschaftlich-technischen Revolution, weiter ausweitet.

In diesem Zusammenhang sei eine Anmerkung gestattet. In der theoretischen Literatur der DDR hat sich, was die begriffliche Fassung des Zyklus betrifft, die Bestimmung »Wissenschaft – Technik – Produktion – Absatz« als dominierend herausgebildet. Das ist, scheint uns, nicht ganz logisch. »Technik« ist keine eigenständige Phase des Zyklus, sondern entweder, als *Technikwissenschaft*, Bestandteil der Phase »Wissenschaft« oder, als materiell-gegenständliche Technik, Bestandteil der Phase »Produktion«. Uns scheint aus mehreren Gründen die von uns verwendete Bestimmung zutreffender zu sein. *Erstens* erfaßt sie genauer die entscheidenden *Phasenübergänge*, die a) zwischen Natur- und Technikwissenschaft und b) zwischen Technikwissenschaft (einschließlich der unmittelbar erzeugnis- oder verfahrensbezogenen Forschung und Entwicklung) und Produktion liegen. *Zweitens* macht sie es genauer möglich, die verschiedenartigen Typen und Qualitäten von Innovationen differenzierter zu bestimmen: naturwissenschaftliche Basis- und Verbesserungsinnovationen; technikwissenschaftliche Basis- und Verbesserungsinnovationen, wobei naturwissenschaftliche Verbesserungsinnovationen zugleich technikwissenschaftliche Basisinnovationen sein können; Innovationen unterschiedlicher Tiefe im Produktionsprozeß usw. Wesentlich ist unseres Erachtens vor allem, die Nahtstelle Naturwissenschaft – Technikwissenschaft, in der die anwendungsorientierte Vorlaufforschung angesiedelt ist, nicht in einer allgemeinen Zyklusphase »Wissenschaft« unterzubringen. Im gleichen Zusammenhang erscheint es als sinnvoll, über die verbreitete Bestimmung »wissenschaftlich-technische Intelligenz« nachzudenken. Konsequent von der Funktion im Zyklus ausgehend, wäre genauer zwischen wissenschaftlicher Intelligenz (auf der nächsten Stufe der Konkretion unterschieden nach natur- und technikwissenschaftlicher Intelligenz) und Produktionsintelligenz zu unterscheiden.

Wir hatten bis hierhin versucht, die Tätigkeitsfelder der Ingenieure in Übereinstimmung mit Gesetzmäßigkeiten und Verlaufsformen der wissenschaftlich-technischen Revolution abzustecken. Dabei darf jedoch ein Gebiet nicht unterschätzt werden, das scheinbar im Windschatten des innovativen Geschehens liegt, vermittelt aber zu den unvermeidlichen Bedingungen gehört. Es ist keineswegs nur eine

Eigenheit der Volkswirtschaft der DDR, daß heute und auf längere Zeit materiell-technische Produktionsmittel unterschiedlichen Modernitätsgrades koexistieren. Das gilt auch für Länder, die mitunter vorschnell und allzu pauschal als »Hochtechnologieländer« apostrophiert werden. Große Teile der japanischen Kleinindustrie sind von hochtechnologischen Niveaus ebenso weit entfernt wie weite Bereiche des industriellen Gürtels von New York. Die wissenschaftlich-technische Revolution ist nicht nur die radikalste Umwälzung der Produktivkräfte, sondern auch die teuerste, was die Konzentration von Forschungs- und Investitionspotentialen auf Schwerpunkte erforderlich macht. Was die DDR von größeren Ländern unterscheidet ist nur, daß sich allgemeine Gesetzmäßigkeiten in kleinen Ländern anders auswirken als in großen.[13]

Das macht es notwendig, einem anderen Typ von Ingenieuren die Aufmerksamkeit zuzuwenden, die er objektiv verdient. Wir ersetzen der Anschaulichkeit halber die allgemeine Erörterung durch den Versuch einer »Porträtskizze«:

Für H.R., Bauleiter in einem Tiefbaukombinat, finden Begriffe wie Schlüsseltechnologien, Basisinnovationen, Generationsablösung usw. wenig Entsprechung in der unmittelbaren täglichen Erfahrung. Seine Probleme sind andere. Mit Grundmitteln, die nicht nur moralisch, sondern physisch weitgehend verschlissen sind, müssen Produktionsablauf und Planerfüllung gewährleistet werden. Dafür sei es notwendig, so eine vorgegebene Losung, den Grundmitteln ein »zweites Leben einzuhauchen« – eine Maxime, die man ironisieren könnte, hinter der sich aber eine handfeste ökonomische Notwendigkeit verbirgt: die Begrenztheit des Investitionspotentials, mit dem so lange wie irgend möglich gewirtschaftet werden muß. In seiner Tätigkeit dominiert eine Komponente der Ingenieurtätigkeit, die Bernal so beschreibt: »Auf bestimmten Gebieten der Technik spielt die Wissenschaft noch immer eine der Erfahrung untergeordnete Rolle.« Für ihn ist es

---

13   »Entsprechend gefaßten Beschlüssen sind bis 1990 in der metallverarbeitenden Industrie als Maßstab und Beispiel mindestens 60 und in anderen Zweigen der Volkswirtschaft 35 komplexe Automatisierungsvorhaben zu realisieren ...« (XI. Parteitag der SED. Berlin, 17. bis 21. April 1986. Direktive des XI. Parteitages der SED zum Fünfjahrplan für die Entwicklung der Volkswirtschaft der DDR in den Jahren 1986 bis 1990, Berlin 1986, S. 51.)

vorläufig ziemlich irrelevant, was sich auf seinem Arbeitsgebiet weltweit tut. Erfahrung, Improvisationstalent, rasches Reagieren auf unvorhergesehene Situationen stehen im Vordergrund.

Die Anforderungen an die physische und psychische Einsatzbereitschaft und Leistungsfähigkeit sind enorm, mancher Forschungsingenieur wäre ihnen wohl kaum gewachsen. Oft genug (beinahe täglich) muß der eigene PKW benutzt werden, um, was operative Leiter nun einmal müssen, auf verschiedenen Baustellen ständig vor Ort zu sein. Auswirkungen auf den Platz in der Warteliste für ein neues Fahrzeug hat das nicht.

Interesse für neue Dinge ist da. Während einer längeren Krankheit befaßte er sich mit Grundzügen von BASIC. Aber ein eigener PC ist in weiter Ferne. Manches könnte die Arbeit erleichtern: weniger Schreibkram, Rationalisierung bürokratischer Abläufe, ein vom Betrieb gestellter Kübelwagen. Aber auch hier ist die Decke zu kurz.

Diese Skizze, der ein zumindest zwölf Stunden umfassendes Tagesablaufprotokoll beigefügt werden könnte, steht für viele Ingenieure in großen Teilen des Bauwesens, der Grundstoffindustrie, der Energiewirtschaft, der chemischen Industrie und anderer Bereiche. Sie reflektiert eine Dimension der inneren Differenziertheit der Gruppe, die sie mit der Arbeiterklasse gemeinsam hat: die Differenzierung nach der sehr unterschiedlichen konkreten Verbindung mit Entwicklungsprozessen von Wissenschaft und Technik, die soziale Differenziertheit auf der Grundlage der Koexistenz modernster und weit weniger moderner Produktionsbedingungen.

Ingenieure wirken nicht nur in allen Phasen des Zyklus Wissenschaft – Produktion – Absatz, sondern auch an dessen Peripherie, also in Bereichen, die nicht oder nur punktuell von wissenschaftlich-technischen und technologischen Innovationen berührt werden. Der Umstand, daß sie nicht gerade im Mittelpunkt der wissenschaftlichen und allgemeinen Aufmerksamkeit stehen, mindert ihre volkswirtschaftliche Bedeutung keineswegs.

1.2.
Zur gesellschaftlichen Verantwortung
des Ingenieurs

Wesentliche Aspekte der gesellschaftlichen Verantwortung des Ingenieurs wurden behandelt: Sie ergeben sich aus der Bedeutung, die der Gruppe bei der Schaffung wissenschaftlichen Vorlaufs, bei dessen zügiger Einführung, bei der Rationalisierung in allen ihren Ebenen und bei der Sicherung von Produktionsabläufen, unter welchen Bedingungen auch immer, zukommt. Hier sind zwei spezifische Gesichtspunkte nachzutragen.

Die DDR steht, wie die Länder der sozialistischen Gemeinschaft insgesamt, vor zwei strategischen Aufgaben. *Erstens* gilt es, das internationale Tempo der Produktivkraftentwicklung mitzugehen, in möglichst großer Breite zum internationalen Niveau aufzuschließen und auf Gebieten, die den spezifischen Möglichkeiten entsprechen, Spitzenpositionen zu erringen.[14] Auf entscheidenden Gebieten werden die höchsten Entwicklungsniveaus bei Technologien und Erzeugnissen heute noch von hochtechnologisch führenden Unternehmen entwickelter kapitalistischer Industrieländer repräsentiert; das Ziel, existierende Abstände zu verkürzen und eigene Spitzenpositionen zu erobern, reicht weit in die Zukunft; nicht zuletzt, weil der Kapitalismus noch über beträchtliche Potenzen für die Entwicklung von Wissenschaft und Technik verfügt. Vor diesem Hintergrund gilt es *zweitens*, die spezifische Überlegenheit des Sozialismus schon heute umfassend auszuprägen: vor allem bei der Umsetzung wissenschaftlich-technischen Fortschritts in *sozialen* Fortschritt.

Der allgemeine Widerspruch zwischen technischem und sozialem Fortschritt, der die ganze bisherige Geschichte prägt, manifestiert sich in der Welt von heute in erster Linie als Systemgegensatz. Das darf selbstverständlich nicht trivialisiert werden, etwa in dem Sinne, daß für die kapitalistische

14 »Wir haben mit der wachsenden Dynamik der Produktivkräfte Schritt zu halten und im Wettlauf mit der Zeit an wichtigen Punkten Vorsprung zu erzielen.« (Erich Honecker: Die Aufgaben der Parteiorganisationen bei der weiteren Verwirklichung der Beschlüsse des XI. Parteitages des SED, Berlin 1987, S. 29.)

Gesellschaft jeglicher soziale Fortschritt geleugnet würde. Der Lebensstandard der Arbeiterklasse ist im heutigen Kapitalismus, alles in allem, höher als zu Marx' Zeiten. Das allgemeine Konsumtionsniveau der Gesellschaft ist mit dem wissenschaftlich-technischen Fortschritt gestiegen. Qualitativ hochwertige und massenhaft verfügbare Konsumgüter sind durchaus ein Faktor sozialen Fortschritts, im Massenbewußtsein sogar ein sehr wichtiger. Bildung und Qualifikation der Arbeiterklasse sind gestiegen; pessimistische Prognosen, die eine wachsende allgemeine Dequalifizierung der Arbeiterklasse voraussagten, bestätigen sich auch für die kapitalistische Gesellschaft nicht. In diesem Sinne tragen auch in der kapitalistischen Gesellschaft Leistungen der Ingenieure zum sozialen Fortschritt bei.

Aber sie haben auch eine entgegengesetzte Wirkung. Sie sind, unabhängig vom Willen des einzelnen Ingenieurs, immer auch handfeste Mittel zur Verschärfung der Ausbeutung. Sie tragen dazu bei, soziale Unsicherheit zu einer dauerhaften Begleiterscheinung kapitalistischer Innovationsprozesse zu machen. Nicht die Technik ist janusköpfig, sondern der durch übergreifende gesellschaftliche Verhältnisse geprägte soziale Charakter der Ingenieurtätigkeit. Die systemimmanente Unfähigkeit des Kapitalismus, technische Errungenschaften in sozialen Fortschritt umzusetzen, bedeutet vor allem: *Erstens* ist nicht das Wohlergehen der Massen der Beweggrund kapitalistischer Produktion, sondern ihre Gewinnträchtigkeit; *zweitens* müssen, wie die den gesamten Kapitalismus begleitende Geschichte der Klassenkämpfe beweist, soziale Fortschritte der herrschenden Klasse in harten Auseinandersetzungen abgerungen werden; *drittens* ist die Erhöhung des Lebensstandards per saldo nur die eine Seite, die andere ist die sich ausprägende Widersprüchlichkeit innerhalb dieser Entwicklung, die gewollte Vertiefung sozialer Ungleichheit, die Ausgrenzung sozialer Gruppen, deren Massenumfang es längst nicht mehr erlaubt, sie als »Minderheiten« zu definieren, der sich verschärfende Gegensatz von Wohlstand und alter und neuer Armut.

Demgegenüber ist der Sozialismus die erste Gesellschaftsordnung in der Geschichte, in der sozialer Fortschritt nicht als den herrschenden Klassen abzuringender Nebeneffekt eintritt, sondern eigentlich das übergreifende *Ziel* der Produktion und der Produktivkraftentwicklung ist. Erstmals ist hier das Wirken von Wissenschaftlern und Ingenieuren von der allen Klassengesellschaften eigenen inneren Widersprüchlichkeit, dem gesellschaftlichen Fortschritt nur im Rahmen und in den Grenzen von Ausbeutungsstrukturen dienen zu können, befreit. Erstmals können die Errungenschaften von Wissenschaft und Technik unvermittelt dazu beitragen, um mit Brecht zu sprechen, die Mühseligkeit der menschlichen Existenz zu erleichtern.

Das ist kein Abstraktum. Vor diesem Hintergrund läßt sich die Verpflichtung gegenüber sozialen Belangen greifbar machen. Dies in mehrfacher Hinsicht.

Moderne Formen der Automation, vor allem in Form flexibler Automation, bringen flexiblere, damit beeinflußbarere Zusammenhänge zwischen technischen Bedingungen und Arbeitsbedingungen mit sich. Im Unterschied zu früheren, starreren Formen der Automation nimmt vor allem in bezug auf solche Aspekte der Arbeitsbedingungen wie Grad der Funktionsteilung der lebendigen Arbeit, Zwangsläufigkeit des technologischen Regimes gegenüber der lebendigen Arbeit, Niveau der abgeforderten Qualifikation der zu gestaltende Spielraum zu.[15] Je umfassender die Automation wird, desto geringer das Zusammenfallen von technischer Funktionsteilung und Funktionsteilung der Arbeitskraft.

Die gestiegene soziale Verantwortung des Ingenieurs, vor allem des Konstrukteurs, ergibt sich daraus, daß es sich hier um Möglichkeiten handelt, die eintreten *können*, keineswegs um soziale Wirkungen, die automatisch eintreten müssen. Je größer der durch technische Umstände gegebene Entscheidungsspielraum ist, desto mehr hängt von den Strategien ab, die in Forschung, Entwicklung und Konstruktion verfolgt werden. An dieser Stelle wird soziale Verantwortung konkret. Wie unsere Untersuchungen zeigen, nimmt bei der Mehrheit der technischen Forscher, Entwickler und Konstrukteure (wie auch bei der naturwissenschaftlichen Forschungsintelligenz) das Bestreben, mit der Erarbeitung technischer Lösungen auch wesentliche soziale Effekte zu erzielen, einen vorderen Rangplatz ein. Diese Wertorientierung steht etwa

15 Das bestätigen aktuelle (1987 durchgeführte) Untersuchungen des Instituts für Marxistisch-Leninistische Soziologie an der Akademie für Gesellschaftswissenschaften beim ZK der SED.

gleichwertig neben dem Ziel, eine hohe ökonomische Wirksamkeit des technischen Fortschritts zu erreichen.

Das wird durch viele tagtägliche Erfahrungen bestätigt. Noch in der jüngeren Vergangenheit galt unter vielen Technikern das Wort »Gesellschaftswissenschaft« (meist pejorativ abgekürzt als »Gewi«) nicht eben viel. Das ist heute, zumindest im allgemeinen Trend, wesentlich anders. Die Sensibilität für soziale Fragestellungen nimmt zu, mit ihr die Einsicht in die damit einhergehende eigene Verantwortung. Das in der Direktive zum Fünfjahrplan 1986 bis 1990 festgelegte Ziel, 1,2 bis 1,3 Millionen Arbeitsplätze neu- bzw. umzugestalten und dabei für 440 000 bis 450 000 Werktätige Arbeitserschwernisse zu beseitigen,[16] stellt an das soziale Verantwortungsbewußtsein des Ingenieurs hohe Anforderungen.

Ein weiteres Problem ergibt sich aus der Stabilisierung von Qualifikationsstrukturen in den herausgebildeten Proportionen.[17] Dazu gehört, daß sehr stabil seit Mitte der siebziger Jahre der bis dahin anhaltende Rückgang der Jugendlichen, die das Bildungssystem ohne den vollen beruflichen Abschluß verlassen, aufhörte, so daß sich die Kategorie der Un- und Angelernten stabil auf einem Niveau von zehn Prozent reproduziert. Das wird sich so lange nicht wesentlich ändern, wie ein bedeutender Anteil an Arbeitsplätzen (die zudem, um sie zu besetzen, finanziell attraktiv gemacht werden müssen) Jugendliche aus dem Bildungsgang sozusagen herauszieht, obgleich viele von ihnen durchaus über die Fähigkeit zum Erwerb des vollen Ausbildungsabschlusses als Facharbeiter verfügen. Dieser Mechanismus müßte, wenn er sich auf Dauer stabilisierte, zur Reproduktion einer wesentlichen Achse sozialer Ungleichheit führen.[18] Demzufolge gilt

16 Siehe: XI. Parteitag der SED. Direktive des XI. Parteitages der SED, S. 28.
17 Siehe Ingrid Lötsch: Die Entwicklung der Qualifikationsstruktur als sozialpolitische Aufgabe. In: Jahrbuch für Soziologie und Sozialpolitik 1984, Berlin 1984, S. 52 ff. – Ingrid Lötsch: Statistischer Anhang zur Entwicklung des Bildungs- und Qualifikationsniveaus in der DDR. In: Jahrbuch für Soziologie und Sozialpolitik 1985, Berlin 1985, S. 511 ff.
18 Zur Relation von »Differenziertheit«, »soziale Unterschiede« und »soziale Ungleichheit« siehe ausführlich Ingrid Lötsch/Manfred Lötsch: Soziale Strukturen und Triebkräfte. In: Jahrbuch für Soziologie und Sozialpolitik 1985, S. 159 ff.

es, über die Beseitigung von Arbeitserschwernissen hinaus Arbeitsplätze so einzusparen oder umzugestalten, daß un- oder angelernte Arbeit weiter zurückgedrängt und der beschriebene Reproduktionsmechanismus Schritt für Schritt von seinen Grundlagen her aufgehoben werden kann.

So wichtig diese Probleme sind: die gesellschaftliche Verantwortung des Ingenieurs geht darüber hinaus.

Im ökonomischen System des Kapitalismus ist der Nutzen der Produktion, damit der soziale Effekt des wissenschaftlich-technischen Fortschritts, an die Warenform gebunden. Der von Marx als »Warenfetischismus« beschriebene Zusammenhang von Gebrauchswert und Tauschwert bewirkt, daß der Gebrauchswert nur insofern interessiert, als er stofflicher Träger von Wert ist. Hier liegen die in der ökonomischen Anatomie begründeten Wurzeln für die der kapitalistischen Gesellschaft eigene Ambivalenz des technischen Fortschritts. Er bringt auf der einen Seite, weil Tauschwert ohne Gebrauchswert nicht zu haben ist, viele nützliche Güter mit hohen Gebrauchseigenschaften hervor; in diesem Sinne sozialen Fortschritt. Er erzeugt aber auch eine eigenartige Pervertierung: einen Mechanismus, über den Bedürfnisse erst mit Aufwand manipuliert und suggeriert werden, um sie dann mit nicht geringerem Aufwand zu »befriedigen«. Er erzeugt eine Hysterie des moralischen Verschleißes, der ein riesiger Teil der gesellschaftlichen Arbeit zum Opfer fällt. Der damalige Präsident der USA Eisenhower antwortete auf die Frage, was die Menschen tun könnten, um die Krise zu bekämpfen: »kaufen!«, und auf die Frage, was sie kaufen sollten: »alles!«

Diese Pervertierung hat in einer Zeit, in der technologischer Wandel immer kürzere Fristen der Generationsablösung hervorruft, andere Dimensionen als in der Vergangenheit. Nie in der Geschichte war das technisch Mögliche immer auch automatisch das sozial Wünschenswerte – aber nie war der Widerspruch so gravierend wie heute. Technisch möglich sind Dutzende per Satellit in die Haushalte gestrahlte Fernsehprogramme, Heimelektroniksysteme mit vielfacher Überkapazität, Wogen des moralischen Verschleißes jenseits aller Vernunft.

Die aus dem Industrialismus des 19. Jahrhunderts hervorgegangene und in hohem Maße von Ingenieuren getragene

Fortschrittsvorstellung, technisch Neues per se für gesellschaftlich progressiv zu halten, entspricht den Bedingungen der wissenschaftlich-technischen Revolution nicht mehr. In Ingenieurarbeit geht notwendigerweise eine qualitativ neuartige weltanschauliche Komponente ein: die Abschätzung der gesellschaftlichen Fernwirkung technischer Neuerungen, die Orientierung an humanistischen Grundwerten, der radikale Abschied von der Vorstellung, der Ingenieur wäre für die »reine Technik« zuständig, während deren »Anwendung« seine Sache nicht sei. Was geschieht, wenn Natur- und Technikwissenschaften keine dem Atom- und Elektronikzeitalter angemessene Weltanschauung und Ethik entwickkeln, wird deutlich, wenn sich Wissenschaftler und Ingenieure finden, die die Arbeit an »SDI« im Namen des technischen Fortschritts legitimieren.

Wir können der Frage, welche realen Chancen der Ingenieur in der kapitalistischen Gesellschaft hat, eine solche Weltanschauung hervorzubringen und nach ihr zu leben, nicht weiter nachgehen; sie ist so vielschichtig, daß sie eine längere eigenständige Abhandlung erfordern würde. Die strategisch konzipierte und auch unter komplizierten Bedingungen als Grundprinzip der Politik aufrechterhaltene Einheit von Wirtschafts- und Sozialpolitik[19] jedenfalls ist, als politischer Ausdruck tieferliegender Gesetzmäßigkeiten der sozialistischen Gesellschaft, der wesentliche Handlungsrahmen, um eine an humanistischen Grundwerten orientierte Ingenieurarbeit möglich zu machen; mehr noch: sie erfordert eine solche weltanschauliche Grundposition geradezu. Die sozialistische Gesellschaft benötigt und entwickelt einen neuen Typus des Ingenieurs, der die Position des »reinen technischen Fachmanns« hinter sich läßt und der sein Handeln an gesellschaftlichen Erfordernissen und Zielen, an sozialer Verantwortung und humanistischer Ethik orientiert.

Mit einer gewissen – allerdings berechtigten – Vereinfachung lassen sich »zwei Phasen« grundlegender weltanschaulicher Entwicklungen der Ingenieure in der DDR unterscheiden. In der ersten Phase wurde die traditionelle Trennung von Ingenieurtätigkeit und Ökonomie überwunden; die Erkenntnis, daß Innovationen nicht nur technisch ele-

19 Siehe: XI. Parteitag der SED. Bericht des ZK der SED, S. 32.

gant, sondern auch ökonomisch effektiv sein müssen, kann (was unsere Untersuchungen schlüssig bestätigen), als weitgehend durchgesetzt gelten. Die zweite Phase, in der es um die Herausbildung einer die ökonomische Verantwortung einschließenden, aber auch wesentlich über sie hinausgehenden Orientierung an übergreifenden Zielen des sozialen Fortschritts geht, setzt notwendigerweise später ein und wird, je weiter die wissenschaftlich-technische Revolution vorangeht, immer wichtiger.

Diese weltanschauliche Dimension der Ingenieurarbeit in der sozialistischen Gesellschaft steht in einem globalen Kontext. Auf der einen Seite muß die sozialistische Gesellschaft überall dort, wo technologische Höchstniveaus von kapitalistischen Firmen repräsentiert werden, vorhandene Rückstände aufholen – wodurch aus der Welt des Kapitalismus hervorgegangene Techniken und Technologien sozusagen zum Orientierungspunkt des eigenen Handelns werden. Auf der anderen Seite läßt sich die dem Wesen des Sozialismus entsprechende Strategie der Produktivkraftentwicklung darauf nicht reduzieren. Je größer die aus verschiedenartigen technischen Möglichkeiten hervorgehende Breite des Entscheidungsspielraums wird, desto größer wird der Variationsraum möglicher Entwicklungen, in dem nicht mehr nur nach technischen und ökonomischen Zielkriterien entschieden werden kann.

Dieses Problem ist mit weltanschaulicher Entwicklung des Ingenieurs allein nicht zu lösen. Welche gesellschaftliche Fernwirkung mit technischen Neuerungen angestrebt werden soll, liegt in der Regel nicht im Entscheidungsspielraum des einzelnen Ingenieurs. Hier geht es um Probleme, die nur auf der Ebene gesellschaftlicher und institutionalisierter Entscheidungsprozesse gelöst werden können und die, wo Lösungen erst gesucht werden müssen, problematisierende und über die berufliche Enge hinausgehende gesellschaftliche Diskussionen erfordern.[20]

20 »Es darf natürlich nicht übersehen werden, daß bestimmte Ergebnisse der modernen Wissenschaft und Technik auch in unserer Republik Diskussionen über die gesellschaftlichen Auswirkungen und die Zweckmäßigkeit mancher Technologien hervorrufen ... Es handelt sich hier um Zweifel und Ängste, die eine Stellungnahme verdienen.« (Kurt Hager: Marxismus-Leninismus und Gegenwart, S. 33.)

All das ist, kann man zusammenfassend sagen, eine qualitativ neue Herausforderung an die Entwicklung der sozialistischen Demokratie, an das Zusammenwirken von Trägern politischer Entscheidungsprozesse mit Wissenschaftlern und Technikern bei der Bestimmung von Problemen, die aus der widersprüchlichen Einheit von wissenschaftlich-technischem und sozialem Fortschritt hervorgehen, bei der Suche nach Lösungswegen, schließlich bei der Ausarbeitung von Strategien der Produktivkraftentwicklung.

1.3.
Spezifische Aspekte der sozialen Annäherung und des Bündnisses

In der soziologischen Literatur der DDR wurde, mit dem 3. Kongreß der marxistisch-leninistischen Soziologie beginnend und auf dem 4. Kongreß in ausgearbeiteter Form, die These begründet, daß sowohl die Ausprägung und Festigung wesentlicher sozialökonomischer, politischer und geistiger Gemeinsamkeiten zwischen den Klassen und Schichten als auch die Reproduktion progressiver sozialer Besonderheiten zu jenen Faktoren gehören, aus denen die dem Sozialismus wesenseigenen sozialen Triebkräfte hervorgehen.[21] In der bisherigen Literatur wurde diese Aussage, die mittlerweile zum gesicherten Bestand soziologischer Grundkonzeptionen gehört, vor allem auf der Ebene der Klassen und Schichten und (vermittelt) auf der der Persönlichkeit ausgearbeitet. Vor diesem Hintergrund stellen sich neue und weitergehende Fragen:

– Während als geklärt vorausgesetzt werden kann, welche Gemeinsamkeiten bewahrt und gefestigt werden sollen, muß genauer gesagt werden, was mit »historisch progressiven Besonderheiten« gemeint ist. Dies um so mehr, als sich in die-

---

21 Siehe: Lebensweise und Sozialstruktur. Materialien des 3. Kongresses der marxistisch-leninistischen Soziologie in der DDR. 25. bis 27. März 1980, Berlin 1981, S. 26 ff., 82 ff., 200 ff., 212 ff. – Siehe: Soziale Triebkräfte ökonomischen Wachstums. Materialien des 4. Kongresses der marxistisch-leninistischen Soziologie in der DDR. 26. bis 28. März 1985, Berlin 1986, S. 17 ff., 103 ff.

ser Hinsicht eine eigenartige Inkonsequenz feststellen läßt: Hinsichtlich der Anerkennung der sozialen Besonderheiten der Klasse der Genossenschaftsbauern gibt es einen sehr viel weiter entwickelten gesellschaftlichen (und nicht nur theoretischen) Konsens als in bezug auf die Intelligenz.

– Zwischen Aussagen auf der Ebene der Klassen und Schichten und auf der Ebene der Persönlichkeit liegt eine entscheidende Vermittlung: die soziale Gruppe innerhalb der Klasse oder Schicht. Das ist, was die Intelligenz betrifft, schwieriger als hinsichtlich der Klasse der Genossenschaftsbauern: Während es einigermaßen angehen mag, von »allgemeinen Persönlichkeitseigenschaften« des Bauern zu sprechen, lassen sich solche »allgemeinen Eigenschaften des Angehörigen der Intelligenz« weit schwieriger bestimmen – eben weil diese Schicht in sich weit differenzierter ist.

Uns scheint, daß eine differenziertere Betrachtung der sozialen Gruppe der Ingenieure geeignet ist, Ansätze zu entwickeln, die für eine soziologische Theorie der Intelligenz insgesamt von Belang sein können.

Was die Intelligenz von den Klassen unterscheidet, ist zunächst, daß ihre wesentlichen sozialen Besonderheiten nicht auf eine letztlich sozialökonomische Determinante (im Sinn der Stellung im System der Eigentumsverhältnisse) zurückgeführt werden können – während die sozialen Besonderheiten der Klasse der Genossenschaftsbauern letzten Endes Bewegungsformen der Spezifik des genossenschaftlichen Eigentums (genossenschaftlicher Aneignungs- und Entscheidungsprozesse) sind. Demgegenüber sind soziale Besonderheiten der Intelligenz sozusagen unmittelbarer a) Besonderheiten der Interessen, Wertorientierungen und des Verhaltens und b) Besonderheiten der Arbeitsbedingungen und der Lebensweise. Ihre letztliche Grundlage ist eben das, was das Wesen der Intelligenz ausmacht: die spezifische Funktion im Gefüge der gesellschaftlichen Arbeitsteilung. Genau an dieser Stelle beginnt das Problem.

Besonderheiten lassen sich logischerweise nur in bezug auf etwas bestimmen; mithin wäre zuerst der Bezugspunkt zu benennen. Das ist am ehesten und aus Gründen, die mit ihrer bestimmenden Rolle in der sozialistischen Gesellschaft zusammenhängen, die Arbeiterklasse. Damit transformiert sich das Problem *zunächst* in die Frage, welche sozial relevanten Besonderheiten die spezifische Funktion im System der gesellschaftlichen Arbeitsteilung hervorbringt. Indessen bleiben Antworten auf die auf dieser Ebene gestellte Frage unbefriedigend: sie setzen den Bezugspunkt »Arbeiterklasse« als homogen, was sie nicht ist, und sie subsumieren Lehrer und Ärzte, Hochschulprofessoren und Assistenten, Staatsfunktionäre und Agronomen, an Hochschulen ausgebildete Offiziere und eben auch Ingenieure unter einer Klammer. Die Folge sind relativ triviale Aussagen wie »kompliziertere geistige Arbeit« (komplizierter als was?) oder »Fach- oder Hochschulabschluß«. Handgreifliche soziale Besonderheiten lassen sich so schwerlich orten.

Die allgemeine gesellschaftliche Funktion der Intelligenz besteht darin, Wissenschaft zu *entwickeln*, zu *verbreiten* und *unmittelbar anzuwenden*.[22] Die davon ausgehende spezifischere Funktion des Ingenieurs läßt sich so bestimmen: Ingenieure entwickeln, verbreiten (in der Lehre) und applizieren Technikwissenschaft. Wie wir versuchten im ersten Kapitel zu zeigen, stellt sich diese der gesamten Gruppe gemeinsame Funktion differenziert dar: Ingenieure wirken in *allen* Phasen des Zyklus »Wissenschaft – Produktion – Absatz« unterhalb der Ebene der naturwissenschaftlichen Grundlagenforschung. Folglich muß eine differenziertere Bestimmung ihrer sozialen Besonderheiten von der durch die Funktion *im* Zyklus bestimmten Differenziertheit der gemeinsamen Grundfunktion ausgehen. Besonderheiten der Interessen, des Verhaltens, der objektiven Arbeitsbedingungen und der Lebensweise sind zumindest durch folgende Faktoren geprägt und durch sie differenziert:

Erstens durch die grundsätzliche Funktion im Zyklus »Naturwissenschaft – Technikwissenschaft – Überleitung – Produktion«.

Zweitens durch die Funktion in der inneren Arbeitsteilung der Kollektive, vor allem hinsichtlich der Funktionsteilung zwischen konzeptioneller und wissenschaftlich unterstützender Tätigkeit.

Drittens durch die Qualifikation, die bei Ingenieuren vom

22   Siehe Autorenkollektiv unter der Leitung von Rudi Weidig: Sozialstruktur der DDR, Berlin 1988, S. 125 ff.

Fachschulabschluß bis zur technikwissenschaftlichen Habilitation reicht.

Viertens durch das Verhältnis von »Breite« und »Spitze«.

Fünftens durch eine individuelle, mit dem konkreten Persönlichkeitstypus zusammenhängende Komponente.

Diese Faktoren wirken nicht nebeneinander; sie überlagern und multiplizieren sich. Sie erzeugen ein Kontinuum, dessen »Pole« durch den hochqualifizierten Spitzenwissenschaftler in der strategisch orientierten Vorlaufforschung auf der einen Seite und den im unmittelbaren Fertigungsprozeß tätigen, wie Arbeiter unmittelbar an technischen Systemen beschäftigten Ingenieur auf der anderen Seite bestimmt werden und zwischen denen ein vielschichtiges Gefüge von Abstufungen liegt.

Auf der einen Seite müssen Besonderheiten wissenschaftlicher Arbeit höchstmöglich ausgeprägt sein: Die Bestimmung der Forschungsziele hängt von der Orientierung an gesamtgesellschaftlichen und volkswirtschaftlichen Erfordernissen ab, beruht aber zugleich auf einer eigenständigen Komponente: dem Fachwissen des seine Wissenschaftsdisziplin beherrschenden Spezialisten. Arbeitsabläufe und Arbeitszeitregimes unterliegen geringen äußeren Zwängen. Letztlich bestimmend sind die der internationalen Spitze entsprechenden Entwicklungen; aus ihnen sind Inhalte und Maßstäbe der zu verfolgenden Forschungsprojekte abzuleiten. Nationale und internationale wissenschaftliche Kommunikationen sind von entscheidender Bedeutung. In Lebensweise und Lebensstilen müssen die Grenzen zwischen »Arbeitszeit« und »Freizeit« notwendigerweise fließend sein; entscheidende Arbeitsinhalte können nicht administrativ vorgegeben werden usw. Auf dem anderen Pol herrschen die Regeln und Zwänge des materiellen Fertigungsprozesses, reduzieren sich die erforderlichen sozialen Besonderheiten auf spezifische Qualifikationen. Daraus lassen sich bestimmte Verallgemeinerungen ableiten.

Erstens: Die These, daß wesentliche soziale Besonderheiten der Reproduktion und Ausprägung bedürfen, gilt weder für die Intelligenz in ihrer Gesamtheit noch für die Gruppe der Ingenieure im gleichen Sinne und im gleichen Maße. Es wirkt eine durch die genannten Faktoren gebildete vertikale Achse, entlang derer das allgemein formulierte Prinzip mehr oder weniger gilt – bis hin zu Unterabteilungen der gesamten Gruppe, für die es überhaupt keinen Sinn ergäbe. Während bei den Klassen die horizontalen Besonderheiten verschiedener Gruppen eine größere Rolle spielen, ist bei der Intelligenz diese vertikale Differenziertheit von entscheidender Bedeutung.

Zweitens: »Soziale Annäherung« und »politisches Bündnis« sind gesamtgesellschaftliche Vorgänge. Sie betreffen die Art und Weise, wie Klassen und Schichten im gesellschaftlichen Ganzen zusammenwirken und auf welche Weise dieses Zusammenwirken politisch institutionalisiert wird. Das Maß ihres historischen Entwicklungsniveaus liegt auf dieser Ebene: im Miteinander der Klassen und Schichten bei der Durchsetzung des wissenschaftlich-technischen, wirtschaftlichen und sozialen Fortschritts, im Grad der Übereinstimmung ihrer grundlegenden Interessen, in den Organisations- und Bewegungsformen des Bündnisses im Rahmen der politischen Organisation der sozialistischen Gesellschaft. In diesem Sinne schließen die weitere soziale Annäherung der Klassen und Schichten und die Festigung ihres politischen Bündnisses die Ausprägung sozialer Besonderheiten (im beschriebenen differenzierten Sinne) keineswegs aus, sondern geradezu ein: weil das gesellschaftliche Ganze um so besser funktioniert, je besser jede soziale Gruppe in ihm ihren spezifischen Aufgaben gerecht wird.

Drittens: Demgegenüber führt der Versuch, »Annäherung« und »Bündnis« auf unmittelbare, unterhalb des gesellschaftlichen Ganzen liegende Ebenen zu transformieren, leicht zu Trivialisierungen, im Extrem zu falschen Folgerungen. Weder das gesellschaftliche Niveau der Annäherung noch das des politischen Bündnisses hängen primär davon ab, daß immer mehr Ingenieure unmittelbar mit Arbeitern in der materiellen Produktion zusammenwirken[23]; sie hängen auch nicht davon ab, daß Arbeitsabläufe und Arbeitsbedingungen, Lebensstile und Interessen immer »ähnlicher« werden – ebenso wie es eine (wenn auch oft genug vorkommende) Trivialisierung der führenden Rolle der Arbeiterklasse wäre, aus ihr eine qualitative Dominanz von Arbeitern

23 Siehe: Die Intelligenz in der sozialistischen Gesellschaft, Berlin 1980, S. 107.

beispielsweise in Neuerer- oder Überleitungskollektiven ableiten zu wollen. Annäherung und Bündnis auf der einen und »Homogenisierung« von Lebensbedingungen und Lebensstilen auf der anderen Seite sind grundverschiedene Dinge.

Mit der Betonung der progressiven Rolle bestimmter sozialer Besonderheiten wird die Annäherung der Klassen und Schichten als Grundprozeß der Sozialstrukturentwicklung in der sozialistischen Gesellschaft in keiner Weise relativiert. Das gilt für die Entwicklung der Intelligenz im allgemeinen ebenso wie für die Entwicklung der Ingenieure im besonderen.

2.
Allgemeine und spezifische Konsequenzen neuer Reproduktionsgesetze

Konkrete Berechnungen des Arbeitskräftebedarfs gehören nicht zu den Aufgaben der Soziologie. Wohl aber gibt es zwischen ihnen und der eigentlichen soziologischen Thematik Berührungspunkte: Sie liegen dort, wo sich allgemeinere Gesetzmäßigkeiten der Reproduktion der Klassen und Schichten mit Erfordernissen konkreter Potentialberechnungen verzahnen. Dabei ist der Zusammenhang doppelter Art. Auf der einen Seite ist die Kenntnis übergreifender Gesetzmäßigkeiten in gewissem Sinne unerläßliche Voraussetzung, um spezifischere Berechnungen richtig in die gesamtgesellschaftlichen Rahmenbedingungen einzuordnen. Auf der anderen Seite hilft die Kenntnis des Besonderen, die Wirkungsweise des allgemeinen Gesetzes richtig zu verstehen.

2.1.
Soziale Strukturgesetze der intensiv erweiterten Reproduktion

Dem Wachstumstyp der intensiv erweiterten Reproduktion entsprechen Mechanismen der Reproduktion sozialer Strukturen, die sich durchaus als *Gesetzmäßigkeiten* definieren lassen. Eine der zentralen sozialstrukturellen Bedingungen des vorwiegend extensiven Wachstums ist die zahlenmäßige Erweiterung der Arbeiterklasse, in erster Linie ermöglicht durch den Rückgang der Bauernschaft; vermittelt durch Städtewachstum[1] und durch Land-Stadt-Migration[2]. In der DDR verschob sich die Relation zwischen Industriebeschäftigten und landwirtschaftlich Tätigen von 1949 bis 1986 von 1,99 Millionen : 2,24 Millionen auf 3,22 Millionen : 0,93 Millionen.[3] Bei vorwiegend extensivem Wachstum bewirkte die zunehmende Berufstätigkeit der Frau zugleich, daß selbst bei absolutem Bevölkerungsrückgang die Anzahl der Berufstätigen anstieg. In der DDR ging die Wohnbevölkerung von 1949 bis 1986 von 18,79 Millionen auf 16,64 Millionen zurück, während die Anzahl der Berufstätigen im selben Zeitraum von 7,32 auf 8,54 Millionen anstieg.[4]

In der gesellschaftswissenschaftlichen Literatur jener Zeit wurden diese Trends oftmals als eine Art dauerhafter Gesetzmäßigkeiten angesehen; heute wissen wir, daß sie temporären Charakter haben und nur für die Bedingungen des vorwiegend extensiven Wachstums gelten. Intensiv erweiterte Reproduktion ist durch völlig andere sozialstrukturelle Gesetzmäßigkeiten gekennzeichnet, wobei qualitative und quantitative Erfordernisse eine Einheit bilden: Wenn in der sozialistischen Gesellschaft verschiedenartige Klassen eine lange Perspektive haben, müssen sie sich logischerweise auch quantitativ reproduzieren, was, da die Bauernschaft keine Quelle für eine extensive Ausdehnung der Arbeiterklasse mehr sein kann und weil andere Quellen extensiver Klassenentwicklungen fehlen, zur Gesetzmäßigkeit der Reproduktion der Klassen in den herausgebildeten Proportionen führt.[5]

Analoges gilt für Bildungs- und Qualifikationsstrukturen und in diesem Kontext für die Reproduktion der sozialen Schicht der Intelligenz (siehe Tabelle 1).

1 Siehe Siegfried Grundmann: Die Stadt, Berlin 1984, S. 142 ff.
2 Siehe Siegfried Grundmann/Ines Schmidt: Wohnortwechsel. Volkswirtschaftliche und soziale Aspekte der Migration, Berlin 1988.
3 Siehe: Statistisches Jahrbuch 1987 der Deutschen Demokratischen Republik, Berlin 1987, S. 112.
4 Siehe: Statistisches Jahrbuch 1987, S. 1, 17.
5 Siehe Rudi Weidig: Soziale Triebkräfte ökonomischen Wachstums. In: Soziale Triebkräfte ökonomischen Wachstums, S. 17/18.

Tabelle 1
Veränderungen in Bildungs- und Qualifikationsabschlüssen
1981 zu 1971[6] (1971 = 100)

Abschluß	Männer	Frauen	Insgesamt
10.Klasse	224	216	220
Abitur	159	191	171
ohne einen dieser Abschl.	80	79	79
Facharbeiter	118	140	128
Meister	109	139	112
Fachschulabschluß	144	323	209
Hochschulabschluß	180	256	220

Bei einem Teil der Qualifikationsabschlüsse zeichnete
sich die Trendwende bereits in den siebziger Jahren ab, bei
anderen steht sie unmittelbar bevor. Schon in den siebziger
Jahren nahm der Facharbeiter- und Meisteranteil (vor allem
bei Männern), nur noch geringfügig zu; bei Fach- und Hoch-
schulabschlüssen sind die siebziger Jahre das letzte Jahr-
zehnt mit derartigen Steigerungsraten. In der Grundtendenz
pegeln sich die Qualifikationsstrukturen auf jene Werte ein,
die in den Jahrgängen mit abgeschlossener Erstausbildung
(das heißt bei den etwa 31- bis 32jährigen) bereits erreicht
sind. In dieser Altersgruppe verfügen 15 Prozent über einen
Fach- und 11 Prozent über einen Hochschulabschluß.[7] Das
sind die Größen, die für die Qualifikationsstruktur in ihrer
Gesamtheit (das heißt für alle Altersgruppen) für das Jahr
2000 prognostiziert worden waren. Die allgemeine und sich
von den Bedingungen des vorwiegend extensiven Wachstums grundlegend unterscheidende Gesetzmäßigkeit besteht
somit darin, daß sich Qualifikationsstrukturen nur noch in
dem Maße verändern, wie jüngere Jahrgänge in den Arbeitsprozeß eintreten und ältere aus ihm ausscheiden, während
sich die Ausbildungsquoten innerhalb jedes Jahrgangs stabi-
lisieren.

Das sind gesicherte Rahmenbedingungen. Vor ihrem Hintergrund stellt sich die Frage, der wir nunmehr nachgehen

6 Siehe Ingrid Lötsch: Statistischer Anhang zur Entwicklung des
Qualifikations- und Bildungsniveaus in der DDR. In: Jahrbuch für
Soziologie und Sozialpolitik 1985, S. 518.
7 Siehe: ebenda, S. 513.

wollen: Gilt die allgemeine Gesetzmäßigkeit, die sich als »Stabilisierung von Strukturen in den herausgebildeten Proportionen« definieren läßt, nur für die allgemeinere Ebene der Klassen und Schichten, oder gilt sie auch für nachgeordnete Ebenen? Läßt sich aus den übergreifenden Rahmenbedingungen folgern, daß von nun an auch die Gruppe der Ingenieure in den herausgebildeten Ausbildungsquoten zu reproduzieren wäre, oder müssen hier spezifische und die allgemeine Gesetzmäßigkeit modifizierende Faktoren berücksichtigt werden? Das ist, könnte man sagen, ein doppeltes Problem: es betrifft die Reproduktionsbedingungen der Gruppe der Ingenieure und, auf der Ebene der Theorie der Sozialstruktur, den Wirkungsmechanismus und Tendenzcharakter sozialstruktureller Entwicklungsgesetze.

Auf den ersten Blick könnte es scheinen, als ließe sich die allgemeine Gesetzmäßigkeit ziemlich linear auf den speziellen Fall übertragen. Die DDR verfügt über mehr als 1 Prozent des personellen Weltpotentials der Wissenschaft, was um ein Vielfaches höher ist als ihr Anteil an der Weltbevölkerung. Verglichen mit der BRD verfügt die DDR, bezogen auf 1 000 Beschäftigte in der materiellen Produktion, über mehr als doppelt so viele Ingenieure und Diplomingenieure.[8] Der Anteil der Absolventen der Technikwissenschaften an der jeweiligen Altersgruppe ist in der DDR bedeutend höher als in führenden kapitalistischen Industrieländern. »In den europäischen RGW-Ländern entfielen Mitte der 70er Jahre auf je 10 000 Einwohner = 128 Beschäftigte in der Wissenschaft bzw. FE, darunter 42 Wissenschaftler und 12 promovierte Kader. Vergleichsweise waren es in der BRD = 67 Personen in FE, darunter 17 Wissenschaftler und Ingenieure.«[9] In der DDR kommen auf 10 000 Einwohner 54 Hoch- und Fachschulkader für Forschung und Entwicklung; in kapitalistischen Ländern sind es: USA = 25; Japan = 29; BRD = 17; England = 14; Frankreich = 12; Kanada = 11; Schweden = 20; Italien = 5.[10] Insgesamt arbeiten in den RGW-Ländern etwa 30 Prozent aller Wissenschaftler der Welt.[11]

8 Siehe: Ökonomische und soziale Wirksamkeit des wissenschaftlich-technischen Fortschritts, Berlin 1986, S. 52.
9 Das Kaderpotential der Wissenschaft im Sozialismus, Berlin 1982, S. 168.
10 Siehe: ebenda, S. 170.
11 Siehe: ebenda, S. 168.

All das rückt die Probleme der effektiven Nutzung wissenschaftlicher Potentiale in den Mittelpunkt. Auf der anderen Seite dürfen aus solchen Vergleichen keine voreiligen Folgerungen abgeleitet werden; *erstens* weil globale Vergleiche von Bildungssystemen und Graduierungen viele methodische Unsicherheiten enthalten; *zweitens* weil Grundrichtungen der Entwicklung des Kaderbedarfs aus den inneren Bedingungen unseres Landes und nicht aus sehr großkalibrigen Analogien mit Ländern, in denen die Rahmenbedingungen völlig andere sind, erklärt werden müssen.

In Teilen unserer Literatur wird mitunter recht verkürzt von der großen Anzahl der Personen, die über einen Fach- oder Hochschulabschluß verfügen, auf das in unserem Lande vorhandene »wissenschaftliche Kaderpotential« geschlossen. Das sind jedoch zwei grundverschiedene Größen. Während in der DDR 21 Prozent der Berufstätigen über einen Fachschul- oder Hochschulabschluß verfügen, beträgt die absolute Zahl der in Forschung und Entwicklung tätigen Fach- oder Hochschulkader 122 000; das sind 1,43 Prozent der Berufstätigen.[12] Wir betrachten vor diesem Hintergrund einige grundlegende Trends der Reproduktion des ingenieurwissenschaftlichen Kaderpotentials, erstens, um die Wirkungsmechanismen des »allgemeinen Gesetzes« (der Stabilisierung der Strukturen in den herausgebildeten quantitativen Proportionen) differenzierter zu charakterisieren und zweitens, um auf grundsätzliche Probleme und Erfordernisse der weiteren Entwicklung auf diesem Gebiet einzugehen (siehe Tabellen 2 und 3).

Die relativ ausführlichen Daten lassen zumindest zweierlei erkennen:
– die Wirkungsweise der allgemeinen Gesetzmäßigkeit
– einige Besonderheiten hinsichtlich der Gruppe der Ingenieure (die mit der hier zugrundeliegenden Kategorie »Absolventen technischer Fachrichtungen« im Fach- und Hochschulstudium weitgehend identisch ist).

Erstens. Im allgemeinen begann in allen Ausbildungsrichtungen und in der Fach- und Hochschulausbildung gleichermaßen der Rückgang der Absolventenzahlen Mitte der sieb-

12 Siehe: Erfolgreicher Weg der Gestaltung der entwickelten sozialistischen Gesellschaft in der DDR. Zahlen und Fakten, Berlin 1986, S. 39.

Tabelle 2

Absolventen von Fachschulen nach Ausbildungsrichtungen[13]

Zeile I: Prozentuale Relation zwischen den Absolventenzahlen des Ausbildungsjahres und der Studienrichtung und den Absolventenzahlen des Jahres mit den höchsten Absolventenzahlen der Studienrichtung (Jahr des Maximums = 100)

Zeile II: Anteil der Absolventenzahlen des Jahres und der Studienrichtung an der Gesamtheit der Absolventen des Jahres

Studienrichtung	1960	1965	1966	1967	1968	1969	1970	1971
Technische Wissenschaften								
I	51,8	66,6	69,4	59,4	60,1	62,0	70,0	68,2
II	46,0	43,2	52,1	45,2	44,5	40,3	42,1	39,2
Medizin								
I	1,5	2,1	2,0	1,9/	1,9	1,9	2,7	0,3
II	0,4	1,0	1,1	1,1	1,0	0,9	1,2	0,1
Wirtschaftswissenschaften								
I	15,8	42,8	41,0	33,8	39,5	54,7	56,6	65,2
II	10,2	23,9	22,2	18,6	21,1	25,7	24,6	27,0
Pädagogische Wissenschaften								
I	60,0	72,9	30,5	57,1	54,5	64,4	64,3	70,0
II	27,0	23,9	11,6	22,0	20,4	20,8	19,6	20,3
Gesamtheit (Max. = 100)	48,1	66,0	57,0	56,2	57,8	65,9	71,1	74,4

42

Tabelle 2 Fortsetzung

Studienrichtung	1972	1973	1974	1975	1976	1977	1978	1979
Technische Wissenschaften								
I	64,2	83,9	**100**	78,8	63,7	52,0	45,2	39,8
II	33,5	39,2	42,8	40,0	35,7	26,9	22,3	21,9
Medizin								
I	2,9	4,0	5,3	6,7	6,7	76,3	83,8	86,2
II	1,1	1,3	1,6	2,6	2,6	27,9	31,4	33,6
Wirtschaftswissenschaften								
I	74,0	**100**	80,7	84,9	71,5	54,6	48,4	52,6
II	27,9	33,8	24,9	31,1	28,9	20,4	18,5	20,9
Pädagogische Wissenschaften								
I	94,1	62,5	**100**	62,8	79,0	55,6	63,7	49,9
II	24,8	14,8	21,6	16,1	22,4	14,6	17,1	13,9
Gesamtheit (Max. = 100)	82,1	91,5	**100**	84,4	76,5	82,8	80,8	77,8

13 Zusammengestellt und berechnet nach: Statistisches Jahrbuch der DDR 1976, S. 344/345; 1978, S. 299; 1980, S. 303; 1982, S. 303; 1984, S. 306; 1986, S. 306.

43

Tabelle 2 Fortsetzung

Studienrichtung	1980	1981	1982	1983	1984	1985
Technische Wissenschaften						
I	45,4	45,7	47,6	45,9	47,4	45,0
II	23,6	23,0	22,9	22,6	23,9	22,7
Medizin						
I	91,3	91,6	89,9	100	98,3	97,4
II	32,5	32,6	33,6	34,4	33,8	33,5
Wirtschaftswissenschaften						
I	52,8	55,1	56,9	53,6	53,6	52,5
II	19,8	20,0	19,8	18,8	18,7	19,1
Pädagogische Wissenschaften						
I	53,3	59,3	61,5	65,1	64,6	58,9
II	13,3	15,1	14,9	16,0	15,9	15,1
Gesamtheit (Max./1974 = 100)	82,5	86,1	89,1	88,0	88,1	84,7

Tabelle 3

Absolventen von Hochschulen nach Ausbildungsrichtung[14]

Zeile I und II wie in Tabelle 2

Studienrichtung	1960	1965	1966	1967	1968	1969	1970	1971
Mathematik/Naturwissenschaften								
I	41,1	49,8	44,7	46,9	44,3	41,6	35,6	42,6
II	9,8	8,5	7,5	8,5	7,9	7,3	5,7	6,5
Technische Wissenschaften								
I	23,8	26,1	28,8	31,9	34,9	32,6	42,4	42,3
II	19,4	15,3	16,4	19,8	21,2	19,4	23,2	22,2
Medizin								
I	41,5	79,8	**100**	74,2	98,7	87,6	64,4	59,1
II	7,9	10,9	13,3	10,8	14,0	12,2	8,2	7,2
Wirtschaftswissenschaften								
I	39,6	59,6	44,8	30,5	32,5	39,9	49,9	58,8
II	16,8	18,2	13,2	9,9	10,3	12,4	14,0	16,0
Pädagogische Wissenschaften								
I	43,2	70,8	84,5	85,4	78,1	80,5	90,1	86,7
II	25,4	29,9	34,7	38,3	34,3	34,7	35,6	32,8
Gesamtheit (Max./1975 = 100)	41,1	57,1	58,9	53,8	55,0	56,1	61,1	63,8

Tabelle 3 Fortsetzung

Studienrichtung	1972	1973	1974	1975	1976	1977	1978	1979
Mathematik/Naturwissenschaften								
I	60,8	100	90,4	90,9	65,0	52,1	46,4	46,0
II	7,8	10,9	8,9	8,9	7,1	6,9	5,7	6,7
Technische Wissenschaften								
I	61,9	88,1	99,7	100	86,3	64,3	69,5	55,2
II	27,2	32,7	33,6	33,4	32,4	29,0	29,3	27,4
Medizin								
I	52,7	53,1	89,2	53,2	54,7	20,4	65,0	68,6
II	5,4	4,6	7,0	4,2	4,8	2,2	6,4	8,0
Wirtschaftswissenschaften								
I	62,8	84,1	82,0	100	91,2	83,6	71,9	46,9
II	14,3	16,3	14,4	17,4	17,8	19,6	15,8	12,1
Pädagogische Wissenschaften								
I	93,3	89,3	100	87,1	87,5	79,6	85,2	77,7
II	29,6	24,0	24,3	21,0	23,6	25,9	26,0	27,9
Gesamtheit (Max./1975 = 100)	76,2	89,9	99,3	100	89,3	74,2	79,2	67,3

14 Zusammengestellt und berechnet nach: Statistisches Jahrbuch der DDR 1976, S. 350/351; 1978, S. 303; 1980, S. 307; 1982, S. 307; 1984, S. 309; 1986, S. 309.

Tabelle 3 Fortsetzung

Studienrichtung	1980	1981	1982	1983	1984	1985
Mathematik/Naturwissenschaften						
I	43,8	40,2	36,6	34,8	36,5	40,9
II	6,5	6,1	5,2	5,0	5,1	5,8
Technische Wissenschaften						
I	53,8	51,9	54,3	60,5	58,5	59,0
II	27,1	27,0	26,6	29,4	27,9	28,7
Medizin						
I	73,0	69,8	69,7	71,2	77,0	76,0
II	8,6	8,5	8,0	8,0	8,6	8,7
Wirtschaftswissenschaften						
I	63,2	58,6	62,9	62,2	58,9	49,6
II	16,6	15,8	16,0	15,7	14,6	12,6
Pädagogische Wissenschaften						
I	69,5	64,8	73,6	65,5	70,7	72,7
II	25,4	24,3	27,2	23,0	24,3	25,6
Gesamtheit (Max./1975 = 100)	66,3	64,4	68,4	68,8	70,2	68,6

ziger Jahre (die völlig andere Entwicklung bei medizinischen Fachschulabschlüssen erklärt sich aus der Fachschulzuerkennung bei Ausbildungen, die vorher als Facharbeiterausbildungen galten). Dieser Rückgang erklärt sich *nicht* aus demographischen Faktoren: Die geburtenstärksten Jahrgänge seit 1945 waren die Jahrgänge, die um das Jahr 1950 herum (1949 bis 1952/53) geboren wurden,[15] das heißt der »Ausbildungsknick« begann genau zu dem Zeitpunkt, als diese starken Jahrgänge das Ausbildungs- bzw. Absolventenalter erreicht hatten. Augenscheinlich wurde im Hinblick auf den objektiven Bedarf ein Sättigungspunkt erreicht, wobei das Phänomen, daß trotz rückläufiger Absolventenzahlen der *Bestand* an Werktätigen mit Fach- oder Hochschulausbildung weiter anstieg (siehe Tabelle 1), leicht erklärt werden kann. Ende der vierziger Jahre verfügten nur etwa 2 Prozent der Berufstätigen über einen Fach- oder Hochschulabschluß, so daß auch rückläufige Absolventenzahlen, aufgrund ihres höheren prozentualen Anteils, ausreichten, um die relativ schwachen älteren Jahrgänge, die ab Mitte der siebziger Jahre aus dem Arbeitsprozeß ausschieden, zu kompensieren. Das wird mit der wachsenden Größe der zu reproduzierenden Gesamtgruppe anders. Die Analyse der Entwicklung der Absolventenzahlen zeigt, daß das Ende des zahlenmäßigen Wachstums der Gesamtheit »Fach- und Hochschulkader«, von den Reproduktionsmechanismen her gesehen, Mitte der siebziger Jahre schon »angelegt« war.

Zweitens. Im Fachschulstudium ist der Rückgang der Absolventenzahlen, bezogen auf das Jahr des jeweiligen Maximums, verglichen mit dem Trend der Gesamtheit und mit dem der anderen Ausbildungsrichtungen, bei Ingenieuren tendenziell am *größten.* Zugleich nimmt der Anteil der Fachschulingenieure an der Gesamtzahl der Absolventen des jeweiligen Ausbildungsjahres schneller ab als der Anteil anderer Ausbildungsrichtungen. Das bedeutet: In der Tendenz werden absolut und relativ weniger Ingenieure ausgebildet.

Im Hochschulstudium zeigt sich ein analoges Bild. Gegenüber dem jeweiligen Maximum ist der Rückgang bei Absolventen naturwissenschaftlicher Ausbildungsrichtungen

15 Siehe Thomas Büttner: Demographische Reproduktion. In: Soziologie und Sozialpolitik. Beiträge aus der Forschung, 1986, Heft 3, S. 54.

am größten; der Rückgang bei Absolventen technischer Studienrichtungen ist geringer, aber bedeutend größer als bei Medizinern und Lehrern. In der Grundtendenz werden somit auch im Hochschulstudium immer weniger Natur- und Technikwissenschaftler ausgebildet.

Drittens. Nimmt man die langfristige Abfolge der Absolventenzahlen als Indikator für Reproduktionszyklen, so zeigt sich: Diese Zyklen verlaufen vor allem bei Medizinern und Lehrern »flacher«, das heißt harmonischer. In der Hochschulausbildung ist der Zyklus bei Absolventen pädagogischer Wissenschaften am harmonischsten; mit ihm verglichen, weisen die Reproduktionsmechanismen bei Natur- und Technikwissenschaftlern größere Unregelmäßigkeiten (oder Schwankungen) auf. Das erklärt sich wahrscheinlich doppelt: aus der größeren Kontinuität des Ersatzbedarfes und seiner Planbarkeit bei Lehrern (und Ärzten), möglicherweise aber auch aus einem größeren Auf und Ab in der Bedarfsplanung der Abnehmer bei Naturwissenschaftlern und Ingenieuren.

Das eigentliche Problem besteht nicht so sehr darin, Trends der Vergangenheit nachträglich zu interpretieren. Viel wichtiger ist die Frage, welche Schlußfolgerungen sich im Hinblick auf gegenwärtige und zukünftige Erfordernisse ergeben. Dabei ist ein entscheidender weiterer Umstand zu berücksichtigen: Von Mitte der achtziger bis Mitte der neunziger Jahre geht die Stärke der Jahrgänge im Studienalter um mehr als ein Drittel zurück. Das hat Konsequenzen. Wenn die herausgebildeten Grundproportionen zwischen den verschiedenen Ausbildungsrichtungen beibehalten werden, muß sich das heraufziehende »demographische Tief« proportional auch auf die Reproduktion des ingenieurwissenschaftlichen Kaderpotentials auswirken, so daß die realen Immatrikulations- und Absolventenzahlen im gleichen Maße wie die Jahrgänge im Ausbildungsalter abnehmen müßten.

Für eine solche Schlußfolgerung gibt es gute Gründe. Die anderen Ausbildungsrichtungen sind nicht weniger wichtig; die Gesellschaft benötigt auch Lehrer und Ärzte, Natur- und Gesellschaftswissenschaftler. Die Idee, die Wirkungen des demographischen Tiefs zugunsten des ingenieurwissenschaftlichen Kaderpotentials in allen anderen Ausbildungsrichtungen abzufangen, wäre wenig realistisch. Aber zugleich zeigt es sich, daß verschiedenartige Gesetzmäßigkeiten sich kreuzen und zu widersprüchlichen Konsequenzen führen können. Auf der einen Seite wirkt das Gesetz der Reproduktion von Strukturen in den herausgebildeten Proportionen, auf der anderen Seite bewirken nationale und globale Gesetzmäßigkeiten der wissenschaftlich-technischen Revolution, daß der objektive Bedarf an Ingenieuren nicht im gleichen Maße wie die Stärke der Jahrgänge im Ausbildungsalter zurückgeht. Dafür sprechen zumindest folgende Gründe.

Erstens. Ein Eckpunkt der wissenschaftlich-technischen und ökonomischen Strategie der SED besteht darin, modellhafte Durchbruchslösungen wie flexible Fertigungssysteme (Flexible Manufacturing System [FMS]) zügig mit größtmöglicher Breitenwirkung zu verbinden. Die Direktive des XI. Parteitages der SED zum Fünfjahrplan stellt die Aufgabe, bis 1990 in der metallverarbeitenden Industrie »als Maßstab und Beispiel« mindestens 60 und in anderen Zweigen der Volkswirtschaft 35 komplexe Automatisierungsvorhaben zu realisieren.[16]

Erste soziologische Untersuchungen über soziale Bedingungen und Konsequenzen der Einführung von FMS lassen die Schlußfolgerung zu, daß Vorhaben in dieser Größenordnung noch mit dem vorhandenen Ingenieurbestand der Kombinate verwirklicht werden können. Über das Jahr 1990 hinaus wird es aber darum gehen, weit über die Ebene von Maßstabs- und Beispiellösungen hinauszugehen und Schritt für Schritt qualitativ neue technologische Lösungen wie eben die flexible Automatisierung zum bestimmenden Grundprinzip vieler Fertigungsprozesse zu machen. Schon bis 1990 wird jedem Kombinat die Aufgabe gestellt, »durch Beschleunigung des Tempos und der Qualität des eigenen Rationalisierungsmittelbaus automatisierte Fertigungsabschnitte zu schaffen«.[17] Wie unsere Untersuchungen zeigen, nimmt mit der Einführung von FMS der Bedarf an unmittelbar am technischen System tätigen Ingenieuren und Diplomingenieuren nicht oder nicht wesentlich zu; der bei weitem größte Teil der hier anfallenden Arbeitsaufgaben ist von

16 Siehe: XI. Parteitag der SED. Direktive des XI. Parteitages der SED, S. 51.
17 Ebenda, S. 51.

Facharbeitern, ausgerüstet mit den Erfordernissen entsprechenden neuen beruflichen Kenntnissen, zu bewältigen. Anders jedoch in der Vorbereitungsphase: Da es keineswegs nur darum geht, bekannte und gelöste Dinge »einzuführen«, nimmt in dem Maße, wie eine größere Breitenwirkung erzielt werden soll, der ingenieurwissenschaftliche Kaderbedarf in der verfahrensorientierten Vorlaufforschung, in Konstruktion und Entwicklung und schließlich in der unmittelbaren Applikationsphase notwendigerweise zu.

Zweitens. Gegenwärtig konzentriert sich die Durchsetzung von Schlüsseltechnologien in einem hohen Maße auf bestimmte Industriebereiche: Maschinenbau, Elektrotechnik/Elektronik und Teile der chemischen Industrie. Anzustrebende Breitenentwicklung schließt die Notwendigkeit ein, Zug um Zug analoge technologische Lösungen auch in anderen Industriebereichen durchzusetzen: bei der Produktion technischer Konsumgüter, in der Textilindustrie, in der Leichtindustrie usw.

In diesen Bereichen ist jedoch der Anteil der Hoch- und Fachschulkader ohne unmittelbare Leitungsfunktion, damit des für Forschung und Entwicklung zur Verfügung stehenden Personals, weitaus niedriger als in den erstgenannten Schwerpunktbereichen; im Maschinenbau ist der Anteil zum Beispiel viermal höher als in der Leichtindustrie. Folglich bringt die Notwendigkeit, auch in den Industriebereichen, die gegenwärtig noch weniger von der Durchsetzung von Schlüsseltechnologien erfaßt werden, die verfahrens- und erzeugnisorientierte Forschung und Entwicklung zu intensivieren, dort perspektivisch einen wachsenden Kaderbedarf mit sich.

Drittens. Die unvermeidliche Konzentration von Forschungs- und Investitionspotentialen auf volkswirtschaftliche Schwerpunkte führt für einen längeren Zeitraum zu einer Koexistenz modernster und traditioneller technologischer Bedingungen. Damit kann, wie erste Untersuchungen zu dieser Thematik erkennen lassen, die Differenzierungsdominante »geistiges Niveau der Arbeit, Bildung und Qualifikation« in ihrer Wirkungsweise zunächst ausgeprägter hervortreten: Auf der einen Seite ist die Durchsetzung von Schlüsseltechnologien (so von FMS) mit einer deutlichen Verbesserung wesentlicher Seiten der Arbeitsinhalte und Arbeitsbedingungen verbunden, so vor allem mit der Überwindung physisch gefährdender und geistig anspruchsloser Arbeit. Auf der anderen Seite geht das Fortbestehen traditioneller technologischer Bedingungen mit einer Reproduktion entsprechender Arbeitsinhalte und -bedingungen einher.

Diese Entwicklung ist für einen bestimmten Zeitraum unvermeidlich, eben weil die für die Durchsetzung von Schlüsseltechnologien erforderlichen Wissenschafts- und Investitionspotentiale nicht unbegrenzt zur Verfügung stehen und weil nur ihr konzentrierter Einsatz den höchstmöglichen ökonomischen Effekt hervorbringt. Ferner sind es eben vor allem der Maschinenbau und die Elektrotechnik/Elektronik, in denen die entscheidenden materiellen Vorbereitungen für schnelleren technologischen Wandel in anderen Bereichen geschaffen werden müssen.

Langfristig gehört es jedoch zu den ökonomischen und sozialen Zielkriterien der sozialistischen Gesellschaft, die Herausbildung mit spezifischen Verlaufsformen des wissenschaftlich-technischen Fortschritts verbundener Widersprüche zu begrenzen und, als Moment längerfristiger Strategie, gänzlich zu verhindern. Das ist nicht weniger als die historisch zu schaffende Alternative zu einer Strategie, die soziale Segmentierungen und Ausgrenzungen nicht nur als unvermeidlichen Preis technologischen Wandels hinzunehmen bereit ist, sondern, weit darüber hinaus, sich verschärfende soziale Widersprüche geradezu als systemspezifische Triebkräfte *will*.[18]

In der sozialistischen Gesellschaft besteht der wesentliche Inhalt des Problems der »Akzeptanz« nicht darin, ob moderne technologische Lösungen von den Werktätigen »angenommen« oder skeptisch beurteilt werden. Die reale Erfahrung, daß der technologische Fortschritt Gefährdungen (etwa vom Range der zunehmenden Unsicherheit des Arbeitsplatzes) ausschließt und im Gegenteil, zumindest per saldo, eine Verbesserung der Arbeitsbedingungen mit sich bringt, erzeugt, was unsere Untersuchungen eindeutig bestätigen, auf die Beschleunigung des wissenschaftlich-technischen Fortschritts gerichtete Interessen und Wertorientierungen. Auf

18 Siehe dazu ausführlich: Konservative Gesellschaftsstrategie – soziologisch begründet, Berlin 1985.

dieser Ebene liegen die Probleme der »Akzeptanz« jedenfalls nicht, aber sie können sich auf einer gänzlich anderen Ebene herausbilden: in bezug auf Arbeitsbedingungen, an denen grundlegende technologische Entwicklungen mehr oder weniger vorbeigehen. In diesem Kontext zwingt die Analyse vorhandener Strukturen zu der Schlußfolgerung, daß in einer Reihe von Industriebereichen grundlegende Probleme, vor allem der Forschung und Entwicklung, nicht mit dem vorhandenen wissenschaftlich-technischen Kaderpotential gelöst werden können.

Viertens schließlich (was keineswegs der am wenigsten wichtige Punkt ist) haben *globale* Gesetzmäßigkeiten und Verlaufsformen der wissenschaftlich-technischen Revolution gravierende Auswirkungen auf nationale Zwänge und Erfordernisse. Dies in mehrfacher Hinsicht.

Zweifellos wird auch in den neunziger Jahren weltweit das Tempo der wissenschaftlich-technischen Revolution weiter zunehmen. Der Hauptgrund dafür ist ein der Produktivkraftentwicklung selbst immanenter Rückkopplungsmechanismus: Je größer die Ausbreitungsdichte hochtechnologischer Lösungen, desto größer sind und werden die gesellschaftlichen Erfahrungen ihrer Beherrschung, das technologische Wissen usw. Jeder neue Anwendungsbereich technologischer Grundprinzipien wirkt auf die bessere Beherrschung dieses Prinzips zurück und befördert seine Perfektionierung. Das gilt für alle Schlüsseltechnologien der Gegenwart: für die Anwendung der Mikroelektronik bei Verfahren und Erzeugnissen, für die moderne Rechen- und Informationstechnik, für die Lasertechnik und die Biotechnologien. Unter diesen Bedingungen ist unser Kampf um Zeitgewinn in vielen Fällen eben noch nicht ein Kampf um die Behauptung von Spitzenpositionen, sondern ein Kampf um die Verkürzung von Abständen, um Anschlüsse an die Spitze internationaler Entwicklungen.

Es kommt hinzu, daß die wissenschaftlich-technische Revolution in den hochtechnologisch führenden Ländern längst über industrielle Fertigungsprozesse hinausgegangen ist: Sie erfaßt die Informations- und Medientechnologie, das Verkehrswesen, schneller als manchen anderen Bereich das Büro usw. Auch wenn man berücksichtigt, daß hier manche Entwicklung im Spiele ist, die der Sozialismus keineswegs nachzuvollziehen braucht (unsinniger moralischer Verschleiß bei industriellen Konsumgütern, Verschwendung mikroelektronischer Bauelemente für elektronischen Kitsch, überdimensioniertes Angebot von Fernsehprogrammen usw.), so bleibt doch, daß es sich hier, auch auf das vernünftige Maß reduziert, um Entwicklungen handelt, an die der Anschluß nur mit beträchtlich größeren Anstrengungen herzustellen ist.

Zugleich geht in strategische Überlegungen über Erfordernisse der langfristigen Entwicklung des Kaderpotentials ein Faktor ein, den wir als »Gesetz der kritischen Masse« definieren wollen: Breite und Komplexität der globalen Verlaufsformen der wissenschaftlich-technischen Revolution zwingen kleinere Länder (wie die DDR), auch wenn sie sich im Rahmen einer effektiveren internationalen sozialistischen Arbeitsteilung auf ihren Bedingungen entsprechende Schwerpunkte konzentrieren können, *relativ* größere Forschungs- und Entwicklungspotentiale einzusetzen. Das gilt auch dann, wenn es die zügige Verwirklichung des Komplexprogramms der RGW-Länder für die wissenschaftlich-technische Zusammenarbeit bis zum Jahr 2000 effektiver erlaubt, die Wissenschaftspotentiale sozialistischer Länder koordiniert für die Lösung gemeinsamer Aufgaben einzusetzen und so die Mechanismen internationalen Wissenstransfers besser zu beherrschen: Auch dann müssen die mit der Überleitung und Anwendung verbundenen Probleme mit dem eigenen Kaderpotential gelöst werden.

Wir haben es mithin, zusammenfassend gesagt, mit einem vielschichtigen und nicht leicht zu lösenden Widerspruch zu tun. Auf der einen Seite zwingt das Ende extensiver struktureller Entwicklungen zu neuen Überlegungen; der erforderliche Leistungsanstieg kann nicht mehr mit Wachstumsraten des ingenieurwissenschaftlichen Kaderpotentials, wie sie für die Zeit bis zur Mitte der siebziger Jahre charakteristisch waren, erzielt werden. Auf der anderen Seite lassen sich die Probleme auch nicht einfach »im Rahmen der herausgebildeten Strukturen« lösen.

An dieser Stelle wird es erforderlich, auf die Überlegungen zur inneren Struktur der Gesamtgruppe »Ingenieure«, die sich aus den spezifischen Funktionen im Zyklus ergibt, zurückzukommen. Die Gründe, die für einen wachsenden Kaderbedarf sprechen, gelten nicht für alle Phasen des Zyklus gleichermaßen. Der Knotenpunkt sind die Vorlaufbereiche: von der verfahrens- oder erzeugnisorientierten Vorlaufforschung bis zur unmittelbaren Überleitungsphase. Demgegenüber scheint es, soweit sich das gegenwärtig gültig beurteilen läßt, daß sich die Dinge im Dauerbetrieb neuer technischer Systeme genau anders darstellen: Je höher der Automationsgrad und je reibungsloser die Probleme der Einführungsphase gelöst sind, desto weniger wissenschaftlich ausgebildete Arbeitskräfte sind für die Bewältigung operativer Problemsituationen und für die unmittelbare Leitungstätigkeit erforderlich. Zur Verantwortung der Kombinate für Ziel und Inhalt der wissenschaftlich-technischen Aufgaben, betonte Günter Mittag auf dem Seminar mit den Generaldirektoren der Kombinate im März 1987, »gehören gezielte Anstrengungen für die Entwicklung des Potentials in Forschung und Entwicklung. Das betrifft sowohl seinen Umfang als auch seine qualitative Wirksamkeit. Ein leistungsfähiges Forschungs- und Entwicklungspotential ist ein realer und unverzichtbarer Faktor der intensiv erweiterten Reproduktion in den Kombinaten«.[19]

Es geht also um strukturelle Veränderungen *innerhalb* der Gruppe der Ingenieure, das heißt im Minimum darum, die demographischen Tiefs nicht auf die Reproduktion des *Wissenschafts*potentials durchschlagen zu lassen. Das Forschungspotential kann quantitativ weiter gestärkt werden, ohne daß die Anzahl der auszubildenden Ingenieure weiter oder wieder ansteigen muß,

– wenn der Einsatz von Ingenieuren in der unmittelbaren materiellen Produktion auf das unerläßliche Minimum reduziert wird,

– wenn nach wie vor existierende Tendenzen des unterqualifizierten Einsatzes zielstrebig überwunden werden,

– indem über den Ausbildungsprozeß die Reproduktion des Kaderpotentials optimal den Erfordernissen des Zyklus Wissenschaft – Produktion angepaßt wird.

19 Kurs der Hauptaufgabe prägt Arbeit der Partei und Handeln der Massen. Seminar des Zentralkomitees der SED mit den Generaldirektoren der Kombinate und den Parteiorganisatoren des ZK am 12. und 13. März 1987 in Leipzig, Berlin 1987, S. 45.

2.2.
Aspekte der sozialen Mobilität

Mechanismen der Reproduktion von Kaderpotentialen werden durch soziale Mobilität vermittelt. Dabei ist der Grad der Mobilitätsoffenheit einer Gruppe ein wichtiger Faktor ihres sozialen Profils. Auch hier verflechten sich allgemeine Gesetzmäßigkeiten mit spezifischen Verlaufsformen.

Auf der Grundlage der Brechung des Bildungsprivilegs bewirken die bis zur Mitte der siebziger Jahre anhaltenden extensiven Prozesse eine weitgehende Erweiterung der sozialen Reproduktionsquellen der Intelligenz; die Arbeiterklasse und die Klasse der Genossenschaftsbauern wurden zu den wichtigsten Reproduktionsquellen der Intelligenz. Im Rahmen dieser generellen Tendenz ist die Mehrheit der heute beruflich tätigen Ingenieure aus Arbeiterfamilien hervorgegangen: etwa die Hälfte der technikwissenschaftlichen Forschungsintelligenz und zwei Drittel der Produktionsingenieure.[20]

Zeitgleich mit dem Ende extensiver Wachstumsmuster und in einem gewissen Sinne kausal damit verbunden, vollzogen sich beachtliche Veränderungen in den Strukturen der sozialen Mobilität. Wie in anderen sozialistischen Ländern auch,[21] nahm die Tendenz zur überproportionalen Eigenproduktion der Intelligenz zu: Der Anteil der Kinder aus Intelligenzfamilien, die wieder den sozialen Status der Intelligenz erlangen, ist etwa dreimal größer als der Anteil der Schicht an der Gesamtbevölkerung.

20 Nach unserer Untersuchung zu sozialstrukturellen Bedingungen der Erhöhung der Effektivität wissenschaftlicher Arbeit I-86, mit einem Sample von etwa 3 000 Personen aus der Industrie- und Hochschulforschung, ergab sich für Technikwissenschaftler/Ingenieure in Forschung und Entwicklung folgendes Bild: Soziale Herkunft, bezogen auf den sozialen Status des Vaters: Vater ohne abgeschlossene Berufsausbildung: 7,8 Prozent; Vater Facharbeiter: 62,6 Prozent; Vater Fachschulabschluß: 16,6 Prozent; Vater Hochschulabschluß: 9,7 Prozent; Vater promoviert: 3,0 Prozent. In bezug auf die soziale Herkunft mütterlicherseits ergab sich ein ähnliches Bild, nur ist der Anteil der Mütter ohne Berufsausbildung mit 46,3 Prozent erheblich größer.
21 Siehe Autorenkollektiv: Die Intelligenz in der sozialistischen Gesellschaft.

Die Ursachen dieser Erscheinung sind im Prinzip gut bekannt. Ihr letztlicher Hintergrund ist der sich während des Besuchs der allgemeinbildenden polytechnischen Oberschule herausbildende Zusammenhang zwischen sozialer Herkunft einerseits und schulischer Leistung und Studienmotivation andererseits[22]; die Differenzierungsdominante »geistiges Niveau der Arbeit, Bildung und Qualifikation« bringt, auch bei rechtlich und institutionell gleichen Bildungsmöglichkeiten, unterschiedliche reale Chancen der sozialen Mobilität, vor allem der Bildungsmobilität, mit sich.[23]

Gewiß hat eine tendenziell überproportionale Eigenreproduktion der Intelligenz einen anderen sozialen Charakter, wenn die Schicht, aus der sich die Intelligenz mit überproportionalen Anteilen reproduziert, die neue Intelligenz der sozialistischen Gesellschaft ist; die Tendenz ist mit scheinbar ähnlichen Mechanismen der kapitalistischen Gesellschaft, die primär mit dem Bildungsprivileg von Minderheiten zusammenhängen, qualitativ nicht vergleichbar. Problemlos ist sie deswegen jedoch nicht. Gerade dann, wenn die Intelligenz zu einer sozialen Schicht mit Massenumfang wird, ist es im weiteren Sinne ein Gebot der gesellschaftlichen Effektivität, das gesamte verfügbare Begabungspotential für entsprechende Bildungswege zu erschließen.[24]

Das gilt für die Intelligenz in ihrer Gesamtheit, dabei vor allem für *inter*generationelle Mobilität. Bei Ingenieuren kommt ein spezifischer Umstand hinzu. Vor allem produktionsnahe Ingenieurtätigkeit setzt in vielen Fällen entsprechende berufliche Erfahrung voraus; zumindest ist sie in der Regel wenigstens sehr wünschenswert. Produktionsingenieure, die ihre Qualifikation auf dem Boden einer profilähnlichen Facharbeiterqualifikation erworben haben, kommen in der Regel nicht nur mit vielen praktischen Problemen der Leitung und Arbeitsorganisation besser zurecht, sondern vor allem mit Anforderungen, die mit der sozialen Leitung von

22 Siehe Artur Meier: Soziologie des Bildungswesens, Berlin 1974, vor allem S. 292 ff.
23 Siehe Autorenkollektiv unter der Leitung von Rudi Weidig: Sozialstruktur der DDR, S. 176 ff.
24 Siehe Manfred Lötsch/Joachim Freitag: Sozialstruktur und soziale Mobilität. In: Jahrbuch für Soziologie und Sozialpolitik 1981, Berlin 1981, S. 94 ff.

Arbeitskollektiven zusammenhängen. *Intra*generationelle Mobilität vom Arbeiter zum Ingenieur erweist sich so als ein soziales und funktionelles Erfordernis.

Im deutschen Ingenieurwesen spielte der Zugang zur Hoch- oder Fachschule über die Berufsausbildung schon immer eine besondere Rolle; dabei vor allem der Bildungsweg: Berufsausbildung – Fachschule – Hochschule. Gegenwärtige Bestrebungen bestehen ihrem Wesen nach darin, historisch Bewährtes durch Anpassung an neue Erfordernisse sozusagen positiv aufzuheben.

Gegenwärtig gibt es in der DDR folgende Wege zur Erlangung der Hochschulreife (im Hinblick auf die Ausbildung von Ingenieuren):

– Erwerb des Abiturs an der zwölfklassigen erweiterten Oberschule plus einjähriges Vorpraktikum;

– Berufsausbildung mit Abitur (wobei anzustreben ist, daß das Studium in einer der Berufsausbildung entsprechenden Fachrichtung erfolgt);

– zehnklassige polytechnische Oberschule, Berufsausbildung und Erwerb der Hochschulreife in Kursen der Volkshochschule (bzw., als noch existierender Sonderfall, an der Arbeiter-und-Bauern-Fakultät der Bergakademie Freiberg);

– zehnklassige polytechnische Oberschule, Berufsausbildung und Abschluß der Fachschule.

Der Weg über die Volkshochschule fällt zahlenmäßig nicht sehr ins Gewicht. Bei Studienrichtungen, in denen die Anzahl der Bewerber beträchtlich größer ist als die der Studienplätze, gilt das dort erworbene Abitur oft nicht als gleichwertig. Ferner sind die zusätzlichen Belastungen für den einzelnen weit größer als in den reguläreren Bildungswegen; durch sie bedingt ist die Anzahl der vorzeitigen Ausfälle weit höher.

Die Berufsausbildung mit Abitur ist in einem entscheidenden Punkt dem Weg über die EOS wesensgleich: Die Entscheidung über den Zugang zu diesem Bildungsweg fällt ebenfalls in der 9. Klasse der POS. Für Jugendliche, die die Motivation für eine weiterführende Ausbildung, letztlich für ein Hochschulstudium, erst später entwickeln (in der Regel während der Berufsausbildung oder der beruflichen Tätigkeit), stand somit im Prinzip nur der letztgenannte Weg zur Verfügung. Das war eine gewichtige Besonderheit des Ingenieurberufs: Er stand, im Unterschied zu anderen Intelligenzberufen, auch Jugendlichen offen, die entweder mit dem Ende der 9. Klasse das für die Zulassung zur EOS geforderte Leistungsniveau nicht erreichten oder, aus welchen Gründen auch immer, diesen Bildungsweg nicht gehen wollten. Der Ingenieurberuf, könnte man sagen, war insofern mobilitätsoffener als andere Intelligenzberufe; zu ihm führte ein zweiter und in der Qualität mindestens gleichwertiger Bildungsweg.

Dahinter verbirgt sich ein größeres gesellschaftliches Problem. Mit der Auflösung der ABF wurden die Bildungswege nicht nur einheitlicher; es wurden auch die Schleusen enger, über die man zur Hochschulbildung gelangen konnte. Im Prinzip fällt für die großen Mehrheit der Jugendlichen die Entscheidung darüber, ob ein Studium möglich ist, mit dem Zensurendurchschnitt der 9. Klasse. Man weiß aber, daß keineswegs alle jungen Menschen zum gleichen Zeitpunkt gleiche Motivationen hervorbringen und gleiche Leistungen erreichen. Oft sind es die ersten Jahre der beruflichen Tätigkeit, in denen sich tiefgreifende Wandlungen der Interessen und Wertesysteme, damit letztlich der gesamten Persönlichkeitsstruktur, herausbilden. Entscheidungen, die in dieser Lebensphase getroffen werden, sind sehr viel mehr eigene Entscheidungen als bei Kindern in der 9. Klasse, die (was die Tendenz zur überproportionalen Reproduktion der Intelligenz aus sich selbst zu wesentlichen Teilen mit erklärt) noch weitaus stärker durch das Wertesystem des Elternhauses geprägt werden. Ein effektives Bildungssystem benötigt flexible Mechanismen, die geeignet sind, auch das in späteren Lebensabschnitten verfügbar werdende Begabungs- und Motivationspotential zu erschließen. Dazu gehörte bisher, zumindest für den Ingenieurberuf, der Weg über die Berufsausbildung und die Fachschule.

Mit der im Gange befindlichen Umwandlung bisheriger Fachschulen entweder in Ingenieurhochschulen oder in Technika[25] entstand die Notwendigkeit, für den nun entfallenden Bildungsweg Berufsausbildung – Fachschule –

25 Siehe: Konzeption für die Gestaltung der Aus- und Weiterbildung der Ingenieure und Ökonomen in der Deutschen Demokratischen Republik. In: Das Hochschulwesen (Berlin), 1983, Heft 9, S. 251.

Hochschule eine Kompensation zu schaffen. Ausgehend vom gemeinsamen Beschluß des Ministerrates der DDR und des Bundesvorstandes des FDGB vom 27. Juni 1979 über die weitere Erhöhung des Niveaus der Erwachsenenqualifizierung, in dem darauf orientiert wurde, daß mehr junge Arbeiter und Arbeiterinnen Fach- oder Hochschulbildung erwerben sollten, wurden an technischen Universitäten und Hochschulen einjährige Vorkurse für junge Facharbeiter eingerichtet. Für diese Vorkurse, die auch im Fernstudium absolviert werden können, hat der Minister für das Hoch- und Fachschulwesen ab 1. 9. 1985 verbindliche Lehrprogramme in Kraft gesetzt. Die Ausbildung »knüpft direkt an die in der 10klassigen allgemeinbildenden polytechnischen Oberschule, in der Berufsausbildung und in der praktischen Arbeit im Betrieb erworbenen Kenntnisse, Einsichten, Fähigkeiten und Fertigkeiten an. Bei der Bestimmung des Inhalts der Lehrgebiete wurden die wesentlichen Lehrplaninhalte der Abiturstufe sowie die Anforderungen des anschließenden Studiums in der gewählten Fachrichtung berücksichtigt«.[26]

Wie erste Erfahrungen – so an der Technischen Hochschule Ilmenau – zeigen, weist diese Lösung mehrere Vorzüge auf. Sie reproduziert die Mobilitätsoffenheit des Ingenieurberufes für junge Facharbeiter; damit einen wichtigen Bildungsweg neben dem Kanal erweiterte Oberschule bzw. Berufsausbildung mit Abitur. Vor allem das Ausbildungsprofil II für Hochschulingenieure, das auf den Einsatz der Absolventen in der Produktionspraxis gerichtet ist, erhält auf diesem Wege ein wichtiges Potential, eben weil Studenten, die den Weg über den Vorkurs gehen, vor allem für dieses Ausbildungsprofil wichtige berufliche Erfahrungen mitbringen.

Die Hypothese, daß die später und mit größerer persönlicher Verantwortlichkeit getroffene Entscheidung über einen weiterführenden Bildungsweg mit hoher Motiviertheit korreliert, wird durch bisherige Erfahrungen voll bestätigt; an der Technischen Hochschule Ilmenau spricht man davon, daß allerdings mit dem zweiten Studienjahr ein »Einpegeln auf

26 Lehrprogramme zur Ausbildung im Vorkurs für junge Facharbeiter zum Erwerb der Hochschulreife, Ministerium für Hoch- und Fachschulwesen, Berlin 1985, S. 5.

den Motivations- und Leistungsdurchschnitt des jeweiligen Matrikels« stattfände – was nicht gegen den Vorkurs spricht, wohl aber dafür, daß mitgebrachte »Motivationsvorsprünge« zielstrebig, durch angemessene Erziehungsarbeit, reproduziert werden müssen.

Schließlich darf die politische Komponente nicht vergessen werden: Verglichen mit den Absolventen der EOS bringen die Studenten des Vorkurses meßbar größere politische Erfahrung mit, übten sie anspruchsvollere gesellschaftliche Funktionen aus. Eine erste Befragung unter den Teilnehmern der Vorkurse an der TH Ilmenau vermittelt folgende interessante Einsichten:

– Der überwiegende Teil der Vorkursteilnehmer hat einen dem Profil der Hochschule entsprechenden (in der Regel elektrotechnischen) Beruf erlernt; die erste Gruppe war durchschnittlich ein Jahr, die zweite länger als zwei Jahre im erlernten Beruf tätig.

– Etwa zwei Drittel der jungen Facharbeiter hatten schon immer den Wunsch zu studieren, ging aber aus unterschiedlichen Gründen nicht den Weg über die EOS (bzw. über die Berufsausbildung mit Abitur).

– Viele Teilnehmer des Vorkurses fühlten sich in ihrer Tätigkeit nach der Berufsausbildung unterfordert (1. Vorkurs 50 Prozent, 2. Vorkurs 25 Prozent). Das beweist, daß über diesen Bildungsweg nicht voll erschlossene Lern- und Motivationspotentiale mit Nutzen für die Gesellschaft und für den einzelnen erschlossen werden können.

– Überwiegend geht es den Vorkursteilnehmern nicht um ein Studium »um jeden Preis« (wie etwa die Umlenkung in eine völlig andere Studienrichtung), sondern um die weitere Qualifizierung im erlernten Beruf, was ebenfalls einen ausbaufähigen Motivationsvorteil mit sich bringt.

– Fast 90 Prozent würden, nachdem sie den Vorkurs absolviert und mit dem Studium begonnen hatten, die gleiche Entscheidung wieder treffen; das spricht für eine hohe (potentielle) Identifikation mit dem Studium und der späteren beruflichen Tätigkeit.

– Während für Absolventen der EOS die Entscheidung für (irgendein) Studium nahezu zwangsläufig ist, entscheiden sich junge Arbeiter zwischen zwei Varianten: der weiteren Tätigkeit als Facharbeiter oder der Aufnahme des Studiums

über den Vorkurs; das ist, kann man unterstellen, eine wohl-
überlegte Entscheidung, zumal auf ein schon erzieltes Einkommen für längere Zeit verzichtet werden muß. Auch das
wirkt als Boden für spezifische Motivationen.
– Der Vorkurs wird von Lehrkräften der Hochschule durchgeführt; das Lehrerkollektiv setzt sich aus Mitarbeitern nahezu aller Struktureinheiten der Hochschule zusammen. Im
Ablauf spielen (auch im Vergleich zur EOS) dem späteren
Fachstudium ähnlichere Formen des Wissenserwerbs (wie
Selbststudium) eine größere Rolle, was den Übergang zum
Fachschulstudium erleichtert. Dem allgemeinen Niveau der
Hochschule angepaßte Anforderungen bewirken, daß 50 Prozent der Teilnehmer die Anforderungen des 1. Studienjahres
als »nicht höher« und 45 Prozent »etwas höher« als im Vorkurs beurteilen.
– Die mitgebrachte berufliche Erfahrung und die spezifische Motivation bringen es mit sich, daß die Absolventen
des Vorkurses während des Studiums schnell darauf drän-
gen, in die Lösung konkreter, praktischer Probleme (wie
durch die Verbindung des Studiums mit Forschungsaufgaben) einbezogen zu werden.

Alles in allem ist der Weg zum Studium über den Vorkurs
natürlich nicht summarisch »besser« als der über die EOS;
so liegen die Vorteile des »regulären« Abiturs in der größeren Breite und Solidität der Allgemeinbildung (Deutsch, Geschichte usw.) Er ist aber auch alles andere als etwa eine weniger wertvolle »Notlösung«. Während des Studiums
gehören 20 Prozent der Vorkursteilnehmer zu den Besten
ihrer Seminargruppe, etwa 50 Prozent liegen im Durchschnitt und 20 Prozent darunter. Was vor allem für die
Gleichberechtigung dieses Bildungsweges spricht, das sind
nicht nur funktionelle Besonderheiten; dem Vorteil »Berufs-
erfahrung« stehen andere Vorzüge des Weges über die EOS
gegenüber.

Entscheidend ist unseres Erachtens die *soziale Funktion:*
Mit dem Weg zum Studium über den Vorkurs wird die *intra-
generationelle Mobilitätsoffenheit des Ingenieurberufes* reproduziert. Er ist, verglichen mit dem Weg Berufsausbildung –
Fachschule – Hochschule, um zwei Jahre kürzer, was angesichts der Tatsache, daß bisher die männlichen Hochschulabsolventen der DDR im internationalen Vergleich zu jenen

mit dem höchsten Durchschnittsalter gehören, für die Gesellschaft und für den einzelnen ein gewichtiger Vorteil ist. Er trägt dazu bei, den Arbeiteranteil an der Reproduktion der ingenieurwissenschaftlichen Intelligenz, mit ökonomischen, politischen und ideologischen Erfordernissen übereinstimmend, zu erhöhen. Er wird diesem wichtigen gesellschaftspolitischen Anliegen besser gerecht als der Versuch, Reproduktionsmechanismen der Intelligenz auf administrativem Wege zu beherrschen. Arbeiter, die auf diesem Wege Ingenieure werden, *sind* wirklich Arbeiter; das ist der Sinn und Inhalt dieses Mobilitätsweges, dessen Potenzen umfassend erschlossen werden sollten.

3.
Zur Anpassung
der Qualifikationsstruktur
an Erfordernisse des Zyklus
Wissenschaft – Produktion

In der DDR arbeiten gegenwärtig etwa 520 000 Ingenieure, wobei der Anteil der Fachschulingenieure überwiegt. Bis zum Jahr 2000 wird der Anteil der Ingenieure an der Gesamtheit der Fach- und Hochschulkader etwa 30 Prozent betragen, obwohl – wie bereits dargestellt – bis zur Mitte der neunziger Jahre die Gesamtzahl der Zulassungen zum Ingenieurstudium zurückgehen wird. Insgesamt muß der weitere Leistungsanstieg, mit dem Blick auf Erfordernisse der neunziger Jahre und darüber hinaus, mit diesem Kaderpotential erzielt werden, daher sind grundsätzlich neue Überlegungen und Schlußfolgerungen notwendig: im Hinblick auf die effektive *Nutzung* dieses Potentials (worauf wir im nächsten Kapitel eingehen) und im Hinblick auf qualitative Veränderungen der *Ausbildungsstrategie*.

3.1.
Welche Qualifikationsstruktur
der Ingenieure brauchen wir?

Die auf Beschleunigung des wissenschaftlich-technischen Fortschritts gerichtete Strategie der SED beruht, summarisch gesagt, auf drei Eckpunkten: *Erstens* geht es um die umfassende Erarbeitung natur- und technikwissenschaftlichen Vorlaufs. *Zweitens* gilt es, die Überleitung dieses Vorlaufs und des gegebenen Erkenntnisvorrats in Verfahrens- und Erzeugnisinnovationen effektiver und schneller zu gestalten. *Drittens* sind alle Produktionsprozesse, unabhängig vom Grad ihrer Modernität, Gegenstand permanenter, ingenieurwissenschaftlich durchdrungener Rationalisierung und wissenschaftlicher Arbeitsorganisation. In diesem Sinne reicht das Spektrum des wt F von der Durchsetzung hochtechnologischer Lösungen bis hin zur Rationalisierung im Rahmen gegebener und sich vorderhand nicht grundsätzlich verändernder Technologien. Zusammen mit der allgemeinen Eigenschaft der Ingenieure, in allen Phasen des Zyklus Wissenschaft – Produktion unterhalb der Ebene der naturwissenschaftlichen Grundlagenforschung tätig zu sein, bringt das neue Erfordernisse hinsichtlich der Gestaltung einer flexiblen, gegenüber neuen Bedingungen reaktionsfähigen Qualifikationsstruktur mit sich. Das betrifft *erstens* die bisherige Struktur der Ingenieurausbildung nach Fach- und Hochschulstudium und *zweitens* die Struktur der Hochschulausbildung selbst.

Die Ablösung des Fachschulstudiums durch eine allgemeine Hochschulausbildung für alle Ingenieure ist gesellschaftlich notwendig geworden. Obwohl das Fachschulstudium für Ingenieure in der deutschen Geschichte über eine große Tradition verfügt und seine Absolventen über viele Jahrzehnte hinweg sich als schnell und vielseitig einsetzbar erwiesen, obwohl viele von ihnen heute in verantwortlichen Leitungsfunktionen zu finden und international angesehene Fachleute sind, hat die Dominanz der Wissenschaften im Zyklus Wissenschaft – Produktion der bisherigen Fachschulausbildung deutliche Grenzen gesetzt. Das erforderliche Niveau wissenschaftlicher Kenntnisse in allen Bereichen der Ingenieurtätigkeit war mit dem bisherigen Ausbildungssystem nicht mehr zu gewährleisten. Ziel, Inhalt und Umfang der Ingenieurausbildung mußten neu bestimmt werden. Obwohl dabei für die traditionelle Fachschulausbildung kein Platz mehr blieb, ging es gleichzeitig darum, das Positive dieses Ausbildungsprofils nicht pauschal über Bord zu werfen, sondern eine Synthese von bewährten Traditionen und neuen Lösungen zu finden. Es wäre irreführend und historisch ungerecht, den Fachschulabschluß gegenüber dem Hochschuldiplom summarisch als »niedere Stufe« zu bezeichnen; dieser Typus des Ingenieurs hat gegenüber dem Hochschulingenieur seine spezifischen Vorzüge aufzuweisen: Er verfügt in der Regel über eine verwandte Berufsausbildung; er hat mehr Lehrveranstaltungen mit Übungs- und Trainingscharakter absolviert; seine Ausbildung ist vom ersten Semester an stärker fachrichtungs- und einsatzbezogen und sie ist schließlich, was sowohl für den einzelnen als auch für die Volkswirtschaft durchaus ins Gewicht fällt, kürzer und billiger. Im Verlaufe der Diskussion über die neue Konzeption für die Ausbildung von Ingenieuren hat der Minister für das Hoch- und Fachschulwesen der DDR mehrfach gefordert, diese wertvollen Erfahrungen in die neue Ausbildungsstrategie eingehen zu lassen.

Einerseits, so läßt sich das Problem zusammenfassen, benötigt die Gesellschaft Ingenieure mit einem insgesamt höheren Niveau *wissenschaftlicher* Kenntnisse; auf der anderen Seite benötigt sie Ingenieure, die den täglichen *praktischen* Aufgaben flexibel gewachsen sind. Daß diese beiden Anforderungen nicht automatisch zusammenfallen, macht den Kern des Problems aus.

Im Beschluß des Politbüros vom 23. Juni 1983 »Über die Gestaltung der Aus- und Weiterbildung der Ingenieure und Ökonomen in der DDR« sind die Grundlinien einer neuen Ausbildungskonzeption für Ingenieure, Techniker und Ökonomen (auf letztere werden wir jedoch im Rahmen unseres Themas nicht eingehen) fixiert. Künftig wird das einheitliche Hochschulstudium der Ingenieure zwei Profilrichtungen umfassen, deren Gemeinsamkeiten und Spezifika den dargestellten Zielkriterien entsprechen. Die Absolventen der Profilrichtung I werden vorwiegend für die wissenschaftlich-theoretische Arbeit vorbereitet, das heißt für Tätigkeiten zwischen technikwissenschaftlicher Vorlaufforschung und Überleitung. Nach dem Profil II sollen vorrangig solche Absolventen ausgebildet werden, deren Arbeitsfeld die unmittelbare wissenschaftliche Produktionsvorbereitung, Produktionsleitung und Organisation sowie ingenieurtechnische Arbeiten bei der Organisation des Absatzes umfaßt.

Gegenwärtig werden im engen Zusammenwirken des Hochschulwesens mit den wissenschaftlich-technisch profil-

bestimmenden Kombinaten die beruflichen Anforderungs-
charakteristika der neu auszubildenden Ingenieure ausgearbeitet. Dabei soll eine Ausbildung konzipiert werden, die
sich auf die strategischen Grundfragen der Wissenschafts-
und Wirtschaftsentwicklung konzentriert und die langfristig
den erkennbaren Erfordernissen der wissenschaftlich-technischen Revolution Rechnung trägt. Nach einer durchschnitt-
lichen Studienzeit von vier Jahren bis zur Hauptprüfung und
einer neu geregelten Diplomphase sollen Ingenieure zur Verfügung stehen, die in der Lage sind, flexibel und disponibel
auf Anforderungen zu reagieren, die heute erst in Konturen
bekannt sind und die sich konkret im Laufe der beruflichen
Tätigkeit herausbilden.

Inzwischen liegen erste Erfahrungen bei der Neugestaltung der Ingenieur- und Technikerausbildung vor.[1] Sie lassen zwei Schwerpunkte erkennen: neue Fragestellungen hinsichtlich der Bestimmung der Qualifikationsanforderungen
der zukünftigen Tätigkeitsfelder und einige grundlegende
Fragen der Studiengestaltung. Der zuerst genannte Aspekt
hängt untrennbar mit den Erfordernissen der rationellen
Nutzung von Qualifikationspotentialen zusammen (siehe
Kapitel 4). Im zweiten Problemkreis geht es, weit über die
konkrete Gestaltung der jeweiligen Studienpläne usw. hinaus, um Grundfragen, die für das künftige und durch Ausbil-
dungsprozesse zu reproduzierende soziale Profil von Ingenieuren von Belang sind. In der Substanz ist die neue
Ausbildungskonzeption darauf gerichtet, die Befähigung zur
selbständigen und schöpferischen Arbeit herauszubilden,
Bereitschaft zu und Bedürfnis nach lebenslanger Weiterbil-

1 Siehe Reinhold Retzke/Walter Förster: Einige hochschuldidak-
tische Aspekte zur Neugestaltung von Studiengängen der Ingenieurausbildung. In: Wissenschaftliche Beiträge, Technische Universität
Dresden, Reihe Hochschulpädagogik (Dresden), 1985, Heft 3,
S. 9–33. – Horst Brauer/Heinz Gotthans/Jürgen Oswald: Herausar-
beitung der künftigen Tätigkeitsfelder und Anforderungen – Aus-
gangspunkt für die Neugestaltung der Ingenieurausbildung. In: Das
Hochschulwesen, 1986, Heft 10, S. 253–256. – Harald Zalejski: Er-
fahrungen, Probleme, Schlußfolgerungen bei der Erprobung der
Technikerausbildung. In: Die Fachschule (Berlin), 1986, Heft 6,
S. 137–139. – Franz Stuchlik: Ausbildung von Ingenieuren in den
Grundlagen der Informatik. In: Rechentechnik, Datenverarbeitung
(Berlin), 1986, Heft 5, S. 5–8.

dung zu wecken und besonders begabte Studenten nachhaltig zu fördern.[2]

Die wesentlichen inhaltlichen Zielstellungen der neuen Ausbildungskonzeption bestehen darin, in der DDR künftig nur noch Hochschulingenieure auszubilden, eine in sich differenzierte Hochschulausbildung einzuführen, die Einheit von Aus- und Weiterbildung in höherer Qualität zu verwirklichen und zugleich, weil das Profil II nicht den gesamten rationellen Kern der bisherigen Fachschulausbildung aufzufangen vermag, eine neue Ausbildungsstufe – den Techniker – einzuführen. Das sind Eckpunkte, die in der intensiv geführten internationalen Diskussion über den Ingenieur und seine Ausbildung, unvermittelt oder modifiziert, eine große Rolle spielen.

Die neue Konzeption der Ingenieurausbildung im allgemeinen und die Betonung der Begabtenförderung werden in der einschlägigen Literatur der BRD aufmerksam verfolgt, aber leider nicht immer sachlich kommentiert.[3]

Auf der Grundlage einer kritischen Analyse der Ingenieurausbildung in Westeuropa kommt Giuliano Augusti zu der Feststellung, daß sich in den meisten Ländern zwei Formen durchgesetzt haben: einerseits ein stärker produktionsorientiertes und andererseits ein stärker wissenschaftstheoretisch orientiertes Studium, das zumeist an Universitäten, technischen Hochschulen bzw. Gesamthochschulen (BRD) erfolgt.[4] In den USA wird kritisiert, daß Absolventen der Ingenieurausbildung Mängel in der Fähigkeit zur schriftlichen und mündlichen Kommunikation aufweisen und daß Kenntnisse in wichtigen ökonomischen Disziplinen unzureichend sind. Man fordert eine gründlichere Ausbildung auf solchen Gebieten wie rechnergestützte Analyse und Konstruktion, aber auch im Hinblick auf juristische, sozialwissenschaftliche und ethische Kenntnisse. Kontrovers wird über die Ver-

2 Siehe Günther Homuth: Begabtenförderung als Prinzip des Studiums in der Ingenieurausbildung. In: Das Hochschulwesen, 1986, Heft 6, S. 140–145.
3 Siehe Gustav Gruner: Ingenieurausbildung wird neu geregelt. In: VDI-Nachrichten, Nr. 36, 4. September 1987, S. 18. – Wolfgang Hörner: Die DDR entdeckt ihre Elite. In: Ebenda, S. 19.
4 Siehe Giuliano Augusti: La formazione degli ingegneri in Europa. In: Univerzitas (Rom), 1985, Nr. 17, S. 14–23.

längerung des Studiums diskutiert, wobei deren Befürworter und Opponenten darin übereinstimmen, daß der theoretischen Grundlagenausbildung größtes Gewicht beizumessen sei.[5] In der BRD wird besonders im Rahmen des Vereins Deutsche Ingenieure (VDI) gefordert, die Grundkenntnisse zu verbessern und die Ausbildung auf neue Fragen der Technikphilosophie, der sozialen Technikbewertung und der Ethik auszudehnen.[6]

Das sind Diskussionen, in denen sich keineswegs nur engstirnige Verwertungsbedürfnisse des Kapitals manifestieren; eher läuft manche Forderung auf die Formierung kritischer Potentiale hinaus: Ein sozial und ethisch verpflichteter Ingenieur entspräche schwerlich dem vom Kapital gewünschten (und traditionell dominierenden) Typus des sozial und ethisch bedenkenlosen Nur-Fachmanns, der die Resultate seiner Arbeit willig und kritiklos dem Kapital überläßt. Solche Diskussionen sind für uns auch deswegen interessant, weil sie unterstreichen, daß sich unsere Konzeption der Ingenieurausbildung sowohl an Erfordernissen der inneren Entwicklung als auch an globalen Trends und Gesetzmäßigkeiten der wissenschaftlich-technischen Revolution orientiert; dabei ist angesichts der zunehmenden Bedeutung internationaler wissenschaftlicher Kommunikation und Kooperation auch die Notwendigkeit weltweit üblicher und anerkannter Graduierungen nicht zu unterschätzen.

Seit der Annahme des Beschlusses zur Ingenieurausbildung hat vor allem im Hoch- und Fachschulwesen der DDR, aber auch in den Kombinaten und Betrieben, eine breite und umfassende Diskussion stattgefunden, die durch die Leitungen der SED und vieler anderer gesellschaftlicher Organisationen (FDGB, FDJ, Kammer der Technik, Bund der Architekten usw.) gefördert und bereichert wurde. Berücksichtigt man die Kompliziertheit der Probleme sowie den Umstand, daß in vieler Hinsicht Neuland betreten wird,

5 Siehe Edmund Cranch/Gene Nordby: Engineering Education: at the crossroad without a compass? In: Engineering Education (Washington), 1986, Nr. 8, S. 742–747. – Praxisorientiertes Technikstudium in den USA. In: Leuchtturm. Schriftenreihe Ingenieurpädagogik, Alsbach 1984.
6 Siehe: Ingenieure im technischen Wandel. In: Wissenschaft – Wirtschaft – Politik (Bonn), 1985, Nr. 45, S. 8–10.

dann ist es nicht verwunderlich, daß diese Diskussion in wichtigen Punkten kontrovers verlief und sicher auch weiterhin verlaufen wird. Insgesamt kann man sagen, daß gegenwärtig vor allem die Fragen im Mittelpunkt stehen, die mit der Ausarbeitung und Verwirklichung der Konzeption einer modernen, 70 Prozent des gesamten Zeitfonds umfassenden Grundlagenausbildung zusammenhängen.

- Das ist kein Zufall. Ingenieure, die heute ausgebildet werden, werden mit darüber entscheiden, zu welchen Leistungen unsere Volkswirtschaft in der ersten Hälfte des kommenden Jahrhunderts fähig ist. Wie verständlich der Ruf vieler Betriebe nach schnell einsetzbaren und sofort wirksam werdenden Kadern auch immer sein mag – von solchen Wünschen kann eine strategisch orientierte Ausbildungskonzeption nicht *primär* ausgehen; weder im Profil II, weil auch diese Ingenieure technologische Lösungen durchzusetzen und zu beherrschen haben werden, die selbst ihre Hochschullehrer heute noch nicht kennen; noch im Profil I, mit dem die langfristigen Zukunftsinvestitionen zu schaffen sind. Das macht eine breite und durchgängige mathematisch-naturwissenschaftliche Bildung wichtiger, als sie es je zuvor im Qualifikationsprofil von Ingenieuren war.

Entscheidend ist ein fundiertes Studium jener Gebiete, auf denen in den nächsten *Jahrzehnten* wissenschaftliche Ergebnisse erwartet werden können, die mit hoher Wahrscheinlichkeit zu qualitativ neuen naturwissenschaftlichen, technikwissenschaftlichen und technologischen Lösungen führen werden. Übereinstimmung herrscht auch darüber, daß eine geschlossene informations- und kommunikationstheoretische Ausbildung, von der Mathematik über eine spezielle Informatik-Grundausbildung bis zum Erwerb grundlegender praktischer Kenntnisse bei der umfassenden Nutzung der Rechentechnik auf allen Gebieten (der rechnergestützten Konstruktion, Technologie, Prozeß- und Laborautomatisierung sowie der Leitung, Planung und Organisation) zum modernen Berufsbild von Ingenieuren gehört. Das gilt für beide Profile und für alle Fachrichtungen.

Gleichzeitig wächst die Bedeutung der ökonomischen und sozialwissenschaftlichen Ausbildung[7], übrigens auch in Län-

7 Siehe Fritz Göhring/Michael Brie: Die Weiterentwicklung des marxistisch-leninistischen Grundlagenstudiums (MLG) an den Uni-

dern, in denen bislang das gesellschaftswissenschaftliche Grundlagenstudium als unnötig oder »ingenieurunwürdig« betrachtet wurde. Die Orientierung der Ingenieurtätigkeit an volkswirtschaftlichen Zielen und Erfordernissen sowie die Notwendigkeit, soziale Konsequenzen in möglichst frühen Stufen von Forschung und Entwicklung zu berücksichtigen, macht Kenntnisse über ökonomische und gesellschaftliche Zusammenhänge und Gesetzmäßigkeiten unumgänglich. Zum Ingenieurstudium der Zukunft werden Lehrfächer gehören (müssen) wie: Ingenieurethik, Techniksoziologie, technische Ästhetik und andere mehr. Wie aber ist das alles in einer vertretbaren Ausbildungszeit unterzubringen?

Alle Teilnehmer an der Diskussion sind sich darüber im klaren, daß mit der neuen Konzeption zur Ingenieurausbildung tiefgreifende Veränderungen in der akademischen Ausbildung durchgesetzt werden. Niemand bezweifelt ernstlich, daß diese Veränderungen Ausdruck übergreifender objektiver Erfordernisse sind, letztlich der strategischen Entwicklungslinie von Natur- und Technikwissenschaft bis zum Jahr 2000 und darüber hinaus und der damit zusammenhängenden Zusammenarbeit der Länder des RGW. In ihrem Grundgehalt zielt die Konzeption auf die Bewältigung der bestimmenden Entwicklungsrichtungen der modernen Produktivkräfte: Erneuerungsraten bei Erzeugnissen und Verfahren, breitenwirksame Einführung von CAD/CAM-Verfahren, komplexe und flexible Automation bis hin zu CIM (Computer Integrated Manufacturing), höhere Veredlung von Rohstoffen und Halbfabrikaten, Erschließung und Nutzung einheimischer Rohstoffe und Energieträger, weitere Entwicklung der Mikroelektronik und der Lichtleitertechnik, beschleunigte Entwicklung der Biotechnologien, der Informations- und Kommunikationstechnologien usw. Nichts wäre leichter, als die Aufzählung neuer und steigender An-

versitäten und Hochschulen der DDR nach dem XI. Parteitag der SED. In: Deutsche Zeitschrift für Philosophie (im folgenden DZfPh), 1987, Heft 4, S. 289 ff. – Reinhard Bellmann/Michael Brie/Horst Friedrich: Der Platz der Philosophie in der marxistisch-leninistischen Ausbildung der Studenten. In: Ebenda, S. 294 ff. – Fritz Göhring/Ingomar Klein: Zu einigen Grundproblemen der Weiterentwicklung des Kurses Politische Ökonomie des Kapitalismus und des Sozialismus im MLG. In: Ebenda, S. 301 ff.

forderungen fortzusetzen. Das ist dann auch der Punkt, der in der bisherigen Diskussion zu teilweise ziemlich kontroversen Standpunkten führte. In der Substanz geht die Debatte um aktuelle Erscheinungsformen eines alten Problems der akademischen Ausbildung: um das Verhältnis von Komplexität und Spezialisierung.

Die Schwierigkeiten einer parallelen Lehrplangestaltung nach zwei verschiedenen Ausbildungsprofilen an *einer* Hochschule oder technischen Universität liegen auf der Hand; gleiches gilt für die Probleme, die sich aus einer unterschiedlichen Studiendauer und entsprechend unterschiedlichen akademischen Graduierungen ergeben können. Aber etwas anderes ist, zumindest für unser Anliegen, das heißt für Überlegungen über das sich verändernde Profil des Ingenieurs im ganzen, noch wichtiger. Hinter Bedenken führender Wissenschaftler, die vor allem im Profil II Abstriche an der Qualität der akademischen Ausbildung befürchten, verbergen sich zumindest zwei objektiv begründete Probleme.

Erstens geht es um die »positive Aufhebung« all dessen, was im bisherigen Profil des Fachschulingenieurs auch unter den gegenwärtigen und absehbaren Bedingungen der wissenschaftlich-technischen Revolution bewahrenswert ist: die unmittelbare Praxisnähe, die kürzeren und billigeren Bildungswege und nicht zuletzt, aus soziologischer Sicht, die größere Mobilitätsoffenheit aufgrund eines zweiten, über die Berufsausbildung führenden Zugangs. Das Problem ist weder durch eine einfache Übernahme der bisherigen Fachschulausbildung in das Profil II noch durch eine Umbenennung von Fach- und Ingenieurhochschulen zu lösen. Ein Moment der mit der Ausbildungskonzeption angestrebten Lösung ist der Vorkurs (siehe Kapitel 2), der unseres Erachtens vorrangig im Profil II wachsende Bedeutung und soziale Akzeptanz erlangen wird. Vor allem aber kann die Spezifik des Profils II nicht in einem niedrigeren wissenschaftlichen Niveau bestehen. Die Orientierung auf die theoretischen Schwerpunkte des wissenschaftlich-technischen Fortschritts, die flexible Gestaltung des Gesamtprozesses als *akademisches* Studium, die Trennung von veralteten Lehrinhalten, die mit der Fachausbildung organisch verbundene mathematisch-naturwissenschaftliche und technologische Grundlagenausbildung, die durchgängige ökonomische und sozialwissenschaftliche

Ausbildung sowie die Schaffung der für ein schöpferisches wissenschaftliches Studium erforderlichen Freiräume – all das sind gemeinsame Erfordernisse, die für beide Profile gelten. Auch die Ingenieure des Profils II werden keine »Nur-Praktiker« sein, wie mancherorts befürchtet wird. An der für ökonomische Effektivität entscheidenden Nahtstelle des Zyklus Wissenschaft – Produktion (siehe Kapitel 1), der Überleitungsphase, treffen der »Ingenieur I« und der »Ingenieur II« wieder zusammen, um sich mit gemeinsamen Aufgaben und Problemen auseinanderzusetzen. Stimmen, die in der bisherigen Diskussion die Gemeinsamkeiten der beiden Ausbildungsprofile betonen, artikulieren so keineswegs Sonderinteressen des einen oder anderen Hochschullehrers, sondern objektive Erfordernisse des Zyklus Wissenschaft – Produktion, des reibungslosen Ineinandergreifens seiner Phasen, was an der genannten Nahtstelle den praxisverbundenen Wissenschaftler und den theoretisch gebildeten Praktiker gleichermaßen voraussetzt.

Zweitens. Die heutigen Bedenken einiger Wissenschaftler gegen die Schaffung zweier Ausbildungsprofile haben auch eine historische Komponente; ähnliche Ideen sind keineswegs neu. Bereits im Jahre 1960 wurde der (damals keineswegs in der heutigen Reife ausgearbeitete) Vorschlag einer Trennung der Ausbildung in eine Ausbildungsrichtung »Forschung und Konstruktion« und in eine Richtung »praktische Fertigung« als »äußerst gefährlicher Vorschlag« bezeichnet. Prof. Werner Kutzsche sprach sich dafür aus, die Ausbildung »überzüchteter Schmalspurwissenschaftler« auf der einen und »reiner Praktiker« auf der anderen Seite im Hochschulstudium nicht zuzulassen.

Werner Kutzsche, Mitbegründer des wissenschaftlichen Ansehens der Ilmenauer Hochschule, Verdienter Techniker des Volkes und einige Jahre später Nationalpreisträger, ein wissenschaftlicher Fachmann mit reicher Industrieerfahrung, wandte sich damals zu Recht gegen Vorschläge, die zu einer Unterbrechung der gerade für das Bildungswesen so notwendigen Kontinuität geführt hätten. Zu diesem Zeitpunkt war eine tiefgreifende Umgestaltung der Ingenieurausbildung weder notwendig noch möglich; vor allem fehlten Voraussetzungen wie genauere Einblicke in Trends und Gesetzmäßigkeiten der Wissenschafts- und Produktivkraftentwicklung, perspektivisch tragfähige Bestimmung von Anforderungs- und Tätigkeitsprofilen usw. Heute haben sich sowohl die Erfordernisse als auch unsere Einsichten verändert. Allein die Tatsache, daß die Ablösung der Fachschulausbildung für Ingenieure erforderlich geworden ist, schafft neue Tatbestände. Gegenwärtig reduzieren die Fachschulen ihre Studentenzahlen in mit dem Hochschulwesen abgestimmten Proportionen. Die Fachschulausbildung wird nicht schlagartig eingestellt, sondern schrittweise reduziert, um zu verhindern, daß in den bisherigen Tätigkeitsbereichen von Fachschulingenieuren ein Nachwuchsvakuum entsteht; somit wird die Fachschulausbildung in dem Maße auslaufen, wie die Ausbildung von Hochschulingenieuren nach dem Profil II zunimmt. Dieser allmähliche Übergang sichert die erforderliche Kontinuität und gewährleistet, daß gesammelte Erfahrungen in die endgültige Fixierung der Ausbildungsprofile eingehen können.

In diesem Zusammenhang ist ein weiteres Problem erwähnenswert. Die bisherige Qualifikationsstruktur bildete in der Kette Facharbeiter – Meister – Fachschulingenieur – Hochschulingenieur sozusagen ein Kontinuum, das, was strukturelle Widersprüche nicht ausschloß, im wesentlichen der Struktur der objektiven Anforderungen entsprach. Es wäre bildungsökonomisch zweifellos unvertretbar, alle bisherigen Tätigkeiten von Fachschulingenieuren perspektivisch als Gebiet der Hochschulingenieure des Profils II anzusehen. Auch unter den Bedingungen einer an Breitenwirkung zunehmenden wissenschaftlich-technischen Revolution wird es einen Komplex von Tätigkeiten geben, deren Qualifikationsanforderungen oberhalb (oder neben) der Qualifikationsstufe »Meister« liegen, aber auch unterhalb der Ebene akademischer Ausbildung. Der Gefahr einer Lücke im objektiv determinierten Kontinuum von Qualifikationsanforderungen soll mit der Schaffung der neuen Qualifikationsstufe »Techniker« begegnet werden, deren Ausbildung sich jene Fachschulen zuwenden sollen, die nicht in das Hochschulwesen integriert werden. Zugleich ergeben sich neue Möglichkeiten der territorialen Rationalisierung, so durch Zusammenführung von Kapazitäten in Ballungsgebieten.

Wir befinden uns zur Zeit in einer Entwicklungsphase, in der das Netz, die Profile, die Organisation und Leitung der neuen technischen Fachschulen konzipiert werden. Einzelne Fachschulen haben bereits 1985 mit der Erprobung neuer Lehrinhalte begonnen. Nach bisherigen Vorstellungen sollen die Techniker, in deren Profil theoretische und praktische Ausbildung ein ausgewogenes Verhältnis bilden werden, vor allem eigenverantwortlich technische Aufgaben in der Produktionsvorbereitung und -durchführung lösen und leitende Funktionen auf der Ebene des unmittelbaren Arbeitskollektivs übernehmen. Die Einsatzgebiete, so die bisherigen Vorstellungen, ergeben sich in erster Linie aus der zunehmenden Mechanisierung und Automatisierung der Produktion und aus neuen Aufgabengebieten in der Produktionsvorbereitung, im Transport- und Nachrichtenwesen, in den Dienstleistungsbereichen und in anderen Bereichen der Volkswirtschaft.[8]

Die Effekte dieser Entwicklungslinie sind gegenwärtig noch nicht genau abzuschätzen; einige Schwerpunkte lassen sich jedoch daraus erkennen. *Erstens* scheint es uns wichtig zu sein, den Techniker nicht zu einer Alternative zu Qualifikationsstufen werden zu lassen, die in der historisch gewordenen Struktur einen festen Platz einnehmen: hochqualifizierte Facharbeiter und vor allem Meister. *Zweitens* ist die »Überlappungszone« zwischen Arbeiter- und Ingenieurqualifikationen, die mit dieser neuen Stufe ausgefüllt werden soll, spezifischer Art. Wie viele einschlägige Untersuchungen zeigen, ist ein Teil des Qualifikationspotentials der Ingenieure unterhalb seines Niveaus eingesetzt, während auf der anderen Seite das für Vorlauf- und Überleitungsprozesse erforderliche Potential gestärkt werden muß. Unterqualifizierter Einsatz betrifft Hoch- und Fachschulingenieure; er ist sowohl in Bereichen der materiellen Produktion als auch in Wissenschaft, Forschung und Entwicklung anzutreffen. Der Techniker ist weder ein Ingenieur noch eine Parallele zum Meister; er wird aber jene Funktionen ausführen können, die bislang oft Ingenieuren übertragen werden, ohne jedoch deren Qualifikation abzufordern.

Im Hinblick auf Mobilitätsprozesse kann die gefundene Lösung als ein weiterer Schritt zur Flexibilisierung von Bil-

8   Siehe Siegfried Schwanke/Kurt Rabes: Ausgebildet für die Aufgaben von morgen. In: Neues Deutschland (B), 8./9. August 1987, S. 10.

dungswegen charakterisiert werden. Wie zu anderen Fachschulberufen (mittleres medizinisches Personal, mittleres pädagogisches Personal usw.) ist der Zugang direkt von der zehnklassigen polytechnischen Oberschule aus möglich, zum Unterschied von diesen aber auch über die Berufsausbildung. Er ermöglicht somit Jugendlichen neue Bildungswege, die, aus welchen Gründen auch immer, nicht den Weg über die EOS gegangen sind. Zum Mobilitätskanal für höhere Bildungswege kann der Techniker dann werden, wenn er, etwa als Parallele zum Vorkurs, als Hochschulreife profiliert und anerkannt wird.

Für Ingenieure ist der Techniker in doppelter Hinsicht von Belang. Er wird zu einer Funktionsgruppe werden, mit der Ingenieure unmittelbar kooperativ zusammenwirken: bei bestimmten Forschungs- und Entwicklungsaufgaben, in Überleitungsprozessen, in Technologie, Leitung und Organisation. Zugleich wird die quantitativ ins Gewicht fallende Bereitstellung von Technikern an den Ingenieur höhere Anforderungen stellen: Von delegierbaren Aufgaben entlastet, kann sich die Intelligenzspezifik des Ingenieurs weiter ausprägen.

Da Jahrzehnte vergehen werden, bis die Gesamtheit der beruflich tätigen Ingenieure einheitlich aus Hochschulingenieuren besteht, wird ein großer Teil der heutigen Fachschulingenieure den einem Hochschulstudium entsprechenden Qualifikationsstand erwerben müssen. Die leistungsfähigsten Fachschulingenieure werden die Möglichkeit erhalten, sowohl ein Diplom zu erwerben als auch zu promovieren; dabei erlangt ein spezielles Fern- oder Abendstudium wachsende Bedeutung. Auch postgraduale Studienformen, die durch die Hauptprüfung und das Diplom ergänzt werden können, und verschiedene andere externe Verfahren zum Erwerb der Berufsbezeichnung Hochschulingenieur sind vorgesehen.[9] All das trägt dazu bei, die flexible Reaktionsfähigkeit des Bildungssystems auf neue Anforderungen zu erhöhen.

Die in den letzten Jahren von Natur-, Technik- und Gesellschaftswissenschaftlern geführte lebhafte Diskussion

9 Siehe Werner Kottowski: Anordnung über den Erwerb des Diploms durch Hochschulabsolventen – Diplomordnung – vom Juli 1986. In: Das Hochschulwesen, 1986, Heft 11, S. 278/279.

über die Notwendigkeit, besondere Begabungen zielstrebiger zu fördern, hat die erarbeiteten Bildungskonzepte maßgeblich beeinflußt. Das Studium des Ingenieurs schließt künftig grundsätzlich mit der Hauptprüfung an einer technischen Universität oder Hochschule ab. Nach ihr werden die leistungsstärksten Studenten direkt und auf kürzestem Wege zum Diplom gelangen. Ein anderer Teil der Studenten wird das Diplom im externen Verfahren während der Arbeit im Einsatzbetrieb erlangen. Beide Wege machen es möglich und erforderlich, an die Diplomarbeiten höhere Anforderungen zu stellen und sie als gewichtige Beiträge zur Lösung wissenschaftlicher Probleme (von Fragen der technikwissenschaftlichen Forschung bis hin zu konkreten betrieblichen Problemen des wissenschaftlich-technischen Fortschritts) anzulegen.

Obwohl sich manche Entwicklung heute noch nicht endgültig beurteilen läßt, sind doch gewisse Verallgemeinerungen bisheriger Überlegungen und Erfahrungen möglich.

Erstens. Das Niveau der Ingenieurausbildung wird einheitlich höher. Dem allgemeinen Erfordernis, produktive soziale Besonderheiten der Intelligenz als Schicht auszuprägen, wird durch ein System konkreter Maßnahmen Rechnung getragen. Noch um die Jahrhundertwende, aber auch in der ersten Hälfte dieses Jahrhunderts, mußten die Ingenieure um die Anerkennung ihrer Tätigkeit als wissenschaftlich fundierte und in diesem Sinne intelligenzspezifische Tätigkeit im Kreise der anderen Akademiker ringen. Die weltweit vor sich gehende wissenschaftlich-technische Revolution hat mit ihren sozialen und kulturellen Konsequenzen mit solchen Vorurteilen bereits weitgehend aufgeräumt; die Durchsetzung der in unserem Lande vorgesehenen neuen Maßnahmen wird diese »Prestigewende« weiter fördern.

Zweitens. Mit dem raschen Anwachsen des Automatisierungsgrades in der Volkswirtschaft, der stärkeren Verlagerung typischer Ingenieurtätigkeiten in die produktionsvorbereitenden Bereiche, der enger werdenden Verzahnung von natur- und technikwissenschaftlicher Forschung, der Erhöhung der Innovationsraten in allen Bereichen und einer Reihe anderer Entwicklungen gewinnt die Ingenieurtätigkeit weiter an gesellschaftlicher Bedeutung. Das Tempo, mit dem Ausbildungsinhalte an neue und sich schnell ändernde Anforderungen angepaßt werden müssen, nimmt zu. Das gilt, um nur einige Beispiele zu erwähnen, für die wachsende Bedeutung der numerischen Mathematik in der Mathematikausbildung, für die physikalische und chemische Grundlagenausbildung, den Ausbau solcher Lehrgebiete wie Informatik, Automatenlehre und andere, schließlich für die wachsende Beherrschung des modernen Handwerkszeugs des Ingenieurs: Computer, Kommunikationstechnik usw. Wachsende Bedeutung erlangen ökonomische Kenntnisse und sozialwissenschaftliches Urteilsvermögen, nicht zuletzt auch die Fähigkeit, internationale Entwicklungen der Fachdisziplin anhand der Originalliteratur zu verfolgen. Dem Vorurteil, Ingenieure seien der »kulturlosere« Teil der Intelligenz, widerspricht die Tatsache, daß Technik nicht weniger als Architektur gebaute Umwelt ist, so daß in sie selbst eine kulturell-ästhetische Komponente eingeht. All das macht technische Hochschulen oder Universitäten zu wahrhaft akademischen Bildungseinrichtungen – vorausgesetzt, daß sich diese Institutionen den komplexen Anforderungen angemessen stellen.

Drittens. Wie im volkswirtschaftlichen Zyklus wird auch im Ausbildungsprozeß die organische Verbindung von Forschung und »Anwendung« (hier im Sinne von »Lehre«) zum entscheidenden Faktor. Schulmäßiges Vorgehen in der Lehre, geringe Forschungskapazitäten und -leistungen und mangelnde wissenschaftliche Profilierung, orientiert an kurzsichtigen Forderungen dieses oder jenes Betriebes, die zum Teil noch heute für bestimmte an der Ausbildung von Ingenieuren beteiligte Disziplinen kennzeichnend sind, schädigen das wissenschaftliche und gesellschaftliche Ansehen des Ingenieurberufes. Die Ingenieurkonzeption ist darauf gerichtet, solche Relikte zügig zu überwinden.

Viertens. Die objektiven Anforderungsstrukturen entsprechende Ausbildung in zwei Grundprofilen konstituiert zwischen ihnen keine Niveauunterschiede: das gemeinsame Band zwischen ihnen ist und bleibt die wissenschaftlichtheoretische Grundlagenausbildung. »Arbeitsplatzbezogene« Ausbildung ist nicht Aufgabe der Hochschulen – ein Grundsatz, der auch Lernprozesse beim Abnehmer einschließt. Zu Recht sprach sich die Mehrheit der Hochschullehrer gegen den ursprünglich geäußerten Vorschlag aus, die

Studiendauer in der Profilrichtung II auf durchschnittlich zwei Jahre zu begrenzen – eben weil Hochschulen etwas qualitativ anderes sein müssen als »umbenannte Fachschulen«. Zur Flexibilisierung der Ausbildungswege gehört die Möglichkeit, in beiden Profilen die erforderliche Studiendauer von differenzierten Erfordernissen des Fachgebietes und der gesellschaftlichen Praxis abhängig zu machen, was Hochschullehrern und -leitungen eine völlig neue Verantwortung zuweist.

Fünftens. Die Konzeption der Ingenieurausbildung geht davon aus, daß es für Ingenieure zur Regel werden muß, von Zeit zu Zeit ihre wissenschaftlichen Kenntnisse in *organisierter Form* zu erweitern. Weil der tagtägliche Zeitfonds dafür wenig Reserven enthält; weil die erforderliche Fachliteratur nicht jedermann zugänglich ist; weil grundlegend neue Erkenntnisse ohne Unterweisung oft nicht angeeignet werden können. Hierbei muß eine Einheit von persönlicher Verantwortung und organisatorischer Hilfestellung herausgebildet werden.

Wie unsere jüngste Untersuchung zu sozialstrukturellen Bedingungen der Effektivität wissenschaftlicher Arbeit zeigte, gehen zum Beispiel im Bezirk Suhl nur 5 Prozent der in der Industrie tätigen Ingenieure konkreten Weiterbildungs- und Graduierungsverpflichtungen nach, während dies bei drei Vierteln der Technikwissenschaftler der TH Ilmenau der Fall ist. Selbst wenn man die Spezifik beider Tätigkeitsfelder berücksichtigt, ist dies auf die Dauer ein unvertretbarer Widerspruch, weil die Forderung nach Orientierung am internationalen Standard verpuffen muß, wenn ein Teil der Ingenieure diesen Standard überhaupt nicht kennt. Da es nicht ausreicht, das internationale Niveau nur in der Theorie zu kennen, wird die entsprechende Weiterbildung der in den Betrieben und kombinatseigenen Forschungseinrichtungen tätigen Ingenieure zu einem Faktor, von dem praktische Annäherungen an internationale Spitzenniveaus maßgeblich abhängen. Das Problem ist nur kooperativ lösbar: Indem Hochschulen zu Institutionen der geregelten Weiterbildung für die Mehrheit ihrer Absolventen werden, und indem in unseren Betrieben prinzipielle Veränderungen im Berufsverständnis des Ingenieurs eintreten. Die Koordinierungsverträge zwischen Hochschulen und Kombinaten enthalten auch Festlegungen über die Zusammenarbeit auf dem Gebiet der Weiterbildung, die ein solches Umdenken beschleunigen können.

Sechstens. Die sozialen Konsequenzen der Ingenieurkonzeption enthalten Momente, die für bestimmte Verallgemeinerungen im Rahmen der soziologischen Theorie der Sozialstruktur nicht uninteressant sind. So wird die Diskussion darüber, ob der Hoch- *und* Fachschulabschluß als operationales Kriterium für die Bestimmung der Intelligenz angesehen werden könnte, im Laufe der Zeit gegenstandslos – eben weil der Hochschulabschluß zum allgemeinen Bildungsweg aller Ingenieure werden wird und weil alle anderen Fachschulabschlüsse schon heute keine Intelligenzspezifik konstituieren. Die Intelligenz der Zukunft, so läßt sich summarisch sagen, wird einheitlich an Universitäten und Hochschulen ausgebildet. Prozesse der Ausdifferenzierung, vermittelt durch die sich ausprägende Intelligenzspezifik des Ingenieurberufs, werden durch Entwicklungen ergänzt, über die »Schnitte« zwischen klassen- und intelligenzspezifischer Qualifikation ausgeglichen werden: Die Qualifikationsstufe »Techniker« erweist sich als neuer Aspekt in der Qualifikationsstruktur der Arbeiterklasse.

3.2
Biographische Skizzen

In der marxistischen soziologischen Forschung und Darstellung wird die *biographische Methode* noch nicht oft verwendet. Wir stellen uns nicht das vermessene Ziel, diese Lücke zu schließen. Wohl aber meinen wir, daß einige biographische Skizzen geeignet sein können, manche allgemeinere Erörterung empirisch griffiger zu machen. Wir haben versucht, nach dem Prinzip »pars pro toto« zu verfahren und solche Lebensläufe zu skizzieren, die für Allgemeingültiges und Verallgemeinerungsfähiges stehen. Am Ende manifestieren sich Effizienz oder Problematik von Bildungswegen nicht in abstrakten Strukturen, sondern in leibhaftigen Entwicklungen, von denen Rückschlüsse auf allgemeinere Mechanismen möglich sind, vorausgesetzt, daß die »Skizzen«

nicht Randerscheinungen, sondern Charakteristisches wiedergeben. Wir nennen bekannte Wissenschaftler – mit deren Einverständnis – beim vollen Namen, benutzen aber sonst nur die Initialen, wobei auch hier Authentizität gegeben ist.

Die Technische Hochschule Ilmenau hat (ebenso wie die Bergakademie Freiberg; siehe Kapitel 4) den Lebensweg einiger ihrer Absolventen verfolgt, die bereits während des Studiums bemerkenswerte Leistungen aufzuweisen hatten. Darunter gibt es für Ingenieure typische Werdegänge und Ausnahmen, erfolgreiche Entwicklungen und weniger erfolgreiche, Beispielhaftes und Veränderungsbedürftiges. Die organische Verbindung von Theorie und Praxis, Wechselspiel von Hochschulaufenthalt und praktischer Tätigkeit, qualifikationsgerechter Einsatz und Entwicklung der Persönlichkeit an der Aufgabe, das sind, um ein erstes Fazit vorwegzunehmen, charakteristische Faktoren, die den Weg zum erfolgreichen Ingenieur markieren bzw. deren Fehlen bewirkt, daß im Ausbildungsgang geschaffene Chancen nicht genutzt werden.

Dimplomingenieur G.G., Bauernsohn, gelernter Motorenschlosser und Absolvent der ABF, mehrfach Leistungsstipendiat, war alles in allem ein hervorragender und gesellschaftlich aktiver Student. Seit vielen Jahren arbeitet er in der Industrie. Seine praktischen Tagesaufgaben nehmen ihn völlig in Anspruch; wissenschaftlich ist er kaum vorangekommen. Warum diese Entwicklung, wo es doch an persönlicher Motivation keineswegs gefehlt hat?

Prof. Anton Schreiber, Sektionsdirektor und Mitglied des Friedensrates der DDR, beurteilt die fachliche Entwicklung von Ingenieuren in der Industrie so: 20 Prozent der Absolventen nehmen eine gute und erfolgreiche Entwicklung; 10 bis 15 Prozent werden nicht entsprechend ihrer Qualifikation eingesetzt, was den Ausbau des an der Hochschule erworbenen Wissens behindert; die Mehrheit arbeitet solide, aber letztlich durchschnittlich. Nach den Gründen befragt, äußerte Prof. Schreiber, daß viele Betriebe keine langfristigen Entwicklungskonzeptionen für ihre jungen Ingenieure hätten, oft auch keine der Qualifikation angemessenen Aufgabenstellungen. Während, so Prof. Schreiber, das Niveau der *Ausbildung* internationalen Vergleichen standhielte und der objektive Bedarf der Industrie nach so ausgebildeten Kadern sehr hoch wäre, gäbe es zu viele konkrete Mechanismen, die einer größeren Wirksamkeit der Absolventen entgegenstehen.

Ähnlich äußerte sich Prof. Dr. Eberhart Köhler. Trotz des nicht immer qualifikationsgerechten Einsatzes bereite es große Schwierigkeiten, besonders befähigte Absolventen an die Hochschule zurückzuholen, nicht zuletzt aufgrund von Unstimmigkeiten in den Einkommensstrukturen, aber auch wegen einer Reihe anderer Faktoren der materiellen Stimulierung im weiteren Sinne (Wohnung, Plätze in Kindergärten und -krippen usw.). Vor allem aber erzeugen niedrigere Anforderungen einen »sozialen Gewöhnungseffekt«, so daß Absolventen, die während des Studiums zu großen Hoffnungen berechtigten, nach einer gewissen Zeit für eine an die Spitze führende Entwicklung faktisch verloren sind.

Moderne Ausbildungskonzepte, ließe sich verallgemeinern, sind eine notwendige, keineswegs aber hinreichende Bedingung für die Entwicklung erfolgreicher Ingenieure; diese tritt nur ein, wenn die an den Hochschulen geschaffenen Grundlagen systematisch genutzt und weiterentwickelt werden. Wir kommen darauf im folgenden Kapitel zurück.

Ausbildungssysteme haben eine doppelte Aufgabe. Sie müssen *erstens* allen Absolventen die den differenzierten Anforderungen gerecht werdenden Kenntnisse vermitteln; *zweitens* werden jedoch auch Entwicklungswege immer erforderlicher, die gewährleisten, daß aus der großen Breite und Solidität von Qualifikationspotentialen heraus immer wieder außergewöhnliche Persönlichkeiten, die zu Spitzenleistungen befähigt sind, erwachsen. Dazu einige biographische Skizzen, aus denen sich, wie wir meinen, im Hinblick auf das zuletzt genannte Ziel wichtige Schlußfolgerungen ableiten lassen.

Prof. Dr. *Jürgen Wernstedt*, Mitglied der SED, Verdienter Techniker des Volkes, Träger des Vaterländischen Verdienstordens und des Forschungspreises I und II der TH Ilmenau, korrespondierendes Mitglied der Akademie der Landwirtschaftswissenschaften der DDR, ging den Weg eines erfolgreichen Ingenieurs. J.W., geboren 1940, entstammt einer Bauernfamilie, besuchte zunächst eine einklassige Dorfschule, dann eine Zentralschule, danach die Oberschule. Angeregt durch technische Interessen, kam er zum Studium an die TH Ilmenau. Sein von ihm verehrter Lehrer war der, bekannte Wissenschaftler und Ehrensenator der TH Ilmenau, der, wie er sich selbst nennt, christliche Sozialist Karl Reinisch. Über seinen Lehrer sagte J. W.: »Professor Reinisch ist für mich ein guter Trainer, der mich sowohl menschlich als auch fachlich berät, der mir national und international sehr viele Bahnen freigemacht hat, der mir sehr viele wissenschaftliche Möglichkeiten zur Entfaltung gegeben hat. Wenn wir vielleicht fünf Prozent Differenzen haben, so sind wir doch in der Hauptsache gleicher Meinung, und das ist der Grundpfeiler für die Zusammenarbeit zwischen einem Christen und einem Kommunisten! So muß es auch sein.«

J. W. schloß 1964 sein Studium als Diplomingenieur ab. 1969 promovierte er zum Dr.-Ing. mit magna cum laude zum Thema: »Ein Beitrag zur Systemanalyse von gestörten linearen Regelstrecken mit analogen Modellen«. Man bescheinigte ihm wissenschaftliche Korrektheit und gutes programmiertechnisches Können, großes technisches Geschick, Originalität und hohes theoretisches und praktisches Wissen. Seine Arbeit schloß eine beträchtliche Lücke auf dem Gebiet der experimentellen Modellbildung. Sein Betreuer Karl Reinisch hob besonders hervor, daß die gefundenen Ergebnisse auch in die industrielle Nutzung überführt wurden.

1971 erwarb J. W. die »facultas docenti« und 1978 den wissenschaftlichen Grad »Doktor der Technischen Wissenschaften«. Sein Thema: »Ein Beitrag zur Entwicklung und Erprobung von Verfahren zur prozeßgekoppelten statistischen Modellbildung zeitvarianter multivariabler Systeme.« Allen seinen Arbeiten legte er praktische Erfordernisse zugrunde. Er war führend an der Optimierung des Stahlschmelzprozesses in der Maxhütte Unterwellenborn, bei der wissenschaftlichen Bearbeitung von Problemen der Entwicklung einer künstlichen Bauchspeicheldrüse und bei der Schaffung des Beratungssystems »Werra« in der Wasserwirtschaft beteiligt. Befragt nach dem Entwicklungsprozeß, erklärte er: »Die Motivation, den Rechner dem Menschen als intelligenten Ratgeber zur Seite zu stellen, haben wir bekommen durch die Grundlagenforschung und weil wir der Meinung sind, daß alles automatisiert werden sollte, was zu automatisieren geht.« Zugleich wies er darauf hin, daß Sozialisten »nach Gebieten suchen müssen, wo der Mensch auch in Zukunft eine würdige Aufgabe behält«. Er resümierte: »Das Finden oder Erkennen wichtiger Probleme hängt, glaube ich, von vielen Faktoren ab. Erstens ist es natürlich sehr schön, wenn man in einer Schule groß wird wie bei Prof. Reinisch, die international anerkannt ist und bereits einen Namen hat. Wo einmal eine gute Schule ist, wenn sie gut gehalten wird und die Leistungsprinzipien eingehalten werden, hat diese Schule einen enormen Vorsprung, weil sie ein Erfahrungsträger ist. Man traut sich auch mehr zu, wenn man schon Erfolge gehabt hat, man hat mehr Mut, neue Gebiete zu beginnen. Die zweite Sache ist, daß man ganz genau zuhören und beobachten muß, was sich in der Industrie und international tut. Drittens muß man genau wissen, was man mit seinem Kollektiv leisten kann ...

Beispielsweise in der Maxhütte, beim Hochwasser oder jetzt in Erfurt, auch bei der künstlichen Bauchspeicheldrüse, haben die Fachexperten gesagt: ›Das geht nicht, das kann nicht gehen, aber wir wünschen euch viel Erfolg und im übrigen könnt ihr machen was Ihr wollt‹ Sie haben sich in der Anfangsphase distanziert. Als ich das erste Mal in Dresden über ›Hochwasser‹ vorgetragen habe, im Institut für Wasserwirtschaft, wurde uns gesagt, daß das nicht gut gehen kann, so naiv könnte nur ein Außenseiter herangehen, und man hat uns gewünscht, daß wir in zwei Jahren noch bei der Stange sind, um wieder vortragen zu können ...

Das Projekt der Maxhütte war im Ministerium für Erzbergbau, Metallurgie und Kali erst einmal überhaupt nicht hoch angesetzt. Das Ministerium ist erst darauf aufmerksam geworden, als die Maxhütte ihren Schrottplan nicht erfüllte, weil wir die Prozesse so gut gesteuert haben, daß kein Schrott mehr entstanden ist ... In der Maxhütte ist nicht geglaubt worden, daß Absolventen unserer Hochschule dem Betrieb etwas liefern können ... Wenn man das Projekt der Maxhütte rückblickend analysiert, würde ich vier Stufen anführen, die grundsätzlich gelten. Die erste ist das Sondieren der Möglichkeiten beider Partner und der Aufgabenstellung ... Die zweite Stufe ist die vertragliche Arbeit durch teilweises Delegieren von Studenten und Mitarbeitern in den Betrieb oder von Mitarbeitern des Betriebes an die Hochschule. Die dritte Stufe ist die Umsetzung in die Praxis, die teilweise parallel zur Forschungsarbeit laufen kann, aber unbedingt von demselben Kollektiv durchgeführt werden muß. Diese Kollektive müssen rein in die Praxis, müssen rein in die Technologie, müssen rein in die konstruktiven Arbeiten. Die vierte Stufe, die unbedingt erforderlich ist, ist die ökonomische und wissenschaftliche Bewertung der Arbeit. Nach meiner Einschätzung wird dafür fast ein Drittel der Zeit und Kapazität benötigt.«[10]

Prof. Dr. *Gerd Jäger*, geboren 1941, Mitglied der SED, Träger des Ordens »Banner der Arbeit«, entstammt einer Suhler Arbeiterfamilie. Seine politische Erziehung verdankt er vor allem seinem Stiefvater, dem Arbeiter Otto Urban, der als Antifaschist viele Jahre in Hitlers Konzentrationslagern verbringen mußte und nach seiner Befreiung zu den Gründungsmitgliedern der SED gehörte. Nach dem Besuch der Oberschule kam G. J. an die TH Ilmenau;

10 A. Rockmann: Porträt eines Ilmenauer Wissenschaftlers, Ilmenau 1985.

1965 schloß er sein Studium mit dem Diplom in der Fachrichtung »Allgemeine und optische Meßtechnik« ab; 1970 verteidigte er als Lehrassistent seine Dissertation zu Problemen der digitalen Meßtechnik bei Professor Michelsson in Ilmenau und wurde danach Oberassistent. Bereits vier Jahre später verteidigte er seine Dissertation B zu Problemen der Prozeßmeßtechnik und erreichte 1973 mit seinem Kollektiv eine wissenschaftliche Höchstleistung. Nach einem Zusatzstudium in Kiew (am Polytechnischen Institut) erwarb er die »facultas docenti« und wurde 1976 zum Dozenten, 1981 zum Ordentlichen Professor für Meßtechnik berufen. Auf der Leipziger Frühjahrsmesse 1987 und auf der Hannovermesse des gleichen Jahres erregten seine Entwicklungen auf dem Gebiet der Interferenzmeßtechnik internationales Aufsehen. Er und sein Kollektiv übertrafen auf einem wichtigen Gebiet der hochsensiblen elektronischen Wägetechnik die bisherigen amerikanischen Spitzenentwicklungen und machten Embargobestimmungen auf diesem Gebiet wirkungslos.

G. J. nimmt jede Gelegenheit wahr, um enge Arbeitsbeziehungen zu Betrieben zu pflegen, sich mit seinen wissenschaftlichen Lehrern und mit Praxispartnern zu beraten. Die meisten seiner Spitzenleistungen entstanden aus Auftragsarbeiten an Industrieforschungsprojekten. Den Grundstein für seine gesamte wissenschaftliche Entwicklung legte er bereits mit seiner Diplomarbeit; aus ihr ergab sich die thematische Grundorientierung seiner weiteren Arbeit. 13 Patente und 63 Nachfolgepatente im Ausland, viele international beachtete Publikationen und Vorträge auf nationalen und internationalen wissenschaftlichen Veranstaltungen belegen seine außergewöhnliche Kreativität. Er leitet ein »handverlesenes« wissenschaftliches Kollektiv, vermag Mitarbeiter wie Studenten gleichermaßen mitzureißen, ist Sportkamerad seiner Leute beim alpinen Skilauf, für den er sowjetische Hochgebirge bevorzugt.

Prof. Dr. *Dieter Engellage*, geboren 1939, Sohn eines Leinewebers und späteren kleinen Kaufmanns, Mitglied der SED, studierte nach dem Abitur von 1957 bis 1962 in Ilmenau in der Fachrichtung »Theoretische Elektrotechnik«. Sein Lehrer war der bekannte Begründer der Ilmenauer Schule für theoretische Elektrotechnik Eugen Philippow. Nach dem Studium ging D. E. für drei Jahre in den VEB Starkstromanlagenbau Cottbus, zunächst als Projekteur, dann als Gruppenleiter und Fachingenieur für Grundlagentechnik. In der gleichen Zeit absolvierte er ein zweijähriges postgraduales Studium auf dem Gebiet der Regelungstechnik an der TU Dresden. 1965 folgte er dem Ruf seines Lehrers und wurde Assistent bei Prof. Philippow. Als Stellvertreter des Leiters der Forschungsgruppe »Supraleitung« und als Mitglied der Arbeitsgruppen

»Kryotechnik« und »Speichermedien« erwarb er wertvolle wissenschaftliche Erfahrungen. 1969 wurde er Mitarbeiter der Prognosegruppe des Forschungsrates für die Kryotechnik in der Elektrotechnik, 1970 bis 1971 absolvierte er Zusatzstudien in Moskau, Leningrad und Kiew, nachdem er 1970 seine Dissertation zu Problemen der Kryoelektronik und der angewandten Supraleitung verteidigt hatte.

1972 wurde D.E. auf dem Wege einer Industriedelegierung die Funktion des technischen Direktors im VEB TRO Berlin übertragen, außerdem wurde er zum Leiter der sozialistischen Arbeitsgemeinschaft für Forschung, Entwicklung und Rationalisierungsmittelbau der Transformatorenbetriebe der DDR ernannt. 1973 berief ihn die Ilmenauer Hochschule zum Honorardozenten auf dem Gebiet der Kryoelektronik. 1975 ging er an die Ingenieurhochschule Zittau, zunächst als Honorarprofessor, dann ab 1977 als Ordentlicher Professor. Der Berufung folgten Verpflichtungen als Sektionsdirektor und als erster Prorektor der Hochschule. Zwischenzeitlich war er führend am Aufbau einiger Gemeinschaftsunternehmen mit der Industrie, unter anderem eines Applikationszentrums, beteiligt.

1983 erweiterte D.E. sein Wissen in Studienaufenthalten in den USA und in Japan, danach in Frankreich und Österreich; hinzu kamen Gastvorlesungen in Japan, in den USA und in mehreren sozialistischen Ländern. Als Mitglied der gesellschaftlichen Räte der Ingenieurhochschule Zittau und der Technischen Universität Dresden, als Mitglied im Beirat »Elektroingenieurwesen« und in weiteren Expertengruppen hat D.E. eine enorme Arbeit geleistet, unter anderem auch als Vorsitzender eines Studienkomitees der Technischen Weltorganisation CIGRE; er war kurzzeitig Direktor eines Industrieforschungszentrums und Direktor für Wissenschaft und Technik eines Industriekombinates, bevor er in eine verantwortliche Funktion in das Ministerium für das Hoch- und Fachschulwesen der DDR berufen wurde.[11]

Die Schlußfolgerungen, die sich aus diesen (mühelos erweiterungsfähigen) biographischen Skizzen ergeben, liegen auf der Hand. Dabei verknüpfen sich Verallgemeinerungen, die auch für andere wissenschaftliche Entwicklungswege gelten, mit Spezifika des Ingenieurs und Technikwissenschaftlers.

Erstens: der Lehrer. Wissenschaftliche Spitzenleistungen beruhen auf Spitzenleistungen, nicht nur im Sinne der Logik des Erkenntnisprozesses, sondern auch im Sinne sozialer Entwicklung. Grundlegende Befähigungen und vorher ge-

11 Nach Archivmaterialien der Technischen Hochschule Ilmenau.

prägte Interessen vorausgesetzt, sind Studium und wissenschaftliche Weiterentwicklung beim ersten Mann des Faches, im Idealfall im Rahmen einer wissenschaftlichen Schule, die augenfällige erste Bedingung für die Entwicklung herausragender Ingenieurwissenschaftler.

Zweitens: die Einheit von Theorie und Praxis. Die Spezialisierung der Ingenieurausbildung nach zwei Grundprofilen ist sinnvoll und entspricht objektiven Erfordernissen. Sie kann und darf jedoch nicht zu »Praktikern« auf der einen und »Wissenschaftlern« auf der anderen Seite führen; für Ingenieur- und Technikwissenschaftler ist das Denken in praktischen Erfordernissen (nicht zu verwechseln mit der einen oder anderen kurzsichtigen betrieblichen Anforderung) ebenso substantiell wie der systematische Wechsel der Tätigkeit zwischen Betrieb und Hochschule.

Drittens: der schnelle Weg zur Spitze. In der Organisationstheorie gilt der Grundsatz: »Wer zu lange in der Mitte tätig war, ist für die Spitze verloren«. Dieses Prinzip gilt in der Wissenschaft noch sehr viel mehr. Höhere wissenschaftliche Qualifikationen werden von führenden, wissenschaftlich kreativen Ingenieuren zügig nacheinander erworben, wobei Kontinuität im Prinzipiellen und thematische Flexibilität, unter Umständen auch die Suche nach dem »richtigen Thema«, eine Einheit bilden. Die ersten national und international ins Gewicht fallenden Leistungen werden im unmittelbaren Zusammenhang mit wissenschaftlichen Qualifizierungen erreicht; in der Regel hatten die besten Ingenieurwissenschaftler bereits bemerkenswerte Diplomarbeiten vorzuweisen.

Viertens: die permanente wissenschaftliche Weiterbildung. Für Ingenieure, die mit wissenschaftlichen Leistungen Profil und Niveau ihrer Fachdisziplin bestimmen, ist die Qualifizierung mit den Promotionen A und B nicht zu Ende. Für sie ist das internationale Niveau kein Abstraktum, weil sie es aus eigener Erfahrung kennen; nicht durch »Wissenschaftstourismus«, sondern durch systematische, kurz- oder langfristige Studienaufenthalte, im Idealfall durch internationale Wissenschaftskooperation.

Fünftens: die Übernahme von Verantwortung. Unsere Skizzen entlarven die oft anzutreffende Ansicht, wissenschaftlich überragende Leistungen und Leitungsfunktionen schlössen sich mehr oder weniger zwangsläufig aus, als das, was sie ist: als Legende. Das anekdotisch Max Planck zugeschriebene Wort, wenn man einen wissenschaftlichen Konkurrenten erledigen wollte, müßte man nur dafür sorgen, daß er ein großes Institut zu leiten hätte, hat sicher einen gewissen Beigeschmack von Wahrheit: Leitungsfunktionen sind nun einmal mit einem bestimmten administrativen Aufwand verbunden. Aber so zwangsläufig, wie dies mitunter postuliert wird, scheint es nun doch nicht zu sein: Wie anders wäre es sonst zu erklären, daß sich nahezu in jeder »biographischen Skizze« (auch in denen, die wir aus Platzgründen auslassen müssen) wissenschaftlich außergewöhnliche Leistungen und höhere Leitungsfunktionen treffen? Minimierung des bürokratischen Beiwerks vorausgesetzt, ist die Leitungsfunktion eher eine Bedingung für außerordentliche Ergebnisse: weil sich über sie strategisch Erforderliches durchsetzen läßt; weil sich über sie die Organisationsformen herstellen, die zum Erfolg führen, wie eben die organische und systematische Kooperation mit Abnehmern auf den verschiedensten Ebenen.

Sechstens: das Kollektiv. Kollektivität als soziale Bewegungsform von Arbeitsteilung, Spezialisierung und Kooperation ist längst zum Grundprinzip der meisten wissenschaftlichen Arbeitsbereiche geworden; auf dem Gebiet der Ingenieurtätigkeit und der technikwissenschaftlichen Forschung und Entwicklung jedoch im besonderen Maße. Hier sind ins Gewicht fallende wissenschaftliche Ergebnisse als Einmannarbeit schlechterdings unvorstellbar. Die Kollektivität im engeren Sinne (das heißt innerhalb der wissenschaftlichen Einrichtung) wird durch Kollektivität im weiteren Sinne (das heißt durch organisierte Kooperation und Zusammenarbeit zwischen Betrieb und wissenschaftlicher Einrichtung) ergänzt und bereichert. Auch in diesem Sinne beruht Spitze auf Spitze: Die herausragende Persönlichkeit wirkt in einem Kollektiv, das sich im ganzen über den Durchschnitt erhebt. Wesentlich ist dabei die Wechselwirkung: Auf der einen Seite »schafft« das Kollektiv die herausragende Persönlichkeit, indem es sie prägt, fördert, ihre Entwicklung funktionell (durch Mitwirkung an der Leistung) und sozial (durch Normen) fördert. Auf der anderen Seite aber schafft sich die herausragende Persönlichkeit auch das ihr angemessene Kollektiv. Das Wort »handverlesen« steht so für ein Prinzip, dem größte Bedeutung beizumessen ist: Wissenschaftler, die mit ihrem Kollektiv zur Spitze ihres Fachgebietes vorstoßen wollen, müssen das Recht und die reale Möglichkeit haben, ihre Mannschaft entsprechend zusammenzusetzen: durch Berufung ehemaliger Studenten, die sich anderweitig und anderswo bewährt haben; durch Heranziehen von Leuten, die anderswo auf sich aufmerksam machten usw.; aber auch dadurch, daß Mitarbeiter, die sich den Leistungsnormen des Kollektivs nicht stellen können oder wollen, durch Fluktuation in Arbeitsgebiete übergehen, die ihren Möglichkeiten oder Interessen besser entsprechen. Hier hat, scheint uns, die soziologische Forschung noch ein ziemlich unerschlossenes Feld vor sich.

Siebentens: Denken und Verhalten in der Logik des Zyklus Wissenschaft – Produktion. Hier laufen die organische Verbindung von Theorie und Praxis, die Einheit von Leistung und Verantwortung und die Rolle des Kollektivs sozusagen zusammen. Kein einziger überragender Technikwissenschaftler denkt und handelt nach der Maxime der Übergabe des Forschungsergebnisses am Institutstor; seine Arbeit setzt an der Nahtstelle von Natur- und Technikwissenschaft an und endet mit der gelungenen praktischen Überführung; so, wie er selbst denkt und arbeitet, leitet und orientiert er sein Kollektiv. Daß er dabei, eben weil er nicht nur vom praktisch subjektiv Gefragten, sondern vom objektiv Erforderlichen und wissenschaftlich Möglichen ausgeht, auch manche Unbequemlichkeit auslöst, liegt in der Natur von Kreativität.

Schließlich scheint uns, daß unsere »Skizzen« nur einer weiteren, vermittelt abzuleitenden Verallgemeinerung bedürfen. Wir wissen nichts über Wernstedt, Jäger und Engellage als Schüler; wir wissen aber aus den Skizzen, daß keiner von ihnen einen besonderen Bildungsweg – im Sinne besonderer talentefördernder Einrichtungen – ging. Wernstedt schaffte seine Entwicklung sogar mit dem Ausgangspunkt »Einklassenschule«. Keiner von ihnen hatte den sozialen Startvorteil eines intellektuellen Elternhauses. Alle gingen sie den normalen, massenhaft typischen Bildungsweg. Das zeigt zumindest zweierlei. *Erstens* beweist es, daß das einheitliche sozialistische Bildungssystem Entwicklungs*chancen* für besondere Begabungen bietet.

Zweitens und vor allem erweist sich die Bedeutung einer soziologisch schwer erfaßbaren Komponente: der Individualität.

Sartres Maxime: »Der Mensch ist das, wozu er sich macht« ist als philosophisch-weltanschaulicher Grundsatz natürlich unannehmbar, weil er jegliche Determination durch übergreifende gesellschaftliche Verhältnisse und Umstände zurückweist. In ein materialistisches Grundkonzept eingeordnet, enthält der Satz jedoch eine wichtige Wahrheit. Gesellschaftliche Rahmenbedingungen – von übergreifenden gesellschaftlichen Verhältnissen bis zum konkreten Umfeld des Bildungsweges – sind für viele gleich. Wenn sich der eine so und der andere völlig anders entwickelt, dann ist das nicht nur auf natürliche und damit unabänderliche Unterschiede im Talent zurückzuführen; niemand vermag zu sagen, ob G. G., den wir eingangs erwähnten, nicht über das gleiche Begabungspotential verfügte wie andere aufgeführte Persönlichkeiten. Gesamtgesellschaftliche und unmittelbar-soziale Umstände sind Rahmenbedingungen; nicht mehr und nicht weniger. Sie können die Entfaltung von Talenten fördern oder hemmen – aber sie verursachen die eine oder die andere Entwicklung nicht monokausal. Auch Wernstedt, Jäger oder Engellage hätten vor dieser oder jener konservativen Barriere resignieren können; auch ihnen stand die Entscheidung für die »bequemere Mitte« offen. Es sind also Faktoren im Spiel, die sich über statistische Analyse von Zusammenhängen, und seien diese noch so signifikant, nicht erschließen: charakterliche Grunddispositionen, entscheidende Impulse im Lebensweg, frühzeitig angelegte oder geprägte Lebensziele und andere mehr.

Das warnt vor vereinfachten Vorstellungen über die Determination sozialen Verhaltens und bezeugt, daß in die Entwicklung der Persönlichkeit Faktoren eingehen, die mit den bislang dominierenden soziologischen Forschungsmethoden nicht hinreichend sichtbar gemacht werden können. Unsere biographischen Skizzen sind lediglich ein Mittel der Illustration und Darstellung. Ansätze, sie als Forschungsmethoden zu entwickeln,[12] könnten aufgegriffen und weiterentwickelt

12 Siehe beispielsweise Dietmar Wittich: Über soziale Erfahrung, Berlin 1983.

werden. In der internationalen Soziologie haben »Life history studies« einen festen Platz, vor allem bei der Untersuchung sozialer Mobilität. Beschreibende Methoden (oft nicht ganz zutreffend »qualitative« Methoden genannt) sind vor allem dann von großem Nutzen, wenn das zu untersuchende Objekt keine gesellschaftliche Massenerscheinung ist und wenn das Ziel der Untersuchung mehr auf typische Vorgänge und weniger auf Messung gerichtet ist.

4.
Die effektive Nutzung des ingenieurwissenschaftlichen Potentials – wesentliche Bedingung der Intensivierung

Reale Qualifikation ist doppelt determiniert: 1. durch in der Ausbildung erworbene Qualifikation und 2. durch die Mechanismen ihrer Reproduktion durch Nutzung. Folgerichtig müssen Entwicklungen, die auf die Durchsetzung einer modernen Erfordernissen entsprechenden Konzeption der Ingenieurausbildung gerichtet sind, organisch mit erhöhten Anstrengungen zur effektiven Nutzung der vorhandenen und vom Ausbildungssystem bereitgestellten Potentiale verbunden werden. Wie wir aus vielen Untersuchungen wissen, führen strukturelle Nichtübereinstimmungen zwischen geschaffenen und abgeforderten Qualifikationen auf der einen Seite zum Verschleiß von Qualifikation durch Nichtnutzung, auf der anderen Seite zu Qualifikationsdefiziten, weil falsch eingesetzte Potentiale anderswo fehlen.

Dieser Widerspruch ist nicht neu; gewiß gab es ihn weit früher, als ihm die soziologische Forschung Anfang der siebziger Jahre auf die Spur kam. Aber die Notwendigkeit, ihn schrittweise zu lösen, wird immer drängender. So lange, wie Kaderpotentiale extensiv wachsen (bis Mitte der siebziger Jahre), können Löcher, in denen Effektivität versickert, durch quantitative Erweiterungen sozusagen verdeckt werden. Das ist unter den gegebenen und vorausberechenbaren demographischen Bedingungen nicht mehr möglich. Die Effekte einer modernen Ingenieurausbildung erschließen sich nur dann, wenn *Ausbildungs-* und *Einsatzstrategien* übereinstimmen. Selbstverständlich fallen beide Seiten, was die gegenwärtige Situation angeht, nicht völlig auseinander; aber zugleich zeigten viele Untersuchungen, daß beträchtliche Wachstumsreserven erschlossen werden können, wenn objektiv erforderliche und real vorhandene Qualifikation konsequenter strukturell übereinstimmen.

Das ist ein allgemeines Problem der umfassenden Intensivierung – in seinen quantitativen Dimensionen aber auch eine Besonderheit des Ingenieurs. Niemand setzt Fachärzte als mittleres medizinisches Personal ein, Lehrer der Oberstufe als Kindergärtnerinnen; die Eigenheit des Ingenieurs, in nahezu allen Phasen des Zyklus tätig zu sein, erzeugt mit einer gewissen Zwangsläufigkeit jedoch nicht nur funktionelle Überlagerungen, sondern eben auch ein »Abdriften« eines Teils des Qualifikationspotentials in unangemessene Tätigkeiten, das heißt in Arbeitsfunktionen mit anderen objektiven Qualifikationsanforderungen. Das zwingt, vor allem vor dem Hintergrund der Notwendigkeit, unser Wissenschaftspotential auch weiterhin quantitativ zu stärken (siehe Kapitel 2) dazu, intensiver über die Lösbarkeit des erwähnten Widerspruchs nachzudenken.

4.1.
Was ist »Wissenschaftspotential« im Hinblick auf Ingenieure?

»Die Zukunft ist nicht mehr das, was sie einmal war.« Diese Bemerkung könnte man als Redensart abtun, hätte sie nicht einen durchaus seriösen Inhalt. Die Zukunft ist nicht mehr die lineare Fortsetzung extensiver Wachstumsprozesse; aus dieser Vorstellung hervorgehende Denkmodelle erweisen sich als anachronistisch. Die Zukunft wird im Maße der wissenschaftlichen Einsicht in Gesetze der Natur und Gesellschaft vorhersehbarer. Sie existiert nicht als Singular, als »die Zukunft«; das Möglichkeitsfeld künftiger Technik- und Gesellschaftsentwicklung ist unvergleichlich größer geworden. Die wissenschaftlich-technische Revolution, als Revolution des Gesamtsystems der Produktivkräfte und eben nicht nur der Technologie, verändert Rahmenbedingungen und Erfordernisse gesellschaftlichen Handelns schneller, als dies je zuvor in der Vergangenheit der Fall war.

Was die heutigen Bewegungsformen des Widerspruchs zwischen Produktivkräften und Produktionsverhältnissen von früheren Bewegungsformen unterscheidet ist, daß sich tiefgreifende Veränderungen als globale Prozesse innerhalb einer Generation durchsetzen. Dabei spielt die *Wissenschaft* immer mehr die entscheidende Rolle. Das sind die umfassenderen Gründe, weshalb sich Fragen nach Umfang, Struktur, Entwicklung und Nutzung des Wissenschaftspotentials nicht nur als aktuelle Erfordernisse der Intensivierung, sondern als strategische Grundlinien der wissenschaftlich-technischen Revolution darstellen.

Das traditionelle praktische Verständnis assoziiert den Begriff »Ingenieur«, mehr oder weniger eng, mit produktionsnaher Tätigkeit, weit weniger selbstverständlich mit Wissenschaft. Mit dem verbreiteten Begriff »wissenschaftlich-technische Intelligenz« wird der Ingenieur, genau genommen, *neben* die »eigentliche« wissenschaftliche Intelligenz gestellt. Das wäre eine durchaus unnötige terminologische Erörterung, wenn sich hinter ihr nicht unser Problem verbergen würde: Eben diese Denkweise ist im Spiele, wenn der Ingenieur einseitig als »Mann der Praxis« und nicht mindestens gleichermaßen als Akteur von Wissenschaft gesehen (und dominierend so eingesetzt) wird. Konnte Bernal, auf die Vergangenheit bezogen, noch schreiben, daß Wissenschaft ein Privileg, wissenschaftliche Arbeit eine spezifische Form der Freizeitbeschäftigung gewesen sei, von Leuten, die Geld und Muße hatten, oder von wohlhabenderen Angehörigen der älteren freien Berufe,[1] so haben sich heute die Dinge gründlich gewandelt. Aus einer Tätigkeit, der die reine Erkenntnis wichtiger war als der praktische Nutzen, wurde sie zu einer konsequent zielgerichteten, auf Veränderung zielenden gesellschaftlichen Funktion, zur letztlich entscheidenden Triebkraft der Produktivkraftentwicklung. Das bewirkt nicht nur eine wachsende praktische Bedeutung der *Naturwissenschaften,* sondern macht einen notwendig immer größer werdenden Teil der Gruppe der Ingenieure zu einem Faktor des Wissenschaftspotentials.

1 Siehe J. D. Bernal: Die Wissenschaft in der Geschichte, S. 7.

Die SED ließ sich frühzeitig von dieser Erkenntnis leiten. So wurde von ihr bereits im Jahr 1979 auf der 11. Tagung hervorgehoben, daß es vor allem um die wirksame Nutzung des reichen geistigen Potentials geht und daß es gilt, »mit der ganzen Kraft der Partei und des Staates auf der Grundlage dieser menschlichen Fähigkeiten und der technologischen Möglichkeiten zu einem höheren Leistungsniveau vorzustoßen«.[2] Das ist, seitdem immer wieder unterstrichen und präzisiert, zu einer der zentralen Ideen der Wirtschafts- und Gesellschaftsstrategie geworden.

Vor diesem Hintergrund geht es uns nicht um allgemeine Erörterungen über Begriff und Wesen des Wissenschaftspotentials, sondern um die Rolle, die Ingenieure in ihm, bei seiner Entwicklung und Nutzung, spielen. Dafür sind jedoch einige grundsätzliche Ausgangspunkte unerläßlich. Die in der Literatur vertretenen Ansichten darüber, was »Wissenschaftspotential« ist, sind nicht ganz einheitlich.[3] In vier entscheidenden Punkten stimmen die Ansichten jedoch überein: Zum Wissenschaftspotential gehören:

– die zur Verfügung stehenden wissenschaftlichen Kader,
– die materiell-technischen Voraussetzungen,
– das wissenschaftliche Informationssystem,
– das Organisations- und Entscheidungssystem der Wissenschaft.

Aus soziologischer Sicht und im Hinblick auf unsere Fragestellung ist zweifellos der erste Punkt zunächst der wichtigste – aber gerade dazu gehen die Meinungen am weitesten auseinander; alles in allem liegen sie zwischen den Polen a) alle Hoch- und Fachschulkader und b) nur die mit unmittelbaren Funktionen der Wissenschaftsentwicklung befaßten wissenschaftlich ausgebildeten Personen als Wissenschaftspotential anzusehen.

Das sind, auch wenn ein solcher Eindruck entstehen könnte, keine nebensächlichen Fragen. Entwicklung, Struktur und Verteilung des Wissenschaftspotentials bedürfen

2 11. Tagung des ZK der SED, 13./14. Dezember 1979. Aus dem Bericht des Politbüros an die 11. Tagung des ZK der SED. Berichterstatter: Genosse Erich Honecker, Berlin 1979, S. 128.
3 Siehe dazu Günther Kröber/Hubert Laitko: Wissenschaft, Berlin 1975. – Dynamik und Struktur des Wissenschaftspotentials, Berlin 1977.

ebensosehr der korrekten Planung wie Entwicklung, Struktur und Verteilung materieller Ressourcen. Die erste Voraussetzung für die Planbarkeit eines Prozesses ist jedoch seine exakte Bestimmung, damit seine Quantifizierung. Die Erfahrungstatsache, daß in der Entwicklung und Verteilung des Wissenschaftspotentials Momente der Spontaneität nicht zu übersehen sind, hängt zweifellos mit ungenauen Bestimmungen nicht nur des Begriffs, sondern des objektiven Sachverhalts zusammen.[4] Ferner führen unterschiedliche Vorstellungen darüber, was unter Wissenschaftspotential verstanden werden soll, zu sehr unterschiedlichen Folgerungen, was die Erfordernisse seiner weiteren Entwicklung betrifft. Je breiter der Gebrauch des Begriffes, desto größer scheint das real verfügbare Potential zu sein – und desto geringer erscheinen die Probleme, die mit seiner Entwicklung und Reproduktion zusammenhängen.

So ist, um das Problem zu illustrieren, der Gesamtbestand an Hoch- und Fachschulkadern in der DDR seit dem Ende der vierziger Jahre etwa um das Zehnfache gestiegen – aber es kann nicht gesagt werden, daß die wissenschaftlichen Leistungen um die gleiche Größenordnung zugenommen hätten. Die DDR verfügt über etwa 1,6 Millionen Hoch- und Fachschulkader – aber wie viele davon sind wirklich für die Wissenschaftsentwicklung einsetzbar? Wie viele der 520 000 Ingenieure der DDR sind real an der Entwicklung und Einführung neuer wissenschaftlicher und technologischer Lösungen beteiligt? Welche grundlegende Funktion (im Sinne des Erforderlichen) haben jene Ingenieure, die a) nicht vorwiegend in Forschung und Entwicklung arbeiten und die b) nicht ausschließlich mit tagtäglichen Problemen der unmittelbaren Produktionsleitung befaßt sind, das heißt jene Ingenieure, die nicht eindeutig der technikwissenschaftlichen Intelligenz auf der einen Seite und der Produktionsintelligenz im engeren Sinne auf der anderen Seite zuzuordnen sind?

Spätestens hier gehen Definitionsfragen in sehr praktische

4 Siehe Herbert Bernhardt: Wissenschaftlich-technische Revolution und rationelle Nutzung des Hoch- und Fachschulkaderpotentials – Probleme der Ausbildung, des Einsatzes sowie der Entwicklung von Hoch- und Fachschulkadern in der Industrie, Dissertation B, Freiberg 1981.

Probleme über: Soll man die nicht in Wissenschaftseinrichtungen technischer Universitäten und Hochschulen sowie in Forschungseinrichtungen der Kombinate tätigen Hochschulkader aus dem Begriff des Wissenschaftspotentials ausklammern, weil sie keine wissenschaftlichen Leistungen im eigentlichen Sinne erbringen? Oder ist es nicht vielmehr umgekehrt: Erbringt ein Teil dieser Ingenieure deswegen keine wissenschaftlichen Leistungen, weil man sie von vornherein nicht als Bestandteil des Wissenschaftspotentials *begreift* und *behandelt*? Freilich ist dies eine zugespitzte Alternative, die aber das Problem deutlich macht: Wie läßt sich das ingenieurwissenschaftliche Potential stärker und effektiver für die Beschleunigung des wissenschaftlich-technischen Fortschritts mobilisieren?

Um diesem Problem näher zu kommen, schlagen wir vor, *drei Ebenen* des Wissenschaftspotentials zu unterscheiden, wobei diese Unterscheidung zunächst eine analytisch-methodische und noch keine statistisch-quantifizierende Funktion hat.

Auf der ersten Ebene umfaßt das *unmittelbare* wissenschaftliche Kaderpotential der Ingenieure die Gesamtheit der ingenieurwissenschaftlich qualifizierten Werktätigen, die im Zyklus Wissenschaft – Produktion *direkt*, verfahrens- und erzeugnisorientiert, neue technische und technologische Lösungen erarbeiten. Zu ihm gehören die Ingenieure und Diplomingenieure, die ständig und hauptberuflich mit Forschungs- und Entwicklungsaufgaben betraut sind, damit auch der (in VBE schwer erfaßbare) für Forschung und Entwicklung eingesetzte Zeitfonds der an technischen Universitäten und Hochschulen tätigen Ingenieure.

Auf der zweiten Ebene umfaßt das Wissenschaftspotential den *Zeitfonds* der in der materiellen Produktion tätigen Ingenieure, der kontinuierlich oder zeitweilig bei der Lösung von Applikations- und Überleitungsaufgaben eingesetzt wird; dazu gehört auch der Zeitfonds für Arbeiten, die, weil der Zyklus ein Kreislauf und keine Kette ist, der Forschung und Entwicklung sozusagen vorgelagert sind: bei der Analyse des Produktionsprozesses und der daraus hervorgehenden Ableitung von Forschungszielen, bei der Analyse von Marktlagen und Anwenderbedürfnissen und deren Rückwirkung auf Forschungs- und Entwicklungsziele usw.

Auf einer dritten und noch weiter *vermittelten Ebene* geht es darum, auch bei den Ingenieuren, die nicht ständig oder zeitweilig mit Entwicklungs-, Überleitungs- oder Vorlaufarbeiten befaßt sind, den wissenschaftlich fundierten Charakter ihrer Arbeit auszuprägen und eine durchgängige wissenschaftliche Arbeitsweise durchzusetzen. Insofern umfaßt das Wissenschaftspotential in der Tat alle Personen, die wissenschaftliche Ergebnisse nicht nur hervorbringen, sondern sie in ihrer Tätigkeit, auf dem Boden entsprechender Qualifikation, auch durchsetzen und tagtäglich anwenden.

4.2.
Wege zur quantitativen und qualitativen Stärkung des Wissenschaftspotentials

Wir können nun der Frage, die wir im zweiten Kapitel, dort jedoch in einem anderen Kontext, bereits berührten, weiter nachgehen: Wie ist es – immer unter Berücksichtigung der beschriebenen demographischen Bedingungen – möglich, das für die Beschleunigung des wissenschaftlich-technischen Fortschritts mobilisierbare ingenieurwissenschaftliche Potential quantitativ und qualitativ zu stärken?

Verstände man unter Wissenschaftspotential nur das der ersten Ebene, wäre die Schlußfolgerung einfach: Man müßte fordern oder wenigstens vorschlagen, daß die Anzahl der Beschäftigten in Forschungseinrichtungen erhöht wird, entweder durch die Erhöhung der Absolventenzahl der Ingenieurwissenschaften oder durch strukturelle Verlagerungen zwischen Produktions- und Forschungsintelligenz. Der erste Vorschlag unterstellt, daß die Reproduktion anderer Teile der Intelligenz entsprechend verringert würde, der zweite, daß solche Verlagerungen möglich und durchsetzbar wären. In jedem Falle ist über den Sinn beider Varianten ohne umfassendere, uns nicht zur Verfügung stehende Analysen (wie eben über den perspektivischen Kaderbedarf anderer Bereiche) nicht zu urteilen. Wir gehen daher von der Annahme aus, daß die Stärkung des ingenieurwissenschaftlichen Potentials auf diesen Wegen nicht oder nicht primär möglich ist und daß daher nach anderen, differenzierteren Lösungen gesucht werden muß, wobei wir als (in weiteren Untersuchungen zu präzisierende) Prämisse setzen, daß der *Gesamtbestand* an Ingenieuren nicht weiter erhöht werden kann. Vor diesem Hintergrund sehen wir die folgenden Schwerpunkte:

■ *Verlagerung eines Teils des Kaderpotentials in vorgelagerte Phasen des Zyklus*

Ohne auf die vereinfachte Idee zu verfallen, einen Teil der Produktionsingenieure sozusagen in Forschungs- und Entwicklungseinrichtungen »umleiten« zu wollen, ist es möglich und erforderlich, das Kaderpotential stärker auf innovative Aufgaben zu orientieren. Eine Untersuchung in der Montanindustrie der DDR ergab beispielsweise, daß bereits von der *perspektivischen* Planung her auch weiterhin etwa 80 Prozent der erwarteten Absolventen, die nunmehr durchweg *Hochschul*absolventen sein werden, in der Produktion und in der unmittelbaren Produktionsvorbereitung und -leitung eingesetzt werden sollen: als Schichtleiter, Betriebsingenieure, Dispatcher usw. Demgegenüber spielen Vorgaben wie langfristige analytische und prophylaktische Aufgaben eine weit geringere Rolle. Unseres Erachtens ist es unbedingt erforderlich, solche Planungen grundlegend neu zu durchdenken, weil sie zu stark von den Anforderungen des tagtäglichen Ablaufes und zu wenig von den Erfordernissen der permanenten Rationalisierung, der wissenschaftlichen Produktionsvorbereitung und anderem ausgehen.

Wissenschaftliche Arbeit ist nicht auf Arbeit in Forschung und Entwicklung reduzierbar. Das gilt allgemein, für Ingenieure aber im besonderen Maße. Sie haben im sozialistischen Betrieb zumindest die folgenden Arten wissenschaftlicher Arbeit zu leisten:

– Erarbeitung wissenschaftlicher Grundlagen der Technologie- und Erzeugnisentwicklung einschließlich der Schaffung analytischen Vorlaufs für neue Forschungs- und Entwicklungsziele;

– unmittelbare Erarbeitung neuer technischer und technologischer Lösungen unterhalb der Ebene der Erarbeitung von Basisinnovationen;

– wissenschaftlich fundierte Rationalisierungslösungen im Rahmen prinzipiell gleichbleibender technologischer Regimes;

– wissenschaftliche Fundierung der Leitung und Arbeitsorganisation;
– Erarbeitung wissenschaftlicher Lösungen an der Schnittstelle von Technik und Ökonomie;
– wissenschaftliche Durchdringung und Leitung sozialer Prozesse, aus Analysen hervorgehende Erarbeitung sozialer Ziele für Forschungs- und Entwicklungsaufgaben.

Wie jede produktionsorientiert arbeitende Forschungseinrichtung anhand vieler Erfahrungen belegen kann, ist der technikwissenschaftliche Vorlauf oft größer, als die Praxis annimmt. Das hat teils objektive Gründe, weil Produktionsprozesse nicht ständig umgewälzt werden können, teils aber auch subjektive: Je mehr die Produktionsintelligenz auf unmittelbare Tagesaufgaben fixiert ist, desto größer ist das, was Bernal die »Stärke der technischen Tradition« nannte, mithin das ihr eigene Beharrungsvermögen.

Unter »Verlagerung eines Teils des Kaderpotentials in vorgelagerte Phasen des Zyklus« verstehen wir somit keine »personellen Umsetzungen«, sondern die gezielte Ausprägung der wissenschaftsspezifischen Elemente der Ingenieurtätigkeit, weil als gesicherte Regel gelten kann: Je mehr die Produktionsintelligenz wissenschaftlich fundiert arbeitet, je mehr sie von anderen Qualifikationsstufen übertragbaren Aufgaben entlastet ist, desto mehr ist sie subjektiv für wissenschaftliche Lösungen aufnahmebereit, desto besser fungiert sie als Partner der technikwissenschaftlichen Intelligenz im Innovationsprozeß. Dieser Teil der Intelligenz ist es schließlich vor allem, von dem, im Zusammenwirken mit der Partei, der Gewerkschaft und anderen gesellschaftlichen Organisationen, die Mobilisierung der Arbeiter, die Einbeziehung ihres Wissens, ihrer Vorschläge und Ideen in das innovative Geschehen abhängt.

■ *Stärkung des Wissenschaftspotentials durch Verkürzung der Überleitungsfristen*

Wenn es richtig ist, daß der Zyklus im ganzen um so besser funktioniert, je reibungsloser seine Phasen ineinandergreifen, dann folgt daraus, daß im sozialen Sinne alles von der Kooperation zwischen den Trägern der verschiedenen Phasen abhängt. Das sind zunächst, an der Schnittstelle »Überleitung«, die Forschungs- und die Produktionsintelligenz.

Auf der einen Seite (siehe »biographische Skizze« J. Wern-stedt, S. 82) gehört es zu den mittlerweile selbstverständlich gewordenen Aufgaben des Forschungs- und Entwicklungsingenieurs, das Projekt nicht auf dem Papier, sondern materiell und funktionsfähig zu übergeben, somit die Überleitung als Bestandteil seiner Arbeit mitzugestalten. Das ist aber nur die eine Seite des Problems. Viele kompetente Forschungs- und Entwicklungsingenieure verweisen darauf, daß vor allem dann, wenn die neue Lösung »von außen« kommt, das heißt nicht in einer betrieblichen Entwicklungsabteilung erarbeitet wurde, Betriebe oft eine Haltung einnehmen, die der eines Käufers im Warenhaus ähnelt: Sie erwarten die fertige Lösung, oft den begleitenden Service usw.

Das volkswirtschaftliche Ziel, Überleitungsfristen zu minimieren, hat jedoch auch für unsere Fragestellung wesentliche Aspekte: Je länger Forschungspotential gebunden ist, um Überleitungsprobleme zu bewältigen, desto geringer der Zeitfonds für die Inangriffnahme neuer Aufgaben. Ebenso, wie schnellstmögliche Überleitung ein grundlegendes Erfordernis des Kampfes um Zeitgewinn ist, muß es zur Maxime des Intensivierungsdenkens werden, Forschungs- und Entwicklungspotential so schnell wie möglich an neue Aufgaben zu entlassen, seine »Verweildauer« im Überleitungsprozeß auf das unerläßliche Minimum zu reduzieren. Das ist nur möglich, wenn ein größerer Teil des Zeitfonds der Produktionsintelligenz auf diese Aufgaben orientiert wird.

■ *Beherrschung der Spezifik ingenieurtypischer Qualifikationsstufen*

Ein Aspekt des Problems ist nicht neu: die Verwischung zwischen den charakteristischen Qualifikationsstufen Fach- und Hochschulingenieur. Viele Untersuchungen zeigen übereinstimmend, daß ein Teil der Hochschulingenieure (den meisten Untersuchungen zufolge etwa ein Fünftel) an Arbeitsplätzen tätig ist, die von Fachschulingenieuren gleichwertig oder besser beherrscht werden können, während auf der anderen Seite etwa die gleiche Anzahl von Arbeitsplätzen, an denen der Hochschulabschluß erforderlich wäre, von Fachschulingenieuren besetzt sind. Die Lösung des Problems wird dadurch erschwert, daß die Industrie in den meisten Fällen die entsprechenden Arbeitsplätze von vornherein als Arbeitsplätze für Fach- *oder* Hochschulingenieure definiert, womit das Problem »gelöst« wird, indem man es »wegdefiniert«. Als Maxime muß gelten, die spezifischen Vorzüge jeder Qualifikationsstufe optimal auszuschöpfen: die größere Unmittelbarkeit und Praxisnähe des Fachschulingenieurs, die stärkere wissenschaftliche Fundierung der Qualifikation des Hochschulingenieurs.

Inzwischen kommt ein weiteres Problem hinzu, dem unter dem Aspekt der gestellten Frage – Stärkung des Wissenschaftspotentials – eine größer werdende Bedeutung beigemessen wird. Seit Jahren wird an unseren technischen Universitäten und Hochschulen viel getan, um für wissenschaftliche Arbeit besonders befähigte Studenten gezielt zu fördern. Dabei hat sich das Forschungsstudium als besonders effektiv erwiesen: Es gewährleistet den schnellstmöglichen Weg zur Promotion und macht es möglich, in der Nähe führender Techniker und in leistungsfähigen wissenschaftlichen Kollektiven wissenschaftliche Kenntnisse über das Studium hinaus zu erwerben und für wissenschaftliche Arbeit unerläßliche Motivationen auszuprägen. Aber auch hier gilt, was für den allgemeinen Zusammenhang zwischen Ausbildungs- und Einsatzstrategien gesagt wurde: Das angelegte Potential wirkt nur durch Nutzung.

Fallstudien, die von der Bergakademie Freiberg zum Entwicklungsweg von Absolventen, dabei vor allem von Forschungsstudenten und Sonderstipendiaten, durchgeführt wurden, machen deutlich, welche Effektivitätsreserven noch erschlossen werden können, wenn mit hochqualifizierter lebendiger Arbeit mit gleicher Sorgfalt umgegangen wird wie mit hocheffektiver Technik.[5] Fast scheint es, als hätte Marx unser heutiges Problem vorausgesehen: »Um die allgemein menschliche Natur so zu modifizieren, daß sie Geschick und Fertigkeit in einem bestimmten Arbeitszweig erlangt, entwickelte und spezifische Kraft wird, bedarf es einer bestimm-

5 Untersuchung zu sozialstrukturellen Bedingungen der Erhöhung der Effektivität wissenschaftlicher Arbeit (I-86), Akademie für Gesellschaftswissenschaften beim ZK der SED, in Kooperation mit: Mansfeld Kombinat Eisleben, Bergakademie Freiberg und Technische Hochschule Ilmenau sowie Bauakademie der DDR. – Fallstudien der Bergakademie Freiberg zu: Entwicklung von Sonderstipendiaten, zur Effektivitätserhöhung der Arbeit von Fach- und Hochschulkadern, zu einzelnen technischen Fachrichtungen.

ten Bildung oder Erziehung ... Je nach dem mehr oder minder vermittelten Charakter der Arbeitskraft sind ihre Bildungskosten verschieden.«[6]

Arbeitskräfte mit entwickelter und spezifischer Kraft und höheren Bildungskosten sind Hochschulingenieure und promovierte Kader im besonderen Maße. Wenn aber, den genannten Fallstudien zufolge, bis zu 40 Prozent der Hochschulingenieure und bis zu einem Drittel der promovierten Absolventen unterhalb ihrer Qualifikation eingesetzt sind, dann macht das deutlich, in welchen Größenordnungen sich Effektivitätsverluste bewegen können. Dafür einige weitere charakteristische Aussagen:

– »Meine Einarbeitung im Betrieb umfaßte drei Bereiche mit jeweils dreimonatiger Durchlaufzeit. In einem Bereich gab es gute Unterstützung, in den beiden anderen: Hier ist Dein Schreibtisch, alles weitere findet sich.«
– »Bei meinem Einsatz im Betrieb war formell alles in Ordnung, aber praktisch fehlte es an der Führung durch fachlich versierte Vorgesetzte. Mein Einsatz erfolgte unter meiner Qualifikation.«
– »Nach Abschluß meines Forschungsstudiums umfaßte die Einarbeitungszeit ein Jahr – dabei gab es keine fachlichen Qualifizierungsmaßnahmen und keine weiterführenden Vereinbarungen« (Sonderstipendiat, Dr.).
– »Es gab keine gezielte Einarbeitung, keine Hilfestellung, kein Leiter hat sich um mich gekümmert. Nach zwei Jahren Tätigkeit als Forschungsingenieur bin ich sehr unzufrieden« (Sonderstipendiat).
– »Die Promotionsstufe wird in der Industrie nur gering geschätzt. Zwischen einem Dipl.-Ing. und einem Doktor gibt es keinen echten Unterschied im Niveau der Arbeit, in den Entwicklungsmöglichkeiten und im Gehalt.« (Zusammenfassung mehrer Urteile von Forschungsstudenten)

Diese Beispiele charakterisieren nicht das Gesamtbild, sondern die zu lösenden Probleme. Sonderstipendien und Promotionen sind Gütezeichen, welche die Hochschule ihren Absolventen mitgibt, damit aber auch eine Verpflichtung, die sie dem »Abnehmer« auferlegt. Erfolgreiche Bemühungen um die Entwicklung von Kadern, die Spitzenleistungen erbringen können, werden nur dann gesellschaftlich wirksam, wenn ihre Kontinuität nicht unterbrochen wird.

6 Karl Marx: Das Kapital. Erster Band. In: MEW, Bd. 23, S. 186.

Beim Umgang mit Menschen sind Verantwortungsbewußtsein, Feinfühligkeit und flexibles Eingehen auf die Eigenarten jedes einzelnen durch nichts zu ersetzen. Dennoch lassen sich gewisse Grundregeln oder auch Modellvorstellungen formulieren:

Erstens. Im Hinblick auf das gesamte Qualifikationsspektrum der Ingenieure muß den Besonderheiten der Fach- und Hochschulausbildung konsequenter Rechnung getragen werden. Im Prinzip sind Fachschulingenieure mehr für operativ-praktische, Hochschulingenieure für wissenschaftlich profilierte Arbeiten gedacht und entsprechend einzusetzen. Diese Grundregel gilt noch lange, weil es Jahrzehnte dauern wird, bis die Gesamtheit der im Berufsleben stehenden Ingenieure einheitlich aus Hochschulabsolventen besteht. Für die nach der neuen Konzeption ausgebildeten Ingenieure gilt die Regel sinngemäß für die Unterschiede zwischen den Ausbildungsprofilen I und II.

Zweitens. Hochschulabsolventen sollen schnell mit anspruchsvollen Aufgaben konfrontiert werden, wobei möglichst viele frühzeitig, spätestens in einer zweiten Entwicklungsetappe nach dem Kennenlernen des Betriebes, in die Lösung von Aufgaben der Forschung, Entwicklung oder Überleitung einzubeziehen sind, um so, direkt oder vermittelt, das Wissenschaftspotential zu stärken. Die Einarbeitungszeit muß dem Ziel dienen, die spezifischen Fähigkeiten und Interessen zu erkunden, um auf dieser Grundlage, verbunden mit konkreten und abrechenbaren Aufgaben, Entwicklungsperspektiven auszuarbeiten und verbindlich festzulegen.

Drittens. Der immer dringlicher werdende gesellschaftliche Bedarf nach technikwissenschaftlichen *Spitzenleistungen* macht die zielstrebige Entwicklung der dafür befähigten Kader zu einem erstrangigen Erfordernis, orientiert am Grundsatz: Fördern durch Fordern. Anstrengungen, die im Bildungswesen und verstärkt in der Hochschulbildung in dieser Richtung unternommen werden, bedürfen der zügigen Fortsetzung beim »Abnehmer«.

In der für Spitzenleistungen entscheidenden Grundlagenforschung dominiert vor allem bei jüngeren Mitarbeitern, was die Erkundung des internationalen Niveaus angeht, das Literaturstudium, welches allein lediglich zu einer Art »Verfolgungsforschung« führen kann. Frühzeitige (und nicht für »etablierte« Wissenschaftler reservierte) Auslandseinsätze sind ein unverzichtbares Mittel, um den internationalen Standard kennenzulernen und daraus eigene Leistungsziele abzuleiten. Wie unsere Erfahrungen (siehe unsere »biographischen Skizzen«) lehren, führt der Weg zur Spitze über die Spitze, das heißt über die Arbeit im Umkreis der besten Leute und in den besten Kollektiven. Solche Entwicklungen müssen schnell beginnen, weil gerade für junge Menschen, die das Zeug und den Willen haben, zur Spitze ihres Fachgebietes vorzustoßen, die ersten Jahre nach dem Studium die entscheidenden sind: In dieser Zeit entwickeln sich nicht nur die erforderlichen Kenntnisse, sondern auch die für den Weg zur Spitze unerläßlichen Motivationen, Werte, Interessen und Verhaltensmuster.

■ *Optimale Nutzung des gesamtgesellschaftlichen Qualifikationsspektrums*

Aktuellste Untersuchungen zu sozialen Aspekten der Einführung von Schlüsseltechnologien (untersucht am Beispiel FMS) haben zu Ergebnissen geführt, die für unser Problem von großer Bedeutung sind. Modernste Technologien dieses Typs führen nicht, wie in Teilen der internationalen Literatur befürchtet wird, zur Dequalifizierung der am technischen System und in seinem Umkreis tätigen Produktionsarbeiter. Sie erzeugen aber auch keinen »ständig steigenden Bedarf an Ingenieuren und Diplomingenieuren«, vorausgesetzt, daß die Bedingungen des Dauerbetriebes, für die diese Aussage gilt, nicht mit denen der Einführungsphase verwechselt werden.

In der Grundtendenz nimmt an modernsten technischen Systemen, bezogen auf den Gesamtarbeiter und verglichen mit den vorhergegangenen Technikstufen, der Bedarf an hochqualifizierten Facharbeitern *zu*. Das heißt für unser Problem: Der Einsatz wissenschaftlich qualifizierter Arbeitskräfte im unmittelbaren Umkreis modernster technischer Systeme ist weniger zwangsläufig, als oft (in der Praxis nach der Maxime: sicher ist sicher) angenommen wird. Hochschulingenieure gehören *im Prinzip* (was Grenzfälle nicht ausschließt) nicht an den Automaten, sondern in die vorbereitenden Bereiche im engeren und weiteren Sinne. Insofern erweist sich die Entwicklung und Nutzung des Quali-

Tabelle 4

zu*viel* Zeit wird aufgewendet für	Gesamt	LG 1*
Verwaltungsarbeit	47,3	63,8
wissenschaftlich-technische Hilfsarbeiten	28,9	30,8
zu*wenig* Zeit wird aufgewendet für		
Qualifizierung	56,9	58,5
fachliche Aufgaben	22,3	20,2
konzeptionelle Arbeit	18,3	19,1

* LG 1 = Leistungsgruppe 1, bestehend aus den zehn Prozent der leistungsstärksten Kader des Samples. Angaben in Prozent ergeben mehr als 100, weil Mehrfachnennungen möglich waren.

fikationspotentials der Facharbeiter vermittelt als wichtige Bedingung, um das wissenschaftliche Kaderpotential in den Bereichen zu verstärken, in denen die entscheidenden Vorleistungen für wissenschaftlich-technischen Fortschritt erarbeitet werden.

■ *Optimale Arbeitsteilung innerhalb des wissenschaftlichen Gesamtarbeiters*

Nach unseren Untersuchungen zu »sozialstrukturellen Bedingungen der Effektivität wissenschaftlicher Arbeit« (I–86)[7] sehen die einbezogenen Wissenschaftler und Techniker in ihrem täglichen Zeitfonds folgende Defekte (siehe Tabelle 4, Angaben in Prozent).

Das verweist auf ein nach wie vor nicht befriedigend gelöstes Problem: Wissenschaftliche Arbeit wird in einem unvertretbaren Maße durch andere Elemente überlagert. Wenn es gelingt, diesen Zeitfonds-Anteil zu reduzieren, kann das *reale* Wissenschaftspotential ohne personelle Erweiterung wesentlich erhöht werden.

7 Die Untersuchung (I-86) (siehe auch Kapitel 5 und 6) wurde a) als Totalerhebung an zwei technischen Hochschulen und in den Forschungseinrichtungen eines Industriekombinates und b) als Auswahl in zwei weiteren Industriekombinaten, einer Hochschule und einer weiteren Forschungseinrichtung durchgeführt. Sie ist so aussagefähig für Hochschul- und Industrieforschung. Das Sample umfaßte etwa 3 000 Probanden, überwiegend Ingenieure und Technikwissenschaftler.

Der Weg dorthin führt natürlich nicht über eine Dämonisierung dieser Aufgaben als »Bürokratie«. Die organisatorischen Dimensionen des heutigen Wissenschaftsbetriebes machen die meisten dieser Tätigkeiten unvermeidlich. Aber es ist keineswegs zwangsläufig, daß solche Arbeiten von Wissenschaftlern erledigt werden; sie sind erforderlich, aber (zumindest zum großen Teil) delegierbar. Das wiederum setzt voraus, daß Arbeitskräfte zur Verfügung stehen, denen delegierbare Verwaltungs- und Hilfsarbeiten übertragen werden können.

Erstens benötigen wissenschaftliche Kollektive, etwa mit der Größenordnung von 20 Personen beginnend, Arbeitskräfte für Verwaltungsaufgaben im weiteren Sinne, das heißt oberhalb des Niveaus reiner Schreibarbeiten: Sachbearbeiter etwa, die eine auf die Bedürfnisse des Wissenschaftsbetriebes zugeschnittene, damit aber keine wissenschaftliche Qualifikation besitzen. In Analogie zur Qualifikationsstruktur an technischen Systemen könnte so der Forschungsfacharbeiter im weiteren Sinne, unter Einschluß eines Facharbeiters für Verwaltungs- und Organisationsaufgaben im Forschungsprozeß, zu einer spürbaren Freisetzung wissenschaftlicher Qualifikationspotentiale beitragen.

Zweitens eröffnet sich hier, vor allem hinsichtlich delegierbarer wissenschaftlich-technischer Hilfsarbeiten, ein spezifisches Einsatzfeld für »Techniker«. In der Diskussion über Einsatzkonzeptionen dieser Qualifikationsstufe stehen bislang Erfordernisse der materiellen Produktion im Vordergrund. Wir halten, womit nichts gegen die Berechtigung dieser Überlegungen gesagt wird, den Einsatzbereich »Wissenschaft«, dabei vor allem »Forschung und Entwicklung«, für mindestens gleichermaßen wesentlich: weil »Wissenschaftsorganisation« ein zumindest auf zwei Ebenen liegendes Problem ist.

Konzeptionell ist Wissenschaftsorganisation integrierender Bestandteil wissenschaftlicher Leitung und somit undelegierbar: Bestimmung der Forschungsziele, Aufgliederung in Teilaufgaben, Zusammenführung zur kollektiven Gesamtleistung, Organisation der wissenschaftlichen Kooperation und Kommunikation. Sie schließt jedoch auch viele spezifische, *unmittelbare Organisationsaufgaben* ein: operative Plankontrollen, Vorarbeiten für Analysen, Einschätzungen und Berichte; für Entscheidungen notwendige Zusammenstellungen und Voranalysen von Daten usw. In dem Maße, wie solche Arbeiten wegen struktureller Defizite nicht delegiert werden können, absorbieren sie, weil sie unumgänglich sind, einen Teil des Zeitfonds wissenschaftlicher Mitarbeiter vor allem auf mittlerer Ebene. Sie erscheinen als »Störungen«, von denen fast 70 Prozent unserer Probanden meinen, daß sie ein erstrangiges Problem nichteffektiver Arbeitsabläufe wären, sind aber, genau genommen, Erscheinungsformen nichtoptimaler Strukturen. Im allgemeinen entfallen in der DDR auf einen wissenschaftlich qualifizierten Mitarbeiter *für* Forschung und Entwicklung etwa 0,6 wissenschaftlich-technisch-organisatorische Hilfskräfte (gegenüber 1,2 am Ende der sechziger Jahre). Stärkung des Wissenschaftspotentials bedeutet somit auch aus dieser Sicht nicht notwendigerweise »mehr Kader für die Wissenschaft«, sondern qualitatives Wachstum durch Strukturoptimierung.

■ *Materielle Bedingungen für die qualitative Stärkung des Wissenschaftspotentials*

15 Prozent unserer Probanden der erwähnten Untersuchung I–86 beurteilen die Ausstattung ihres Arbeitsplatzes mit Forschungstechnik als für die Erfüllung der Aufgaben ausreichend; in der Leistungsgruppe 1 sind es 19 Prozent. Die Mehrheit beurteilt die Situation überwiegend kritisch.

Das reflektiert ein Grundproblem der Intensivierung der Wissenschaft. Die extensive Erweiterung des personellen Wissenschaftspotentials von Mitte der fünfziger bis Mitte der siebziger Jahre brachte es mit sich, daß trotz kontinuierlicher Erhöhung der Ausgaben für Wissenschaft und Technik die Ausgaben pro Kopf nur geringfügig steigen konnten, was nichts anderes als der finanzielle Ausdruck eines materiellen Problems ist. Wissenschaft ist nicht nur ein Instrument der volkswirtschaftlichen Intensivierung, sie bedarf der Intensivierung selbst. Es liegt in der Natur der Sache, daß dies für technikwissenschaftliche Arbeit im besonderen Maße gilt: Sie ist nicht weniger als materielle Arbeit, wenn sie rationalisiert werden soll, von Rationalisierungs*mitteln* abhängig: Meß- und Rechentechnik usw. Mitte der achtziger Jahre setzte in dieser Hinsicht die erforderliche Wende ein: Während sich das personelle Wissenschaftspotential nicht mehr wesentlich erweitert, stiegen die Gesamtaufwendungen für Wissenschaft und Technik schneller als in allen Jahren zuvor an, so daß sich nunmehr die Aufwendungen pro Kopf deutlich erhöhen können. In dem Maße, wie diese Entwicklung fortgesetzt wird und wie sich abzeichnende Disproportionen (deutliches Zurückbleiben der Aufwendungen in der Akademie- und Hochschulforschung gegenüber der Industrieforschung) überwunden werden, führt auch dies zu einer qualitativen Stärkung des Wissenschaftspotentials ohne wesentliche personelle Erweiterung.[8]

■ *Das Problem des extensiven Zeitaufwandes*

Auf die Frage, wieviele Stunden man im allgemeinen wöchentlich über die gesetzliche Arbeitszeit hinaus arbeitet, gaben unsere Probanden folgende Antworten (siehe Tabelle 5).

Selbst wenn man berücksichtigt, daß dies subjektive Angaben sind, in die möglicherweise manche »Überhöhung« eingeht, wirft dieses Bild vielschichtige Fragen auf (wobei gleichzeitig anzunehmen wäre, daß diese Überhöhungen in beiden Leistungsgruppen stattfinden, so daß zumindest die Strukturen und Profile interpretierbar sind).

Zunächst verknüpft sich dieses Problem mit dem vorherigen: Wer geistig produktiv sein will, muß »Störungen« abbauen, was nach der »regulären« Arbeitszeit augenscheinlich besser gelingt. Leistung, läßt sich zweitens sagen, ist auch

Tabelle 5

	LG 1	LG 2	Gesamt
überhaupt nicht	2,1	10,2	8,9
bis zu 5 Stunden	4,3	28,4	25,8
6 bis 10 Stunden	19,1	33,5	31,7
11 bis 15 Stunden	34,0	16,3	18,7
16 bis 20 Stunden	16,0	7,8	8,6
21 bis 30 Stunden	20,2	3,5	5,1
über 30 Stunden	4,3	0,3	0,7

8 Vier Prozent der Probanden (Leistungsgruppe 1: 4,3 Prozent) beurteilen ihre verfügbare Forschungstechnik als »dem internationalen Niveau entsprechend«; 31 Prozent erkennen an, daß sich die Ausstattung mit Forschungstechnik innerhalb der letzten fünf Jahre verbessert hat; Forschungstechnik auf internationalem Spitzenniveau ist nach dem Urteil der Probanden kaum (Leistungsgruppe 1: 1,1 Prozent) verfügbar.

ein Effekt des zeitlichen Aufwandes: Der zeitliche Aufwand der leistungsstärkeren Gruppe (LG 1) ist deutlich höher als der der Mehrheit. Drittens scheint es, daß die Leistungsgruppe 1 über keine wesentlichen Reserven einer extensiven Steigerung verfügt, wenn man sich nicht auf die problematische Maxime einlassen will, daß ein mindestens zwölfstündiger Arbeitstag in der Wissenschaft eben »normal« wäre.

Schließlich und vor allem aber scheint sich ein großer Teil der Mehrheit (der Leistungsgruppe 2, die 90 Prozent des Samples umfaßt) an der Maxime »Arbeit streng nach Dienstvorschrift« zu orientieren; zumindest, was den zeitlichen Einsatz angeht. Das ist schon problematisch, weil zu wissenschaftlicher Arbeit auch Literaturstudium usw. gehört, was in den hier erfragten Zeitfonds einging. Wer in der Wissenschaft arbeiten *will*, muß auch bereit sein, Grenzen zwischen »Arbeitszeit« und »Freizeit« etwas fließender zu gestalten. Auch das gehört zur Stärkung des Wissenschaftspotentials, wenn es auch nicht der Königsweg sein kann und erst recht keine Alternative zu den vorher erwähnten Faktoren.

4.3.
Stärkung des Wissenschaftspotentials und subjektiver Faktor

Überlegungen über die effektive Nutzung des ingenieurwissenschaftlichen Kader- und Qualifikationspotentials führen, an das erste Kapitel anknüpfend, zurück zur Frage nach der Spezifik der Ingenieurtätigkeit. Die »Subjektfunktion« des Ingenieurs hängt nicht nur von seiner allgemeinen Leistungsbereitschaft und -motivation ab, sondern von der Relation zwischen dem, was er, bestimmt durch übergreifende Gesetzmäßigkeiten, sein *soll*, und dem, was er real *ist*.

Die bisherigen Überlegungen betrafen Faktoren – Größe und Struktur des Wissenschaftspotentials, Ausbildungssysteme, Relation zwischen geschaffener und erforderlicher Qualifikation, Wissenschaftsorganisation und materiell-technische Bedingungen – die eine effektivere Nutzung des ingenieurwissenschaftlichen Potentials nicht direkt bewirken, sondern nur über eine letztlich entscheidende Vermittlung:

über das soziale *Verhalten* der Gruppe, über ihr Handeln als Akteur geschichtlicher Prozesse.

Wenn in diesem Kontext von einer »wachsenden Rolle des subjektiven Faktors« gesprochen wird, dann heißt dies natürlich nicht, daß er *gegenüber* den objektiven Bedingungen des Handelns »wichtiger« würde; beide Seiten bilden eine dialektische Einheit.[9] Defizite auf der einen Seite können durch die andere nicht ausgeglichen werden: mangelhafte Forschungstechnik nicht durch höhere Leistungsmotivation, Verhaltensdefizite nicht durch »mehr Geld« oder »bessere Technik«. Die Aussage meint, daß »Subjektivität« und »Subjektfunktion« eine größere Rolle spielen als in der Vergangenheit: weil die Einsicht in Gesetzmäßigkeiten von Natur und Gesellschaft wächst, weil das Möglichkeitsfeld gesellschaftlicher Handlungen immer größer wird und weil es das an Einsichten orientierte Verhalten ist, über das allein Entwicklung und Fortschritt bewirkt werden kann. In diesem Sinne verbergen sich hinter den vielfältigen Erscheinungsformen der *Ingenieurtätigkeit* übergreifende Bestimmungen der *Ingenieurfunktion.*

In der Vergangenheit waren die Begriffe »Ingenieur« und »technischer Erfinder« im wesentlichen Synonyme. Der Leiter war auf der oberen Ebene der Kaufmann oder Jurist, auf der unteren der Meister oder Vorarbeiter. Die Proportionen verschoben sich in Richtung auf den Produktionsingenieur in mehreren »Wellen«: zuerst mit der Innovationswelle zwischen den siebziger Jahren des 19. und den zwanziger Jahren des 20. Jahrhunderts, mit der damit verbundenen Herausbildung neuer Dimensionen der Großindustrie; dann mit der wissenschaftlich-technischen Revolution und der ihre Anfangsphase begleitenden extensiven Ausdehnung des Ingenieurberufs. Im Ergebnis dieser Proportionsverschiebung sind von den 520 000 heute in der DDR tätigen Ingenieuren wahrscheinlich mehr als drei Viertel nicht ursächlich und direkt – das heißt als Forscher und Erfinder – an der Hervorbringung neuer Technik und Technologie beteiligt; das Zusammenfallen von »Ingenieurfunktion« und »Funktion als

9   Siehe Erich Hahn: Zum historischen Charakter der Subjekt-Objekt-Dialektik und ihrer Spezifik beim Aufbau des Sozialismus. In: DZfPh, 1979, Heft 8, S. 926 ff.

technischer Erfinder«, das für die Vergangenheit charakteristisch war, ist heute nicht mehr gegeben.

Daraus ergibt sich die Frage, ob eine dialektische Aufhebung dieser Entwicklung a) notwendig und b) möglich ist, das heißt eine Entwicklung, über die die Funktion des Erfinders wieder zur beherrschenden Seite der Ingenieurfunktion werden kann. Diese Frage läßt sich selbstverständlich nicht alternativ beantworten: Der Produktionsingenieur, der unmittelbare Leiter von Produktionsprozessen und Arbeitskollektiven, bleibt auch weiterhin wichtig. Aber es werden Chancen (»Möglichkeitsfelder«) absehbar, entweder den personellen Anteil oder den Zeitfonds des für diese Funktionen einzusetzenden Potentials zu verringern.

Einerseits ergeben sich diese Chancen aus technischen Entwicklungen: Einsatz moderner Rechen-, Informations- und Kommunikationstechnik zur Rationalisierung von Leitungsprozessen usw. Sie ergeben sich andererseits aus sozialen Faktoren: Stärkung der Position und des sozialen Status des Meisters, Einsatz der neu auszubildenden Techniker in Funktionen, die bislang von Ingenieuren wahrgenommen werden, Übertragung bestimmter Aspekte der unmittelbaren Verantwortung für Arbeitsabläufe an die Arbeitskollektive. Es erweitern sich Möglichkeitsfelder für Entwicklungen, die übergreifend den objektiven Erfordernissen entsprechen.

Die *Notwendigkeit*, innerhalb des sozialen Profils des Ingenieurs (als Gruppe, nicht als Individuum) die innovative Funktion stärker auszuprägen, ergibt sich aus mehreren Gründen. Sie folgt *erstens* aus Erfordernissen der Bildungsökonomie: In dem Maße, wie der Hochschulingenieur das Gesamtbild bestimmt, muß wissenschaftliche Qualifikation in ihr entsprechenden Funktionsweisen realisiert werden. Das gilt für den Ingenieur des Profils I direkt und sozusagen a priori, vermittelt aber auch für den Ingenieur des Profils II; vor allem im Hinblick auf die Mitwirkung bei Überleitungsprozessen. Der tiefere Grund ergibt sich aus der »eigentlichen« Spezifik der Ingenieurtätigkeit, aus der Rolle der *technischen* Erfindung im Gesamtprozeß der wissenschaftlich-technischen Revolution. Wie Steinbuch bemerkt, sprechen wir von »Technik« dann, wenn materielle Mittel zur Erreichung eines Zieles benutzt werden, wobei die Erfindungen die Meilensteine des technischen Fortschritts sind.

Abbildung 1

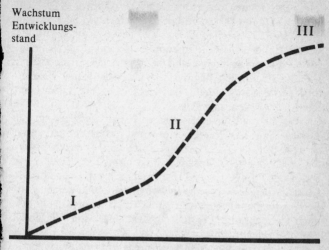

Wachstum
Entwicklungs-
stand

III

II

I

Zeit (Aufwand)

Technische Erfindungen sind dann gegeben, wenn naturwissenschaftliche Erkenntnisse in einer bisher unbekannten
Weise zur Erzielung gewünschter Wirkungen benutzt werden. Das Denken des Ingenieurs, so Steinbuch, ist durch die
Zukunft bestimmt: Wer neue Maschinen, Bauwerke, Ver-
kehrsnetze, Städte, Verfahren, Anordnungen oder Organisationsformen verwirklicht, dessen Denken sucht die Realitä-
ten und Möglichkeiten der Zukunft; diese sind das eigentliche
Material des Ingenieurdenkens.[10]

Ein interessantes Modell entwickelt Niemann, indem er die
Entwicklung der Technik oder technischer Gebilde mit der
bekannten biologischen Wachstumskurve vergleicht (siehe
Abbildung 1).[11] Nicht nur der einzelne Ingenieur, sondern
die Gesellschaft als Ganzes muß wissen, in welcher Phase
der Entwicklungskurve man sich befindet. Da im Bereich III
nur noch geringer Fortschritt mit steigendem Aufwand mög-

10 Siehe Karl Steinbuch: Mensch und Technik. In: Das Buch der
Technik, München 1971/72, S. 18–26.
11 Siehe G. Niemann: Maschinenelemente, Erster Band, Berlin
(West) 1963, S. 1.

lich ist, könnte eine Konzentration auf Nachlauf- oder Verfolgungsforschung niemals zu einer wirklichen Beschleunigung des Tempos technischer Entwicklung führen. Und umgekehrt: Tiefgreifende Innovationen entstehen mit der Phase II, die die erste (langsamere und zunächst aufwendigere) Phase voraussetzt. Das Modell ist somit nichts anderes als eine Illustration für die letztlich entscheidende Bedeutung der Vorlaufforschung *im Anschluß* an die naturwissenschaftliche Erkenntnis.

Was Christian für einen speziellen Fall sagt, läßt sich als Aussage über das Wesen technischer Wissenschaften verallgemeinern: Die Technische Wärmelehre behandelt ebenso wie die Technische Mechanik die Anwendung eines Teilgebietes der Physik in der Technik. Ihr Ziel ist daher im Gegensatz zur Physik weniger die Behandlung allgemeingültiger Zusammenhänge und theoretischer Erkenntnisse, sondern vielmehr die Darstellung der Wege und Verfahren, durch die der Ingenieur in der Lage ist, die physikalischen Gesetze zu erkennen und sie bei der Entwicklung und Berechnung von Maschinen und Apparaturen zweckmäßig anzuwenden.[12]

Chancen für qualitativ neue Lösungen, so läßt sich fortsetzen, entstehen in dem Maße, wie a) das gesellschaftliche Wissen über Naturgesetze wächst und, was der entscheidende Punkt des technischen Fortschritts ist, b) es dem Ingenieur zugänglich, von ihm aufgegriffen und in die Darstellung neuer Wege und Verfahren umgesetzt wird. »In diese mehr oder weniger stetige Entwicklung«, kommentiert Niemann sein Modell, »können nun neue Erkenntnisse (neue Werkstoffe, neue Verfahren, neue Energiequellen) oder neue Bedürfnisse (wirtschaftliche, soziale, politische Veränderungen) neue Impulse hineintragen, die neue Lösungen hervorrufen.«[13]

Wenngleich keineswegs für uns geschrieben, so ist dies doch genau unser Problem. Zunächst erweitern sich die Anforderungen schon im rein wissenschaftlichen Sinne. Der einzelne Ingenieur ist nicht mehr, wie noch vor wenigen Jahrzehnten, in der Lage, einen breiten Bereich der technischen Wissenschaften zusammen mit den angrenzenden Na-

12 Siehe W. Christian: Technische Wärmelehre, Leipzig 1966.
13 G. Niemann: Maschinenelemente, S. 1.

turwissenschaften, zumindest hinsichtlich der für ihn relevanten Ergebnisse, zu überblicken – aber gerade dies, die komplexe Übersicht über sich neu herausbildende qualitative Lösungsmöglichkeiten, wird zur entscheidenden Bedingung von Basisinventionen und -innovationen. »Universaltechnisches Denken« wird immer schwieriger und zugleich immer erforderlicher. Hinzu kommen Anforderungen aus sozialen Zielen, aus der Notwendigkeit, sozialismusspezifische Ziele der wissenschaftlich-technischen Revolution in Forschungsstrategien zu verfolgen und zu verwirklichen (siehe Kapitel 1.) und nicht zuletzt neue globale Probleme, die mit der Beherrschung der Zusammenhänge zwischen Technik, Technologie, Produktion und *Natur* zusammenhängen. All das macht den Widerspruch zwischen erforderlicher Komplexität und erzwungener Spezialisierung immer ernster.

Auch wir wissen natürlich keine rezeptfähige Lösung. Klar und für unser Anliegen wesentlich scheint uns jedoch zumindest folgendes zu sein:

Erstens: Der Widerspruch ist individuell nicht lösbar; zum universellen Ingenieur der Vergangenheit führt kein Weg zurück.

Zweitens: Die grundsätzliche Lösung führt über den kooperativen Charakter ingenieurwissenschaftlicher Arbeit, über die Zusammenarbeit von Ingenieuren verschiedener Spezialdisziplinen und mit Naturwissenschaftlern der angrenzenden Gebiete.

Drittens: Im Gesamtprofil der Gruppe der Ingenieure nehmen die qualitative Bedeutung und das quantitative Gewicht *wissenschaftlicher* Arbeit gesetzmäßig zu. Das erfordert strukturelle Verschiebungen in Richtung auf die Stärkung des innovativen Potentials auf drei Wegen:

– die Aufwendungen für Vorlaufforschung müssen im Rahmen der Gesamtaufwendung für Wissenschaft und Technik schneller steigen als die Aufwendungen für Forschungen in der Phase III des Niemannschen Modells;

– es sind alle Möglichkeiten auszuschöpfen, um die strukturellen Proportionen zwischen Forschungsingenieuren und Produktionsingenieuren zugunsten des Potentials für Forschung und Entwicklung zu verlagern;

– innerhalb der Tätigkeit jedes einzelnen Ingenieurs muß sich der Anteil schöpferisch-technischer Leistungen erhöhen, was jedoch primär nicht vom einzelnen abhängt, sondern von der Veränderung der Rahmenbedingungen seiner Tätigkeit.

In die gleiche Richtung – Erhöhung des wissenschaftstypischen Charakters der Ingenieurtätigkeit – gehen auch die Überlegungen von Herlitzius und Jobst, die die Frage nach »spezifisch technischen Gesetzmäßigkeiten« aufwerfen – eine Frage, die für die Bestimmung der Ingenieurarbeit als *wissenschaftlicher* Arbeit von entscheidender Bedeutung ist, eben weil es ein gravierender Unterschied ist, ob man die Schaffung und Gestaltung von Technik als eine Art »Anwendung von Naturwissenschaft« definiert (eine Annahme, die auch der Zyklusbestimmung: Wissenschaft – Technik ... zugrunde zu liegen scheint) oder als eigenständigen Wissenschaftsbereich mit eigenen Gesetzen. Sie sehen den *pragmatischen* Sinn dieser Fragestellung in der Bestimmung der Unterschiede zwischen den Forschungs- und Arbeitsgegenständen von Ingenieuren und Naturwissenschaftlern sowie in den daraus hervorgehenden Konsequenzen für die Ingenieurausbildung und betonen, daß weder eine »angewandte Naturwissenschaft«, noch eine »Hybridisation der Ausbildung« Ingenieure ergäbe.

Theoretisch geht es wieder um die Bestimmung des Wesens der Ingenieur*funktion*: »Der Ingenieur bringt in der Schaffung und im Betrieb technischer Systeme durch seine konstruktive und technologische Tätigkeit ... Zusammenhänge hervor, die nicht mehr hinreichend, d. h. erschöpfend, auf Naturgesetze zurückgeführt und aus diesen erklärt werden können.« »Das wesentliche Charakteristikum der Tätigkeit des Ingenieurs ist ... die Fähigkeit der Fortführung technischer Systemlösungen mit dem Ziel der Steigerung ihrer Leistungsfähigkeit ... Dieses praktisch-empirische Betätigungsfeld, in welchem ein bestimmtes Maß an Theorie stets vergegenständlicht ist, birgt immer *mehr* aktuelle und potentielle Lösungen, als die Theorie aufgearbeitet haben kann.«[14] Tradierte Vorstellungen assoziieren den Begriff »Wissenschaftler« mit »Naturwissenschaftler« und klammern den Techniker sozusagen konzeptionell aus – so mit der Begriffsbildung »wissenschaftlich-technische Intelligenz«, mit der

14 Erwin Herlitzius/Eberhard Jobst: Die technischen Wissenschaften und ihre soziale Funktion. In: DZfPh, 1978, Heft 1, S. 25/26.

die technische Intelligenz sozusagen per definitionem neben der wissenschaftlichen steht. Ingenieure haben es jedoch auch immer mehr mit der *Erkenntnis* eigenständiger (technischer) Gesetze zu tun, was eine wesentliche Grundrichtung bestimmt, wie sich das Profil der Gruppe weiter entwickeln muß.

Das ist selbstverständlich nicht zu verabsolutieren und nimmt in verschiedenen Industriebereichen unterschiedliche Gestalt an: bei der Entwicklung von Automatisierungssystemen vom Typ FMS oder CIM andere als etwa in der Energiewirtschaft.[15] Wesentlich ist jedoch, daß in jedem Falle die Grundrichtung durch das wachsende Gewicht wissenschaftlicher Qualifikation und entsprechender Funktionen bestimmt wird. Das bestimmt Ausbildungs- und Einsatzerfordernisse gleichermaßen und macht den Kern der effektiven Nutzung des ingenieurwissenschaftlichen Potentials aus.

4.4.
Die Frau als Ingenieur

Im traditionellen Verständnis ist der Ingenieur ein Mann. Man spricht selbstverständlich von »der Ärztin« und »der Lehrerin«, aber keineswegs mit der gleichen Selbstverständlichkeit von »der Ingenieurin.« Das ist in gewisser Hinsicht ein Zurückbleiben der Sprache hinter der Wirklichkeit: Ingenieur ist längst kein ausschließlicher Männerberuf mehr. Wenn sich 1987 die Ingenieurorganisation der DDR, die Kammer der Technik, mit Frau Prof. Dr. Dagmar Hülsenberg eine Vorsitzende wählte, eine Ingenieurwissenschaftlerin von internationalem Ruf, dann widerspiegelt dies Wandlungen, die im Verhältnis von Frauen zum Ingenieurberuf vor sich gegangen sind.

Andererseits wird das soziale Profil der Gruppe der Ingenieure stärker als das jeder anderen Untergruppe der Intelli-

15 In der Grundstoffindustrie werden zum Beispiel bis zum Jahre 2000 technische Kontinuität und technologische Neuerungen eine Einheit bilden. Wachsende Bedeutung erhalten auch hier Automatisierungs- und Regeltechniken, damit auch im fachlichen Profil der Ingenieure.

genz von Männern geprägt. Der Anteil der Studentinnen betrug in der Studienrichtung Technikwissenschaften Anfang der achtziger Jahren 27 Prozent, in anderen Wissenschaftszweigen: Mathematik/Naturwissenschaften 45, Medizin 57, Wirtschaftswissenschaften 57, andere Gesellschafts- und Kunstwissenschaften 39, Pädagogik 74 Prozent.[16] Das ist in einer gewissen Hinsicht logisch und auf dieser Ebene noch kein gesellschaftliches Problem: Da der Anteil der Studentinnen in der Gesamtheit des Hochschulstudiums, über alle Wissenschaftszweige hinweg, fast bei 50 Prozent liegt, müssen überproportionale Anteile auf dem einen Gebiet (wie Pädagogik) mit unterproportionalen Anteilen auf anderen Gebieten einhergehen. Die soziale Gleichstellung der Frau ist nicht daran zu messen, daß sie in *jedem* Beruf gleiche quantitative Anteile stellt wie der Mann.

Das gesellschaftliche Problem besteht nicht darin, den Anteil der Frauen in der Studienrichtung Technikwissenschaften drastisch zu erhöhen; es beginnt mit der einfachen Überlegung, daß über ein Viertel Frauen eben auch über ein Viertel des gesamten Qualifikationspotentials ist. Wie die Erfahrungen technischer Hochschulen lehren, sind Studentinnen der Technikwissenschaften ihren männlichen Kommilitonen sowohl im Hinblick auf Studienmotivationen als auch im Hinblick auf erbrachte Leistungen durchaus ebenbürtig; der relativ geringe Anteil an der Gesamtheit bringt eher den Effekt mit sich, daß Mädchen, die sich für dieses Studium entscheiden, eine spezifische Motivation mitbringen. Frauen, könnte man insofern summarisch sagen, haben es insgesamt nicht schwerer, Ingenieure zu *werden*. Bei der gesellschaftlich effektiven *Nutzung* und *Entwicklung* des hier angelegten Qualifikationspotentials treten jedoch spezifische Probleme auf. Dafür noch einmal einige »biographische Skizzen«:

Frau S. P., Studentin an der Bergakademie Freiberg, kam mit brillanten schulischen Leistungen (Abitur »Mit Auszeichnung«) zum Studium. Dort setzte sich ihre Entwicklung zunächst kontinuierlich fort; sie erreichte Studienergebnisse, die mit dem höchsten

16 Siehe: Hochschulen und Fachschulen der DDR. Statistischer Überblick 1980. Ministerium für Hoch- und Fachschulwesen, Berlin 1980, S. 25.

Leistungsstipendium, dann sogar mit dem Karl-Marx-Stipendium anerkannt werden konnten. Folgerichtig wurde ihr angeboten, entweder als Forschungsstudentin oder als Assistentin an der Hochschule die Promotion zu erlangen.

Frau P. lehnte ab, weil ihr Mann, von Beruf Fernmeldemonteur, eine weitere wissenschaftliche Qualifizierung als »unzumutbar« (für sich) empfand. Er wäre jedoch bereit gewesen, Wohn- und Arbeitsort zu wechseln, als Frau P. in der Industrie ein interessanter Arbeitsplatz angeboten wurde. Frau P. entschied sich schließlich für ein fachlich weit weniger interessantes Angebot, dies letztlich aus flankierenden Gründen, in erster Linie wegen der Wohnung. Nach ihrer Scheidung bemühte sie sich intensiv um eine andere berufliche Tätigkeit, was immer wieder am Wohnungsproblem scheiterte. Das gilt auch für die ihr angebotene Rückkehr an die Hochschule mit der Funktion als Oberassistentin (was ebenfalls ihre fachliche Qualität bescheinigt). Danach hat sie sich auf ihre Entwicklung im Betrieb konzentriert und ist Abteilungsleiterin geworden. Sie ist mit dieser Tätigkeit zufrieden, fühlt sich aber fachlich unterfordert. Sie hätte als Leiterin im Betrieb weitere Entwicklungsmöglichkeiten, die sie jedoch ablehnt, weil dies, nach ihrer Einschätzung, mit einem Verlust an fachbezogener Arbeit einherginge.

An eine wissenschaftliche Graduierung ist nicht mehr zu denken, obwohl – eben in den entscheidenden Jahren nach dem Studium – dafür die fachliche Befähigung ohne weiteres gegeben gewesen wäre. Ein weiterer wichtiger Grund für ihre Ablehnung, an der Hochschule zu bleiben oder an sie zurückzukehren, war, daß ihr keine gesicherte (!) Perspektive als Hochschullehrerin garantiert werden konnte.

Das Problem besteht für eine Frau nach ihrer Meinung darin, vier Dinge miteinander zu vereinbaren: Beruf, Haushalt, ständige Weiterqualifizierung und Freizeit. Dieses Problem hält sie für weitgehend unlösbar, wenn die beruflichen Anforderungen über das Normalmaß hinausgehen. Sie erkennt vorbehaltlos an, daß die Gesellschaft insgesamt gute Bedingungen für Studium und Berufstätigkeit der Frau geschaffen hat, lehnt es jedoch ab, aus dem Studium eine besondere persönliche Verpflichtung gegenüber der Gesellschaft abzuleiten. Das spezifische Problem ist aus ihrer Sicht nicht die Berufstätigkeit als solche, sondern die mit erhöhten persönlichen Anstrengungen verbundene wissenschaftliche Karriere.

Frau G.W., Studentin an der Bergakademie Freiberg mit hervorragenden, durch ein Sonderstipendium anerkannten Leistungen, brach ihre Assistenz an der Hochschule ab und gab die Promotionsabsicht auf, obwohl es dafür keinerlei fachliche Gründe gab.

Auch bei ihr lagen die Gründe im Umfeld: Wohnungsfrage, Vereinbarkeit der eigenen beruflichen Entwicklung mit der des Ehemannes, der eine befristete Assistenz an einer anderen technischen Hochschule angenommen hatte.

Im Betrieb hat sich Frau W. gut entwickelt und nimmt eine leitende Stellung ein. Sie beurteilt ihre Tätigkeit als vielseitig und interessant, klagt aber über einen zu großen Anteil an organisatorischen Aufgaben, über zu wenig Zeit für echte fachliche Aufgaben. Sie sieht ihre Qualifikation und ihr fachliches Leistungsvermögen als nicht ausgeschöpft an. Ihre Entwicklung nach dem Studium ist eindeutig durch soziale Belange bestimmt worden; anders als bei Frau P. ergaben sich ihre Probleme aus der vergleichbaren fachlichen Qualifikation des Ehepartners und aus den Schwierigkeiten, gleichzeitig und gemeinsam eine mit höheren Anforderungen verbundene wissenschaftliche Entwicklung anzustreben. Wie Frau P. hat auch sie in ihrem eigenen Wertesystem den Rang einer Promotion nicht so hoch veranschlagt, um dafür zeitweilig (im konkreten Fall etwa 3 Jahre) Abstriche im Privat- und Familienleben in Kauf zu nehmen.

Frau I. T. kam mit sehr guten schulischen Leistungen an die Technische Hochschule Ilmenau und studierte dort an der Sektion Technische und Biomedizinische Kybernetik. In ihrem Studienantrag schrieb sie: »Ich habe mich entschlossen, Technische und Biomedizinische Kybernetik zu studieren, weil ich weiß, daß unser Staat im Zeitalter der wissenschaftlich-technischen Revolution viele Elektroingenieure braucht. Die EDV und damit auch die automatische Steuerung setzt sich immer mehr in allen Bereichen des Lebens durch, so auch in der Medizin.« Nach Anfangsschwierigkeiten (Unterbrechung des Studiums aus disziplinarischen Gründen) setzte sie das Studium fort, erhielt Leistungsstipendium und wurde Hilfsassistentin. Nach dem Abschluß des Studiums mit »sehr gut« wurde sie wissenschaftliche Assistentin und begann danach eine Aspirantur.

Es häuften sich persönliche Probleme (eigene Krankheiten und Krankheiten der Kinder) die zur mehrmaligen Unterbrechung und schließlich zum Abbruch der Aspirantur führten. Heute arbeitet sie in der Verwaltung der Hochschule als Beauftragte für Bürotechnik.

Frau M. P., Absolventin einer Spezialschule für Mathematik und erfolgreiche Teilnehmerin an mehreren Mathematikolympiaden, wollte ursprünglich Mathematik studieren und kam dann, aus eigenem Interesse, zum Studium der Technischen und Biomedizinischen Kybernetik. Sie meisterte alle Aufgaben des Studiums glänzend, wurde Mitglied der Hochschulparteileitung, beteiligte sich an Arbeitsgemeinschaften des Studentenklubs und war überall mit Begeisterung dabei. Sie erwarb das Diplom während der Schwangerschaft, dies mit so guten Ergebnissen, daß sie ein Forschungsstudium aufnehmen konnte, bekam dann, wie sie es selbst ausdrückte, ihr »Promotionskind«. Bis dahin waren Studium, Promotion und Familie miteinander vereinbar, wenn auch nicht eben bequem und ohne Probleme. Dann folgten jedoch die unlösbaren Konflikte: Krippenuntauglichkeit beider Kinder, damit die Unmöglichkeit, weitere wissenschaftliche Arbeit mit der nun unumgänglich gewordenen Betreuung der Kinder zu vereinbaren. Es ist unwahrscheinlich, daß sie in die wissenschaftliche Arbeit zurückkehren wird.

Auch diese Skizzen sind kein repräsentatives Abbild der Gesamtsituation, sondern eine Illustration von Problemlagen. Sie wurden aus vielen anderen gezielt ausgewählt, um Verallgemeinerungsfähiges zu illustrieren:

Erstens: Sowohl im großen und ganzen als auch im Hinblick auf außergewöhnliche Fähigkeiten und Leistungen stehen Studentinnen der Ingenieurwissenschaften ihren männlichen Kommilitonen nicht nach. Auch jene, deren berufliche Entwicklung nicht zu einer wissenschaftlichen Karriere führt, bewähren sich in der betrieblichen Praxis; viele auch in verantwortlichen Leitungsfunktionen. Ihre beruflichen Probleme sind die gleichen wie die der männlichen Berufskollegen: fachliche Unter- und organisatorische Überforderung, zuwenig Zeit für ingenieur*wissenschaftliche* Arbeiten und anderes mehr.

Zweitens: Das eigentliche Problem ist nicht die Berufstätigkeit als Ingenieurin an sich, sondern der Weg zur Ingenieurwissenschaft und schließlich zur wissenschaftlichen Spitze. Untersuchungen zeigen, daß Frauen die Arbeit an der Dissertation hauptsächlich aus folgenden Gründen unterbrechen: Schwangerschaft 26 Prozent, Krankheit 13 Prozent und aus anderen persönlichen und familiären Gründen 13 Prozent.[17] Während Frauen als Forschungsstudentinnen sehr engagiert zu Werke gehen, will fast die Hälfte (Männer 20 Prozent) danach keine Promotion B in Angriff nehmen.[18] Nach unseren Untersuchungen (I–86) sind Frauen, bezogen

17 Siehe K. Hildebrandt: Ergebnisse einer Untersuchung des Promotionsgeschehens im Hochschulwesen in den Jahren 1976–1981. Zentralinstitut für Hochschulbildung, Berlin 1985, S. 12/13.
18 Siehe ebenda.

auf ihren Anteil an der Gesamtheit, in der Leistungsgruppe 1, bei höheren wissenschaftlichen Graduierungen und bei Leitern wissenschaftlicher Kollektive und Einrichtungen unterproportional vertreten. In diesem Sinne kann man sagen, daß allgemeine, für die Gruppe der Ingenieure insgesamt relevante Probleme bei Frauen konzentriert in Erscheinung treten, vor allem eben im Hinblick auf die Reproduktion und Erweiterung einer ingenieurwissenschaftlichen Leistungsspitze. Vor allem in dieser Hinsicht werden im Studium angelegte Qualifikationspotentiale nicht mit der gesellschaftlich erforderlichen Effektivität genutzt. Das wiegt um so schwerer, als der Bestand an überdurchschnittlichen Begabungen naturgemäß begrenzt ist und die Gesellschaft recht eigentlich die Entwicklung *jedes* besonderen Talents benötigt.

Drittens: Wenn sich der Widerspruch zwischen Talent, Motivation und Leistung einerseits und Rahmenbedingungen andererseits so weit zuspitzt, daß ihn die Frau individuell nicht mehr zu lösen vermag, sind spezifische gesellschaftliche Hilfestellungen erforderlich. Die Chance, eine spezielle Begabung gesellschaftlich nutzbar machen zu können, sollte zum Beispiel die schnelle und zumutbare Lösung der Wohnungsfrage für die betreffende Familie wert sein.

Viertens: Als besonderer Schwerpunkt erweist sich die Weiterbildung von Ingenieurinnen in der betrieblichen Praxis. An den technischen Universitäten und Hochschulen hat sich das Forschungsstudium ebenso bewährt wie die planmäßige Aspirantur, um die wissenschaftliche Entwicklung der Ingenieurin besonders zu fördern. Aber der Anteil der Ingenieurinnen ist in der Industrie wesentlich höher als im Hochschulwesen, nicht zuletzt, weil (wie die Skizzen zeigten) der Weg in die Industrie oft als der einzige Ausweg aus einem persönlichen Dilemma erscheint. Auch dann, wenn ein solcher »Bruch« eintritt, darf das besondere Talent nicht verlorengegeben werden: Zeitliche Entlastung, außerplanmäßige Aspiranturen in Verbindung mit ingenieurwissenschaftlichen Aufgaben in der praktischen Tätigkeit, zeitweilige Delegierungen an die Hochschule zu einem Zeitpunkt, wo bestimmte persönliche Probleme nicht mehr so gravierend sind – all das sind nicht hinreichend ausgeschöpfte Möglichkeiten der gezielten Förderung.

Fünftens: Schließlich (und auch in dieser Reihenfolge) wirkt auch hier ein individueller Faktor: eben die Bereitschaft, zeitweilig zumutbare überdurchschnittliche Belastungen und einige Unbequemlichkeiten zu akzeptieren, darunter auch ein gewisses Risiko, weil zum Beispiel auch mit Forschungsstudium oder Aspirantur der Weg zum Hochschullehrer nicht von vornherein »garantiert« werden kann. Nach wie vor ist viel zu tun, um ein verfestigtes soziales Verhaltensmuster zu durchbrechen, welches bewirkt, daß oft, wenn die Entwicklungsinteressen oder Lebensziele der Ehepartner kollidieren, die Frau ihre Interessen unterordnet. Da dieses Muster bei Männern *und* bei Frauen auftritt, handelt es sich dabei keineswegs nur um ein Problem der »Erziehung des Mannes«.

4.5.
Effektive Nutzung
des Qualifikationspotentials –
eine ökonomische und politische Aufgabe

Entwicklungen, die zur rationellen Nutzung des gesamten ingenieurwissenschaftlichen Qualifikationspotentials beitragen, sind ein Gebot volkswirtschaftlicher Rationalität. Geistige Potentiale sind nicht weniger wichtig als materielle Ressourcen, folglich müssen sie mit der gleichen Sorgfalt behandelt werden. Das scheint sehr trivial zu sein, ist es aber nicht: Während der Umgang mit materiellen Ressourcen verbindlichen Planungen und Abrechnungen unterliegt (Materialverbrauchsnormen, Grundfondseffektivität, Energieverbrauchsnormen usw.), gehen in die Art und Weise, wie geistige Ressourcen behandelt werden, weitaus mehr subjektive und zufällige Faktoren ein.

Das ist zunächst unvermeidlich: Menschen lassen sich nicht mit gleicher »buchhalterischer Strenge« messen und einsetzen wie Maschinen, Rohstoffe und Energieträger. Formelle Qualifikationsabschlüsse sind ein wichtiger, aber kein hinreichender Orientierungspunkt; nicht jeder Forschungsstudent, der die Hochschule mit hervorragenden wissenschaftlichen Leistungen verlassen hat, muß damit automatisch für schöpferische wissenschaftliche Arbeit befähigt sein; mancher erfahrene Fachschulingenieur leistet, weit über operative Tagesaufgaben hinaus, bei der Einführung neuer technologischer Lösungen eine dem Hochschulingenieur gleichwertige Arbeit; daß sich bestimmte Probleme bei Frauen konzentrierter darstellen heißt keineswegs, daß der allgemeine *statistische* Zusammenhang notwendigerweise für jeden einzelnen Menschen gelten müßte. Qualifikationspotentiale sind wie materielle Ressourcen *ökonomische* Größen; sie sind jedoch zugleich *soziale* und damit *politische* Faktoren. Das hat zwei gleichermaßen wesentliche Aspekte.

Bildungswege und nachfolgende Entwicklungen sind menschliche Schicksale. Verlaufen sie erfolgreich, befördern sie nicht nur volkswirtschaftliche Effektivität, sondern auch subjektives Wohlbefinden. Weil Erfolg Freude macht, erzeugt er vieles: die subjektive Erkenntnis, daß gesellschaftliche Erfordernisse und persönliche Interessen zusammengehen; sich erweitert reproduzierende Leistungsmotivationen, über sie neue Leistungen und Erfolge. Erreichte Leistungen machen Mut, neue Wege zu beschreiten und neue Risiken einzugehen; immer wieder sind es die Lebenswege erfolgreicher Wissenschaftler, die reiche Belege für diese ständige Wechselwirkung liefern.

Demgegenüber erzeugen entgegengesetzte Entwicklungen, wenn der einzelne nicht aus einem fehlerhaften Kreislauf auszubrechen vermag und wenn ihm niemand dabei hilft, das Gegenteil: Enttäuschungen, zurückgesteckte Leistungsorientierungen, am Ende Mittelmaß. Damit erweist sich der rationelle Umgang mit Qualifikationspotential, was immer heißt: mit menschlichen Fähigkeiten, als eine erstrangige politische Aufgabe.

Erfahrene und erfolgreiche Ingenieure, Leiter, Partei und Massenorganisationen sind hier im besonderen Maße gefordert. Wie wichtig es auch immer sein mag, solche Dinge wie Material- oder Energieverbrauch als Gegenstände politischer Kontrolle anzusehen – die Sorge um den Menschen ist ihre erste, elementare politische Aufgabe. Sie sind überall dort ihrer politischen Verantwortung gegenüber der Gesellschaft und gegenüber dem einzelnen gerecht geworden, wo es gelingt, Motivationen und Fähigkeiten auf anspruchsvolle Aufgaben zu lenken, wo nach der Maxime »fördern durch fordern« Befähigungen erkannt, richtig gelenkt und so entwickelt werden.

Das schließt, da sich dies weder automatisch noch auf leichtem Wege einstellt, die konsequente Auseinandersetzung mit allem ein, was sich hemmend in den Weg stellt: mit sorglosem Einsatz der Kader, mit der in manchen Kollektiven anzutreffenden Maxime, die jungen Leute erst einmal »ruhig werden« zu lassen usw. Das ist jedoch nur die eine Seite des Problems. Menschen sind nicht willenlos; ohne persönlichen Einsatz ist Richtiges nicht durchzusetzen und Hemmendes nicht zu überwinden. Die politische Verantwortung der Gesellschaft für den einzelnen muß mit der Verantwortung des einzelnen für die Gesellschaft und für sich selbst zusammengehen.

Keiner, der eine erfolgreiche Entwicklung genommen hat, erreichte sie ohne Engagement, oft auch nicht ohne Kämpfe. Der politisch engagierte Ingenieur weiß, daß ihm die Gesellschaft nicht nur Rechte einräumt, sondern auch Pflichten auferlegt – dabei vor allem eben die, sein Wissen und Können dort einzusetzen, wo es am nötigsten gebraucht wird. Nun ist es aber gerade diese Formel, mit der mitunter die verschiedensten Formen des Einsatzes neben der vorhandenen Qualifikation regelrecht legitimiert werden: im Extrem möglicherweise mit der Behauptung, es sei »nötig«, diese oder jene Lücke in der materiellen Produktion zu schließen, anstatt an Aufgaben der Forschung, Entwicklung, Überleitung oder Rationalisierung zu arbeiten; Praktizismus bedient sich manchmal seltsamer Argumente.

Nun ist aber der Ingenieur doppelt ausgerüstet: mit fachlichem Wissen und mit der Kenntnis darüber, was die Gesellschaft wirklich braucht. Er weiß sehr wohl – und unsere Untersuchungen bestätigen dies eindeutig –, welche strategischen Grundlinien zur Bewältigung der wissenschaftlich-technischen Revolution in der Politik der SED und des sozialistischen Staates abgesteckt worden sind. Der Vermittlung dieses Wissens dient die Einheit von fachlicher Ausbildung und politisch-weltanschaulicher Erziehung an unseren Universitäten und Hochschulen ebensosehr wie die Einheit von fachlicher Qualifizierung und politischer Weiterbildung in Betrieben und Forschungseinrichtungen.

Wenn er auf Tendenzen trifft, die diesen strategischen

Zielen und dem vermittelten Wissen über sie nicht entsprechen, ist er, wenn gegen sie angekämpft werden muß, nicht
allein: Er findet Mitstreiter unter Kollegen und Genossen, in
der Parteiorganisation und in der Gewerkschaft. Auch dies
ist ein Aspekt der strategischen Feststellung, daß mit der
weiteren Gestaltung der entwickelten sozialistischen Gesellschaft tiefgreifende Wandlungen verbunden sind: so eben
auch im Hinblick auf Zustände, Denk- und Verhaltensweisen, die den Erfordernissen der umfassenden Intensivierung,
im weiteren Sinne der Meisterung der wissenschaftlich-technischen Revolution, entgegenstehen. Wo sie – als Moment
dieser Wandlungen – überwunden werden müssen, erweisen
sich politisches Verantwortungsbewußtsein und entsprechend kämpferische Haltungen als durch nichts ersetzbare
Triebkräfte.

5.
Probleme der Leistungsmotivation und des Leistungsverhaltens bei Ingenieuren

5.1.
Grundorientierungen und Leistungsverhalten

Entsprechen soziale, wissenschaftsorganisatorische und materiell-technische Rahmenbedingungen übergreifenden Erfordernissen oder werden sie in Übereinstimmung mit ihnen gestaltet, so erweisen sich ideelle Faktoren als entscheidendes Vermittlungsglied zwischen ihnen und einem Verhalten, über das gesellschaftlich Erforderliches durchgesetzt wird. Diese reflektieren gesamtgesellschaftliche und unmittelbarsoziale Bedingungen und wirken, verfestigt als relativ stabile Interessen und subjektive Ziele, als Orientierungen für soziales Handeln. Die ökonomische Strategie der SED, die allgemeinen Gesetzmäßigkeiten der wissenschaftlich-technischen Revolution Rechnung trägt, sie mit den konkreten Erfordernissen und Möglichkeiten unseres Landes verbindet und daraus lang-, mittel- oder kurzfristige Aufgaben ableitet, stellt eine Herausforderung an das Leistungsverhalten der ingenieurwissenschaftlichen Intelligenz dar: weil Wirtschaftswachstum mehr als je zuvor von wissenschaftlichen Vorleistungen abhängt; weil die Möglichkeiten, durch die Gestaltung von Technik und Technologie Arbeitsbedingungen progressiv zu verändern, reicher werden; weil die gesellschaftlichen Fernwirkungen technischer und technologischer Umwälzungen umfassender werden.

Wir haben im vorangegangenen Kapitel versucht, *einen* Aspekt der Funktion der Ingenieure als kollektives Subjekt technikwissenschaftlicher Innovationen zu beschreiben: die Eigenschaft, Teil des *wissenschaftlichen* Gesamtarbeiters zu sein. Damit wurde auf die Notwendigkeit hingewiesen, den auf die Entwicklung und Anwendung von Wissenschaft orientierten Aspekt ihrer Funktion und Tätigkeit auszuprägen. Dieser Frage, die dort im Kontext der Nutzung des ingenieurwissenschaftlichen Qualifikationspotentials stand, ist nun unter einem anderen Gesichtspunkt weiter nachzugehen: im Hinblick auf den Zusammenhang zwischen Verhaltens*zielen* und Verhaltens*weisen*.

In der Gesellschaft »sind die Handelnden lauter mit Bewußtsein begabte, mit Überlegung oder Leidenschaft handelnde, auf bestimmte Ziele hinarbeitende Menschen; nichts geschieht ohne bewußte Absicht, ohne gewolltes Ziel«.[1] Folglich hängt die Leistungsfähigkeit der Gruppe nicht nur von ihrer zahlenmäßigen Stärke, ihrem durch Aus- und Weiterbildung vermittelten und zu reproduzierenden Wissen, dem Niveau der Arbeitsorganisation und der technischen Arbeitsmittel ab, sondern letztlich davon, wie gesellschaftlich Erforderliches in »bewußte Absicht« und »gewollte Ziele« umgesetzt wird. Damit rücken Fragen der Leistungsmotivation, der subjektiven Haltungen, Einstellungen und Werte der sozialen Gruppe in den Brennpunkt soziologischen Interesses.[2] Vermittelten doch die geistigen Dispositionen sozialer Träger des wissenschaftlich-technischen Fortschritts, die als »intrapersonale Determinanten des Leistungsverhaltens«[3] definiert werden können, den Mechanismus, über den Erforderliches im sozialen Verhalten verwirklicht wird.

Dieser allgemeine Zusammenhang gilt für Ingenieure mit vorwiegend wissenschaftlichen Arbeitsfunktionen in beson-

---

1 Friedrich Engels: Ludwig Feuerbach und der Ausgang der klassischen deutschen Philosophie. In: MEW, Bd. 21, S. 296.
2 Siehe dazu Toni Hahn: Motivation, Motivforschung, Motivtheorie, Berlin 1985. – Rosemarie Winzer: Soziologische Erforschung der Leistungsmotivation von Arbeitern und Industrieforschern in der DDR, Dissertation B, Berlin 1985. – Arbeit, Leistung, Persönlichkeit, Berlin 1986. – Heidrun Radtke/Rosemarie Winzer: Leistungsmotivation der wissenschaftlich-technischen Intelligenz in der Industrieforschung. In: DZfPh, 1986, Heft 4, S. 349 ff.
3 Walter Friedrich/Achim Hoffmann: Persönlichkeit und Leistung, Berlin 1986, S. 49 ff.

derem Maße. Wissenschaftliche Bildung und Qualifikation schließen, was fast schon tautologisch ist, Einsichten in Entwicklungs*gesetze* ein, damit die Fähigkeit, eigenes Verhalten auf gesellschaftliche Fernwirkungen zu beziehen. Die Tätigkeit ist in der Regel weniger streng algorithmiert; das bringt größere Entscheidungsspielräume, aber auch eine größere subjektive Verantwortung für die »richtige« Entscheidung mit sich. Es gehört zum (erforderlichen, nicht unbedingt in jedem konkreten Fall tatsächlich gegebenen) Arbeitsprofil von Ingenieuren, konkretere Ziele aus allgemeineren selbständig abzuleiten, neue Lösungen aufzufinden, Probleme und Ziele zu bestimmen und für größere Kollektive von Werktätigen Orientierungen auszuarbeiten.

Die Wertung idealler Faktoren im Gefüge von Verhaltensdeterminanten ist ein Schlüsselproblem materialistischer Soziologie. Sie begreift Ideelles als Widerspiegelung des gesellschaftlichen Seins und nicht als nur aus sich selbst (oder überhaupt nicht) erklärbare Erscheinung – keinesfalls als passives »Abbild« objektiver Gegebenheiten, sondern als aktives, verhaltensregulierendes Moment von Entwicklung und Veränderung. Das war eine der zentralen Fragestellungen der bereits erwähnten Untersuchung zu sozialstrukturellen Bedingungen der Effektivität wissenschaftlicher Arbeit,[4] in der wir versuchten, Zusammenhänge zwischen objektiven Bedingungen, ideellen Orientierungen und realem Verhalten aufzufinden.

Zum »subjektiven Potential« der technikwissenschaftlichen Intelligenz[5] gehört, was noch differenzierter zu beschreibende Probleme nicht ausschließt, daß sich die Mehrheit dieser Gruppe ihrer gesellschaftlichen Verantwortung bewußt ist. In dieser Gruppe haben sich, wenn auch differenziert, gesellschaftliche und politische Grundorientierungen herausgebildet, die wesentlich zu den soliden Voraussetzungen für die Meisterung der wissenschaftlich-technischen Revolution in unserem Lande gehören (siehe Tabelle 6).

4 Siehe Fußnote 20, Kapitel 2.
5 Da in diese Untersuchung auch Naturwissenschaftler eingingen (das Sample enthielt unter anderem alle wissenschaftlichen Mitarbeiter zweier technischer Hochschulen), sind die Aussagen auch für Teile der naturwissenschaftlichen Intelligenz aussagefähig.

Diese Rangreihe, die zwei ausgeprägte »Blöcke« (deutliche Zustimmung bis Punktwert 3,6, deutliche Distanzierung ab Punktwert 1,8) enthält, charakterisiert eine *ingenieurtypische* Grundhaltung: Im Vordergrund steht die Einheit von fachlicher Leistung, gesellschaftlicher Verantwortung und praktischer (ökonomischer und sozialer) Wirksamkeit. Das entspricht den Grundsätzen der Intensivierungsstrategie ebensosehr wie der objektiven Spezifik der Ingenieurfunktion. Ein Modell, das Leistungsstreben aus einer allgemeinen »Faszination der Technik« den Problemen der Überleitung und Anwendung ausdrücklich gegenüberstellt, wird hochgradig nicht akzeptiert. Das ist für die Ingenieure in der Industrieforschung normal und zwangsläufig, für die Ingenieur-

Tabelle 6
**Einstellungen zur Rolle und Verantwortung
der natur- und technikwissenschaftlichen Intelligenz
bei der Meisterung des wissenschaftlich-technischen
Fortschritts in der sozialistischen Gesellschaft**

	Punktwert*
Wissenschaftliche Verantwortung hat heute einen anderen Inhalt als früher. Mir geht es in meiner Arbeit vor allem darum, praxiswirksame Ergebnisse zu erreichen.	4,2
Der wichtigste Inhalt des politischen Engagements sind hohe fachliche Leistungen.	4,2
Gegenwärtig wächst die weltanschauliche und politische Bedeutung neuer wissenschaftlicher Erkenntnisse. Das erfordert ein entsprechendes Engagement.	4,1
Wer in Wissenschaft und Technik arbeitet, hat eine ganz besondere Verantwortung. Ich will mit meiner Arbeit dazu beitragen, dieser Verantwortung gerecht zu werden.	3,9
Wachsende Verantwortung der Wissenschaft heißt in erster Linie, großen Wert auf die Erfüllung der ökonomischen Ziele zu legen. Deshalb strebe ich in meiner Arbeit vor allem nach einer hohen ökonomischen Effektivität der Forschungsergebnisse.	3,6

Natürlich strebe ich nach ökonomisch wirksamen Ergebnissen. Aber zugleich halte ich das nicht für ausreichend: Ich will dazu beitragen, daß die sozialen Bedingungen und Konsequenzen neuer Technik und Technologien besser beherrscht werden. 3,6

Mit der wissenschaftlich-technischen Revolution werden umwälzende technische und technologische Lösungen möglich. Mich interessiert ganz besonders die damit verbundene »Faszination der neuen Technik«, weniger all die Probleme der Überleitung, Anwendung, Selbstkostensenkung usw. 1,8

Wissenschaftliche Arbeit hat ihre Besonderheiten und Eigenarten. Mir geht es hauptsächlich um das wissenschaftliche Ergebnis, um Erkenntnisgewinn und neue Einsichten. 1,7

---

* Punktwert 1 = keinerlei Zustimmung
⋮
5 = völlige Zustimmung

wissenschaftler der technischen Hochschulen aber immerhin bemerkenswert – zeigt es doch, daß Grundhaltungen, die wir weiter vorn (»biographische Skizzen«) als Eigenschaft hervorragender Ingenieurwissenschaftler beschrieben, zum Profil der Gruppe in ihrer Gesamtheit gehören. Da die Frage, mit Ausnahme des vorletzten Modells, nicht alternativ formuliert war, muß die ausgeprägte Distanzierung vom Modell »Erkenntnisgewinn und neue Einsichten« schon als Problem vermerkt werden,[6] auf das wir, zusammen mit anderen Ergebnissen der Untersuchung, zurückkommen werden.

Ein »synthetisches« Resultat unserer Untersuchung, das heißt ein Ergebnis, das sich nicht aus einzelnen Tabellen ableiten läßt, sondern aus der Verallgemeinerung der Befunde über das gesamte Spektrum der Daten, kann man folgendermaßen zusammenfassen: Ob und in welchem Maße es gelingt, diese allgemeinen Orientierungen im konkreten Ver-

6 Siehe dazu Manfred v. Ardenne: Ein glückliches Leben für Technik und Forschung, Berlin 1982.

halten zu verfolgen und in reale Leistungen umzusetzen, hängt zumindest von folgenden Faktoren ab:

– hochgesteckte Leistungsziele, die sich am internationalen Niveau der Fachdisziplin und an volkswirtschaftlichen Erfordernissen orientieren;

– ausgeprägtes Berufsethos und Motivationen, die zur persönlichen Identifikation mit technikwissenschaftlicher Arbeit führen;

– konsequente Durchsetzung des Leistungsprinzips, nicht nur im Sinne der materiellen Stimulierung, sondern ebensosehr im Sinne eines leistungsorientierten Kollektivklimas;

– eine der objektiven Bedeutung von Wissenschaft und Technik in der Intensivierungsstrategie entsprechende Einbeziehung in Entscheidungsprozesse, vor allem im Hinblick auf die Erarbeitung und Bestimmung von Forschungs- und Entwicklungs*zielen* (und nicht nur im Nachdenken darüber, wie vorgegebene Ziele zu erfüllen wären);

– ein leistungsfähiges Informationssystem, das den steigenden Ansprüchen an die wissenschaftliche Kommunikation gerecht wird;

– eine rationelle Arbeitsteilung und Kooperation: zwischen Forschungsgrund- und -hilfsprozessen; zwischen Leiter und Kollektiv; in der gesamten Transferkette von der natur- und technikwissenschaftlichen Vorlaufforschung bis zur Überleitung des Verfahrens in die materielle Produktion und dem Wirksamwerden des Erzeugnisses auf dem inneren und äußeren Markt;

– eine in Quantität und Qualität ausreichende, das heißt höchsten Anforderungen entsprechende materiell-technische Basis.

Diese Reihenfolge ist keine Rangfolge, wenngleich es natürlich möglich gewesen wäre, aus den Häufigkeiten der Nennungen eine solche zu errechnen. Die genannten Faktoren haben sich innerhalb eines komplexen Satzes an empirischen Daten als diejenigen herausgestellt, denen alles in allem besondere Bedeutung beigemessen wird – und die unter der Voraussetzung, daß wissenschaftlich ausgebildete Menschen die Bedingungen, von denen Effektivität oder Nichteffektivität ihrer Arbeit abhängen, kompetent beurteilen können (»Kompetenzprämisse«), real eine besondere Bedeutung haben. Da sie eine Auswahl aus einer weit größeren Zahl möglicher Faktoren darstellen (weniger relevante wurden ausgesondert) können sie, unabhängig von der statistischen Häufigkeit ihrer Nennung, als gleichermaßen wichtig angesehen werden. Mehr noch: Sie bilden ein ineinander verflochtenes Gefüge, ein System wechselseitiger Abhängigkeiten.

Jedes System enthält Elemente, die für seine Funktionsweise unerläßlich sind, und Elemente, deren Ausfall entweder die Grundfunktion nicht beeinträchtigt oder durch andere Elemente kompensiert werden kann. Ein Fahrzeug bewegt sich zur Not, wenn auch nicht »verkehrssicher«, ohne Rücklicht, aber nicht mit defektem Getriebe. Darauf, daß die dargestellten Grundorientierungen in reales Verhalten übergehen, haben noch viele Dinge Einfluß: ein eigenes Arbeitszimmer in der Wohnung, ein Bestand an eigener Fachliteratur, ein in Privatverfügung befindlicher Personalcomputer und vieles andere mehr. Im Unterschied zu solchen wünschenswerten, notfalls aber kompensierbaren Dingen sind die von uns hervorgehobenen Faktoren *notwendige* Elemente eines Systems von Effektivitätsbedingungen.

Zum geistigen Potential unserer Gesellschaft, das bei der Meisterung der wissenschaftlich-technischen Revolution eingesetzt werden kann, gehört nicht nur das fachliche Wissen der Ingenieure; zu ihm gehören Grundorientierungen und Leistungsziele, deren Umsetzung in Leistungs*verhalten* nicht allein vom Individuum abhängt, sondern an Bedingungen geknüpft ist, deren optimale Gestaltung den Kern der gesellschaftlichen Verantwortung für die Entwicklung der Wissenschaft ausmacht. »Wir können darauf bauen, daß die Hauptlinien der qualitativen Entwicklung unserer Wirtschaft, die unsere Partei in den letzten Jahren entwickelt hat, tief in das Denken und Handeln der Menschen eingedrungen sind.«[7] Vor diesem Hintergrund »nimmt die Verantwortung der Gesellschaft für die Entwicklung und Vervollkommnung der Wissenschaft und die Anwendung ihrer Ergebnisse zu«[8] – nicht zuletzt im Hinblick auf die Optimierung jener Ele-

7 X. Parteitag der SED. 11. bis 16. April 1981 in Berlin. Bericht des Zentralkomitees der Sozialistischen Einheitspartei Deutschlands an den X. Parteitag der SED. Berichterstatter: Genosse Erich Honecker, Berlin 1985, S. 51.
8 Ebenda, S. 87.

mente, deren Zusammenwirken als System das gesellschaftlich erforderliche Verhalten determiniert.

5.2.
Soziale Besonderheiten und Triebkräfte

Im Gefüge sozialer Triebkräfte des Leistungsverhaltens spielen *intelligenzspezifische* Einstellungen und Orientierungen eine wesentliche Rolle. Das gilt, im übergreifenden Kontext der Klassen- und Schichtstruktur, für die Intelligenz im ganzen, und es gilt ebensosehr, innerhalb des Bezugssystems »Intelligenz«, für Ingenieure. Schicht- und gruppenspezifische Besonderheiten, die einerseits aus progressiven historischen Traditionen und andererseits aus den aktuellen Existenzbedingungen der Intelligenz erwachsen, machen »ein wesentliches Moment des kulturellen Reichtums und der Vielfalt unserer Gesellschaft« aus.[9]

Der 4. Kongreß der marxistisch-leninistischen Soziologie der DDR resümierte theoretisch-konzeptionelle Entwicklungen,[10] mit denen vereinfachte Vorstellungen vom Annäherungsprozeß, die auf eine nahezu »lineare« Reduzierung sozialer Unterschiede und eine Verabsolutierung der wachsenden Rolle sozialer Gemeinsamkeiten hinausliefen, überwunden wurden. Er fixierte zugleich einen konzeptionellen Ausgangspunkt, in dem zwei Zusammenhänge gleichermaßen wesentlich sind: a) die Dialektik von objektiven Bedingungen und subjektiven Faktoren; b) die Dialektik von Gemeinsamkeiten und Besonderheiten. »*Zum einen* geht es um solche Veränderungen, die bestmögliche sozialstrukturelle

9   Albrecht Kretzschmar: Soziale Unterschiede – unterschiedliche Persönlichkeiten?, Berlin 1985, S. 107.
10   Siehe dazu unter anderem Manfred Lötsch: Arbeiterklasse und Intelligenz in der Dialektik von wissenschaftlich-technischem, ökonomischem und sozialem Fortschritt. In: DZfPh, 1985. Heft 1, S. 31 ff. – Manfred Lötsch: Soziale Strukturen als Wachstumsfaktoren und als Triebkräfte des wissenschaftlich-technischen Fortschritts. In: DZfPh, 1982, Heft 6, S. 721 ff. – Manfred Lötsch: Sozialstruktur und Wirtschaftswachstum. Überlegungen zum Problem sozialer Triebkräfte des wissenschaftlich-technischen Fortschritts. In: Wirtschaftswissenschaft (Berlin), 1981, Heft 1, S. 56 ff.

Bedingungen schaffen für die Förderung des *Leistungsvermögens ... Zum anderen* geht es um die Ausgestaltung jener sozialstrukturellen Faktoren, mittels derer die gemeinsamen und spezifischen Interessen der Klassen und Schichten als *Triebkräfte* des kollektiven *Leistungsverhaltens* maximal zur Wirksamkeit gelangen.«[11]

Dieses grundsätzliche, auf den Gesamtprozeß der Entwicklung und Annäherung der Klassen und Schichten bezogene Konzept ist auf unser spezifisches Problem übertragbar, was jedoch die Einbeziehung eines weiteren Differenzierungsfaktors einschließt. Die »spezifischen Aufgaben, mit denen sich die Klassen, Schichten und sozialen Gruppen im Gesamtprozeß auseinandersetzen«, bilden »das objektive Fundament für historisch progressive, der Entfaltung von Triebkräften dienende soziale Besonderheiten«.[12] Ingenieure haben nun aber nicht nur eine spezifische Funktion im Unterschied zur Arbeiterklasse oder zu anderen Teilen der Intelligenz; die gemeinsame *Grund*funktion des Ingenieurs realisiert sich selbst wieder, gebunden an unterschiedliche strukturelle Voraussetzungen, auf unterschiedliche Weise und auf unterschiedlichen Ebenen.

Zunächst gilt für die Intelligenz im ganzen, daß neben der traditionell im Vordergrund der Aufmerksamkeit stehenden horizontalen Struktur eine andere strukturelle Dimension wachsende Bedeutung erlangt: nach der »intellektuellen Dichte« der Arbeit, nach dem Grad der wissenschaftlichen Durchdringung, letzlich nach dem innovativen Charakter der Tätigkeit und der damit verbundenen Struktur nach »Breite und Spitze«.[13]

»Die Verantwortung des sozialistischen Ingenieurs ... besteht darin, Wissenschaft und Technik im Interesse der Menschen zu entwickeln und zu nutzen. Deshalb ist das Ringen um mehr Spitzenleistungen, die zu neuen Erzeugnissen und Technologien führen, fundamentaler Bestandteil des sozialistischen Ingenieurethos.«[14] Das ist einerseits eine Forde-

11 Rudi Weidig: Soziale Triebkräfte ökonomischen Wachstums. In: Soziale Triebkräfte ökonomischen Wachstums, S. 21.
12 Kurt Hager: Marxismus-Leninismus und Gegenwart, S. 32.
13 Siehe Autorenkollektiv unter der Leitung von Rudi Weidig: Sozialstruktur in der DDR, S. 125 ff.
14 Joachim Römer: Vom Beruf des Ingenieurs, Berlin 1984, S. 239.

rung, die die Gruppe der Ingenieure in ihrer Gesamtheit betrifft, andererseits aber auch ein spezifisches *strukturelles* Problem. Weder die objektive Funktion noch die subjektive Befähigung machen jeden Ingenieur gleichermaßen zum sozialen Träger von Spitzenleistungen; ein großer Teil der Ingenieure ist erforderlich, gegebene Produktionsprozesse in Gang zu halten; andere haben die Aufgabe, im Vorlauf erarbeitete Lösungen umzusetzen, wobei die Suche nach »prinzipiell neuen Wegen« (wenn die Entscheidung über die Einführung eines Verfahrens feststeht, wenn die erforderlichen finanziellen und materiellen Mittel bereitgestellt sind usw.) nicht nur nicht mehr möglich ist, sondern sogar störend wirken kann; das vom Fachschulingenieur bis zum Dr. sc. reichende Qualifikationsspektrum differenziert das allgemeine Erfordernis beträchtlich usw. Wie in der Schicht der Intelligenz im Ganzen, geht es folglich auch innerhalb der Gesamtgruppe der Ingenieure um die erweiterte Reproduktion des kreativen Kerns der Gruppe, um die zu beschleunigende und intensiv zu fördernde Ausprägung einer *Leistungsspitze* im *qualitativen* Sinne: nicht einfach im Sinne von Leuten, die »mehr und besser arbeiten« als andere, sondern im Hinblick auf international ins Gewicht fallende technikwissenschaftliche Innovationen.

Wir haben in der erwähnten Untersuchung (I–86) versucht, diesem Problem im Hinblick auf den Zusammenhang von Leistungs*orientierungen* und *-resultaten* nachzugehen. Ein erster Zugang ergab sich über eine multivariate Analyse von Zusammenhängen innerhalb des komplexen Gefüges von Leistungsorientierungen, differenziert nach Gruppen, wofür wir faktoranalytische Verfahren nutzten.[15] Die Ausgangsfrage lautete, ob sich innerhalb einer größeren Anzahl vorgegebener Variablen zusammenhängende Komplexe auffinden lassen, von denen auf das Vorhandensein relativ geschlossener Einstellungs*typen* und damit Verhaltens*strategien* gefolgert werden kann.

Es ließen sich drei Faktoren extrahieren mit folgenden Anteilen an der Gesamterklärungskraft des verwendeten Faktorenmodells:

15 Ausführliche Darstellung des methodischen Verfahrens in Norbert Prüfer: Zur Nutzung multivariater Analyseverfahren bei der Analyse sozialer Strukturen, Dissertation A, Berlin 1986.

Faktor 1 = 52,8, Faktor 2 = 39,3 und Faktor 3 = 7,8 Prozent. Nachdem die Variablen ermittelt worden waren, deren Faktorladungen oberhalb des Bereichs von −0,4 bis +0,4 liegen und für die nach diesem Kriterium ein starker Zusammenhang zwischen der Variablen und dem Faktor gegeben ist, ließen sich die extrahierten Faktoren inhaltlich leicht benennen.

Die den Faktor 1 konstituierenden Variablen bringen hohe Leistungsziele und eine hohe gesellschaftliche Verantwortung zum Ausdruck; wir definieren ihn daher als *Faktor hoher Leistungsorientiertheit.*

In den Faktor 2 gehen Orientierungen ein, die auf durchschnittliche Leistungsziele gerichtet sind, das heißt darauf, hohe Ziele nicht für so wichtig und für die eigene Person verhaltensrelevant zu halten und weder positiv noch negativ »aufzufallen«; wir definieren diesen Faktor daher als *Faktor durchschnittlicher Leistungsziele.*

Der Faktor 3 bringt eine hohe Einsatzbereitschaft in bezug auf die einzusetzende Arbeitszeit zum Ausdruck und ist somit als *Faktor extensiver Einsatzbereitschaft* definierbar.

Danach wurden für bestimmte Gruppen (1. Geschlecht; 2. Bildungsabschluß; 3. Hochschul- und Industrieforschung; 4. Leistungsgruppen; 5. Leitungsfunktion; 6. Funktionsgruppen) nach der Normierung der Faktorwerte auf den Mittelwert Null und die Streuung Eins die Mittelwerte und die Standardabweichung der Faktorwerte berechnet, was eine übersichtliche graphische Darstellung der Ergebnisse ermöglicht. Die Abbildungen 2 bis 7 zeigen, wie die betrachteten Gruppen hinsichtlich der ermittelten Faktoren zueinander »liegen«, wie sie zueinander positioniert sind. Dazu wurden die entsprechenden Mittelwerte plus/minus Standardabweichung in ein Koordinatensystem eingetragen, dessen Achsen die jeweils betrachteten Faktoren repräsentieren. Damit können a) jeweils zwei Faktoren zueinander in Beziehung gesetzt werden und b) Überlagerungen zwischen den Gruppen als »Schnittmengen« zwischen den Flächen sichtbar gemacht werden.

Zunächst besteht ein wichtiges allgemeines Ergebnis darin, daß in allen betrachteten Gruppen die Richtung der Faktoren 1 und 3 zusammenfällt und daß die Richtung der Faktoren 1 und 3 einerseits und 2 andererseits auseinandergeht. Hohe Leistungsziele im qualitativen Sinne und die Bereitschaft, dafür auch einen überdurchschnittlichen zeitlichen Aufwand einzusetzen, fallen in der Grundtendenz zusammen, während umgekehrt bescheidenere Leistungsziele mit der Orientierung, nicht mehr als die »vorgeschriebene Arbeitszeit« für die Erledigung der Aufgaben einzusetzen, ein-

Abbildung 2
Allgemeine Ausprägungsrichtung der Faktoren 1 bis 3 nach Gruppen

Leistungsgruppen

Faktor 1	Faktor 2	Faktor 3
Leistungsgruppe 1	Leistungsgruppe 1	Leistungsgruppe 1
Leistungsgruppe 2	Leistungsgruppe 2	Leistungsgruppe 2

Qualifikation

Promotion B	Promotion B	Promotion B
Promotion A	Promotion A	Promotion A
Diplom	Diplom	Diplom
ohne Diplom (FS)	ohne Diplom (FS)	ohne Diplom (FS)

Geschlecht

männlich	männlich	männlich
weiblich	weiblich	weiblich

Leitungsfunktion

Faktor 1	Faktor 2	Faktor 3
obere Ebene	obere Ebene	obere Ebene
mittlere Ebene	mittlere Ebene	mittlere Ebene
Projektleiter	Assistent/Ober-assistent	Assistent/Ober-assistent
untere Ebene	untere Ebene	untere Ebene
Assistent/Ober-assistent	Projektleiter	Projektleiter
wissenschaftlicher Mitarbeiter	wissenschaftlicher Mitarbeiter	wissenschaftlicher Mitarbeiter

Funktionsgruppen

Faktor 1	Faktor 2	Faktor 3
Leiter angewandte Forschung	Grundlagenforschung	Leiter Grundlagenforschung
Grundlagenforschung	Leiter angewandte Forschung	angewandte Forschung
Entwicklung/Produktionsvorbereitung	Informationsverarbeitung	Informationsverarbeitung
Informationsverarbeitung	wissenschaftlich-technische Hilfsfunktion	wissenschaftlich-technische Hilfsfunktion
wissenschaftlich-technische Hilfsfunktion	Entwicklung/Produktionsvorbereitung	Entwicklung/Produktionsvorbereitung

Institutioneller Bereich

Faktor 1	Faktor 2	Faktor 3
Hochschulforschung	nicht signifikant	
Industrieforschung		

138

Abbildung 3
Leistungsgruppen

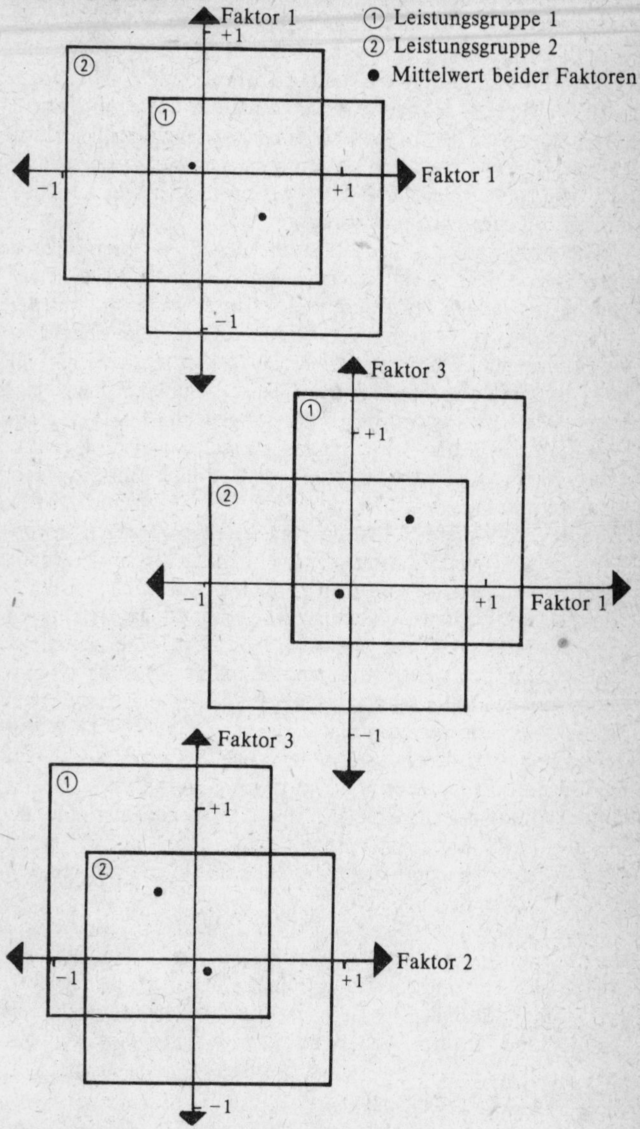

① Leistungsgruppe 1
② Leistungsgruppe 2
● Mittelwert beider Faktoren

139

hergehen. Das ist einerseits normal und reflektiert reale Gegebenheiten, verweist jedoch andererseits zumindest auf zwei Probleme: *erstens* werden überdurchschnittliche wissenschaftliche Leistungen in einem hohen Maße auch extensiv (im zeitlichen Sinne) erbracht; *zweitens* sind in den Gruppen, für die eine schwache Ausprägung der Faktoren 1 und 3 charakteristisch ist, bestimmte Reserven auch noch auf extensivem Wege erschließbar – einen gewissen zwangsläufigen Zusammenhang zwischen wissenschaftlicher Leistung und zeitlichem Aufwand vorausgesetzt.

Die Abbildung 2 illustriert zunächst die allgemeine Richtung, in der die Faktoren nach Gruppen ausgeprägt sind.[16] Sie zwingt jedoch zu differenzierter Interpretation. Auf der einen Seite ist es ziemlich normal, daß höhere Leistungsorientierungen (im qualitativen und extensiven Sinne) in den erkennbaren Grundrichtungen ausgeprägter hervortreten: nach Leistungsgruppen (was unterstreicht, daß subjektive Ziele und reales Leistungsniveau sich gegenseitig bedingen); nach Qualifikation (was auch einen funktionellen Hintergrund hat, weil sich mit höherer Qualifikation die Befähigung zu höherer Leistung verbindet und weil die erworbene höhere Qualifikation schon ein Indiz für vorhergegangene höhere Orientierungen ist); nach Geschlecht (verständlich ist die geringere Neigung von Frauen zu extensiven Arbeitsstilen). Auf der anderen Seite wird erkennbar, auf welche Gruppen sich Haltungen, die man schwerlich als »intelligenzspezifisch« charakterisieren kann, im besonderen Maße konzentrieren, zumal der Faktor Variable enthält, hinter denen sich durchaus problematische Einstellungstypen verbergen (im Kollektiv nicht negativ auffallen und den Durchschnitt halten; Arbeit in der Wissenschaft ist eine Arbeit wie jede andere; die Arbeit sollte einen viel kleineren Teil der Zeit beanspruchen; inzwischen bin ich mit meinen Zielen bescheiden geworden).

Das Problem, auf das es uns hinsichtlich der gesellschaftlich notwendigen Erlangung von wissenschaftlichen Spitzenleistungen ankommt, wird durch die Abbildungen 4, 5, 6 und 7 verdeutlicht. Die Leistungsgruppe 1 wurde nicht aus Indikatoren unserer Erhebung gebildet, sondern auf der

16 Dazu wurden die Mittelwerte der Faktorenwerte in auf- bzw. absteigender Folge geordnet.

Grundlage einer Experteneinschätzung über die langfristige Gesamtleistung; sie umfaßt die 10 Prozent des Samples, die mit hinreichender Zuverlässigkeit als Leistungsspitze angesehen werden können. In der Grundtendenz sind diese Kader leistungsbewußter; sie setzen ihre höhere Qualifikation in anspruchsvollere Leistungsziele um und identifizieren sich stärker mit ihrer Arbeit; sie treten ausgeprägter dafür ein, die eigene Arbeit und die des Kollektivs an volkswirtschaftlichen Erfordernissen und am internationalen Niveau der Fachdisziplin zu orientieren und setzen einen (teils beträchtlichen) Teil ihrer »Freizeit« für wissenschaftliche Arbeit ein. Das gilt sowohl für die Leistungsgruppe 1 im allgemeinen als auch für diese Gruppen in der Industrie- und Hochschulforschung, in der Grundlagenforschung sowie in Entwicklung, Konstruktion und Produktionsvorbereitung.

Die in den Faktoren 1 und 3 zusammengefaßten Einstellungstypen sind am ausgeprägtesten in der Leistungsgruppe 1 der Grundlagen- und Hochschulforschung, die, bedingt durch die Anlage der Untersuchung, nicht nur Technik-, sondern auch Naturwissenschaftler umfaßt. Sie sind dagegen in der Leistungsgruppe 1 der Industrieforschung sowie in der Leistungsgruppe 1 des Bereichs Entwicklung, Konstruktion und Produktionsvorbereitung deutlich schwächer ausgeprägt.

Das hat einerseits Züge einer gewissen Tautologie: wissenschaftstypische Einstellungsmuster sind bei Natur- und Technik*wissenschaftlern* deutlicher ausgeprägt als bei praxisnäheren Ingenieuren. Indes ergibt sich eine problematischere Interpretation, wenn man davon ausgeht, daß die Forderung nach wissenschaftlichen Spitzenleistungen breiter gemeint ist und stärker anwendungsorientiert tätige Ingenieurforscher (direkte Produktionsingenieure wurden in dieser Untersuchung nicht erfaßt) letztlich ebenso angeht wie Natur- und Technikwissenschaftler in der Grundlagen- und Hochschulforschung. Die Leistungsspitze ist im Hinblick auf langfristig verhaltensorientierend wirkende Einstellungsmuster in sich erheblich differenziert. Das ist der eine Teil des Problems.

Der andere Teil ergibt sich aus der vergleichenden Betrachtung beider Leistungsgruppen. Wie die Abbildungen erkennen lassen, sind die *Überschneidungen* zwischen beiden

Abbildung 4
Leistungsgruppen in der Industrieforschung

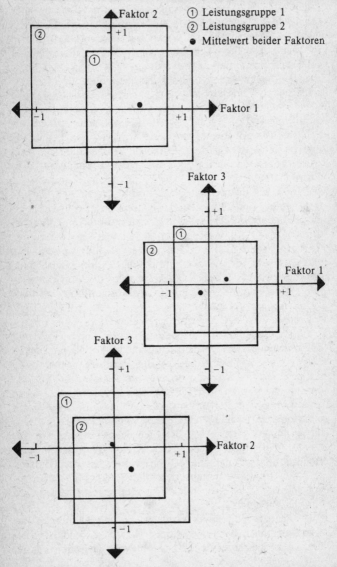

① Leistungsgruppe 1
② Leistungsgruppe 2
● Mittelwert beider Faktoren

Abbildung 5
Leistungsgruppen in der Hochschulforschung

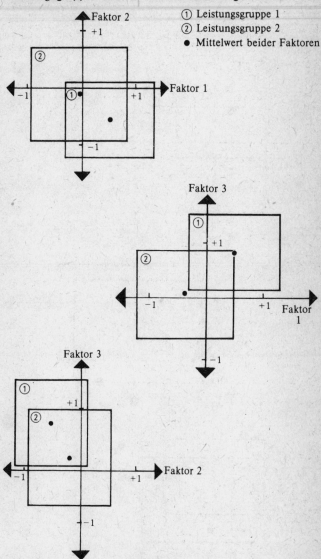

① Leistungsgruppe 1
② Leistungsgruppe 2
● Mittelwert beider Faktoren

Abbildung 6
Leistungsgruppen in Entwicklung, Konstruktion, Produktionsvorbereitung

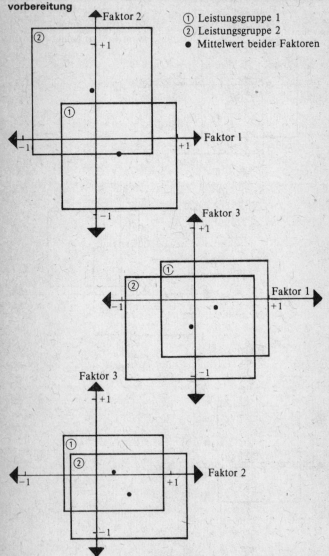

Abbildung 7
Leistungsgruppen in der Grundlagenforschung

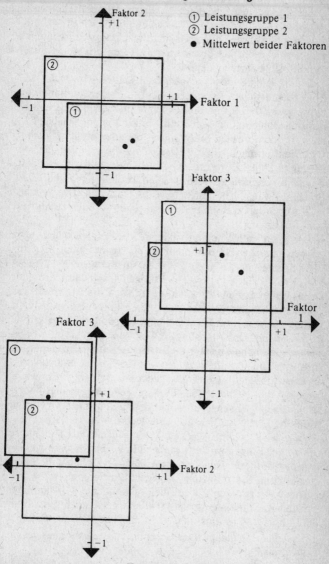

① Leistungsgruppe 1
② Leistungsgruppe 2
● Mittelwert beider Faktoren

Leistungsgruppen beträchtlich. In der Realität sind sie noch größer, weil das Darstellungsverfahren ($\bar{x} \pm s$) nur etwa zwei Drittel der Fälle erfaßt. Dieser »Überlagerungseffekt« ist am stärksten zwischen den beiden Leistungsgruppen in der Industrieforschung, dies aber nur graduell: Er ist ein generelles Problem hinsichtlich des in den Faktoren erfaßten Einstellungsprofils beider Gruppen.

Die *Bewertung* dieses empirischen Befundes setzt die Klärung theoretischer Prämissen voraus: Immerhin ließe sich einwenden, daß sogar eine noch weitergehende Überlagerung unproblematisch sei, weil Spitzenleistungen eben von allen erbracht werden müßten, was bei allen analoge Verhaltensorientierungen voraussetzte. »Wo die Arbeit nicht im Mittelpunkt steht, wo ihr nicht alles andere über lange Zeiträume untergeordnet wird, werden kaum wissenschaftliche Spitzenleistungen höchsten Niveaus entstehen. Die Wissenschaft erfordert die ganze Persönlichkeit – oder zumindest fast die ganze.«[17]

Das ist im allgemeinen sicher richtig, zugleich aber eine zu weit getriebene Zusammenfassung. *Erstens* hieße dies, Ingenieurinnen entweder von vornherein weitgehend aus dem sozialen Subjekt von Spitzenleistungen auszuklammern oder ihnen einen Lebensstil abzufordern, den die Mehrheit aus objektiven Gründen nicht akzeptieren und nicht realisieren kann. *Zweitens* wirken funktionale Besonderheiten: Große Teile der Industrieforschung sind oft von vornherein so organisiert, daß Arbeit und formelle Arbeitszeit zusammenfallen müssen. Und vor allem *drittens* ist das soziale Subjekt wissenschaftlicher Spitzenleistungen ohne seinen *strukturellen* Aspekt nicht zu begreifen. Es wäre weder begabungstheoretisch noch wissenschaftssoziologisch angemessen, allen Menschen, die auf natur- und technikwissenschaftlichem Gebiet arbeiten, im gleichen Maße und auf gleiche Weise Spitzenleistungen und entsprechende Verhaltensorientierungen abzufordern. Der Zusammenhang zwischen Spitzen*leistungen* und Spitzen*wissenschaftlern* ist differenzierter.

In der Vergangenheit fiel beides weitgehend zusammen. Newton und Leibniz hatten möglicherweise auch den einen oder anderen Famulus, dessen Namen die Wissenschaftsge-

17 Gerlinde Mehlhorn/Hans-Georg Mehlhorn: Geheimnis des Erfolgs, Leipzig 1982, S. 154.

schichte nicht mehr kennt – aber im Prinzip war ihre wissenschaftliche Leistung das Resultat ihres individuellen Wirkens. Das verändert sich mit der quantitativen Größenordnung des Wissenschaftsbetriebes, mit der wachsenden Kollektivität wissenschaftlicher Arbeit, mit der übergreifenden Bedeutung von Arbeitsteilung und Kooperation. Diese Veränderung ist an der Oberfläche der Erscheinungen leicht ablesbar: Während es keine Schwierigkeiten macht, die großen Erfinder der Vergangenheit beim Namen zu nennen, kennt man heute weit besser die besonders kreativen Institutionen und Kollektive. Wissenschaftliche Spitzenleistungen, könnte man so prononciert sagen, sind heute in einem völlig anderen Maße als in der Vergangenheit ein Effekt *kollektiver* wissenschaftlicher Arbeit.

Das ist keine Alternative zur Notwendigkeit überragender Wissenschaftlerpersönlichkeiten, ordnet aber das Problem richtiger als eine individualisierende Sichtweise in übergreifende Zusammenhänge ein. Eben weil es nicht um eine separierte Elite, bestehend aus »ganz besonderen Individuen«, geht, sondern um das gesellschaftliche Verhältnis von Kollektivität und Individualität, dabei um das Verhältnis von »Breite« und »Spitze« (was als Metapher taugen mag, das wissenschaftliche Problem aber nicht genau erfaßt), ist die Forderung, alles zu tun, damit sich wissenschaftlich führende Persönlichkeiten umfassend herausbilden und entwickeln können, »eine ganz natürliche, logische und wichtige Seite der Gestaltung der entwickelten sozialistischen Gesellschaft«.[18] Dem Konzept der »Leistungselite«[19] ist dies einfach deswegen wesensfremd und entgegengesetzt, weil das soziale Subjekt von Spitzenleistungen nicht in einer verabsolutierten »Elite« gesehen wird, sondern in der Funktion der herausragenden Persönlichkeit *innerhalb* kollektiver wissenschaftlicher Arbeit und *in bezug auf sie.*

»Echte Spitzenleistungen erfordern Spitzenkräfte«[20], weil nur sie dem Kollektiv die richtigen *Aufgaben* zu stellen vermögen, was in der Wissenschaft immer Anfang und Aus-

18 Gregor Schirmer: Spitzenleistungen erfordern Spitzenkräfte. In: Einheit, 1986, Heft 10, S. 918.
19 Siehe Manfred Lötsch/Michael Thomas: Soziologische Kontroversen um die Intelligenz heute. In: DZfPh, 1987, Heft 8, S. 692 ff.
20 XI. Parteitag der SED. Bericht des ZK der SED, S. 57.

gangspunkt überragender Ergebnisse ist; weil nur sie über den engen Horizont des tagtäglichen Geschehens hinauszublicken und am internationalen Standard orientierte Ziele zu bestimmen vermögen; weil ihr eigener wissenschaftlicher Vorlauf das Gesamtniveau anhebt und schließlich, weil die eigene vorbildliche Leistung immer noch der beste Boden für ein hohes Niveau kollektiver Ziele und Motivationen ist.

Wissenschaftler, die das Niveau ihrer Fachdisziplin prägen, erfüllen eine doppelte Funktion. Sie gehören – über die im vierten Kapitel erwähnten Faktoren hinaus – zu den Bedingungen, die gegeben sein müssen, wenn das gesamtgesellschaftliche wissenschaftliche Qualifikationspotential zu höchster Wirksamkeit gelangen soll. Wenn hohe Leistungsziele für ein wissenschaftliches Kollektiv kein Abstraktum bleiben sollen, müssen sie konkret bestimmt werden, was die genaue Kenntnis des Erforderlichen und Möglichen voraussetzt. Wenn, wie Joachim Römer mitteilt, unter den Informationsquellen, über die Kenntnisse des internationalen Niveaus erlangt werden, »Gespräche mit Kollegen« den ersten Rangplatz einnehmen,[21] eigene Auslandserfahrungen hingegen den letzten, dann kann daraus nur wirkliche Information entstehen, wenn sich unter diesen Kollegen wenigstens einer befindet, der den internationalen Standard wirklich kennt. Ist er nicht vorhanden, reduziert sich die »Information« auf ungenaue Vermutungen. Profilbestimmende und mit eigenen Leistungen vorangehende Wissenschaftler sind *der* Faktor, der das Niveau der kollektiven Motivation, der verhaltensrelevanten Kollektivnormen entscheidend prägt; ihr Fehlen wäre durch nichts anderes auszugleichen. Obgleich in der Regel selbst Träger aufwendiger Leitungsfunktionen, politisch engagiert und in der »regulären Arbeitszeit« mit vielen anderen Aufgaben belastet, bestimmen sie mit persönlichen wissenschaftlichen Arbeitsergebnissen die Spitze (siehe Tabelle 7).

Auch wenn man berücksichtigt, daß der gebildete Index methodisch nicht unproblematisch ist, weil technikwissenschaftliche Arbeit verschiedenen Typs letztlich überhaupt nicht auf eine einheitliche »Maßzahl« gebracht werden kann, bleibt die Übersicht informativ, zumal man vorausset-

21 Siehe Joachim Römer: Vom Beruf des Ingenieurs, S. 237.

Tabelle 7

Index ausgewählter Aktivitäts- und Ergebnisformen wissenschaftlicher Arbeit[22]

	Index	Leistungsgruppe 1 der Hochschulforschung = 100
Hochschulforschung		
Leistungsgruppe 1	9,67	100
Leistungsgruppe 2	5,11	52,8
Industrieforschung		
Leistungsgruppe 1	5,38	55,6
Leistungsgruppe 2	2,82	29,2
Leiter oberer Ebenen	10,98	113,5
Leiter mittlerer Ebene	6,88	71,1
Leiter unterer Ebene	5,05	52,2
Themen- und Projektleiter	4,88	50,5
wissenschaftliche Mitarbeiter	2,96	30,6
wissenschaftliche Assistenten/ Oberassistenten	5,92	61,2
Promotion B	10,47	108,3
Promotion A	6,81	70,4
Diplom	3,59	37,1
ohne Diplom/Fachschulabschluß	2,33	24,1
Grundlagenforschung	5,58	57,7
angewandte Forschung	5,86	60,6
Entwicklung/Konstruktion	3,07	31,7
Informationsverarbeitung	4,32	44,7
wissenschaftlich-technische Hilfsfunktionen	2,00	20,7
männlich	5,07	52,4
weiblich	2,26	23,4
Durchschnitt der Gesamtheit	3,53	36,5

22 In den Index gingen ein: Patente, Publikationen und auf wissenschaftlichen Fachtagungen präsentierte Forschungsergebnisse in den letzten zwei Jahren. Für jedes in den Index eingehende Element wurde ein Koeffizient »S« gebildet.

$$\text{Index} = \frac{\text{»S« des Elements x mal Bestand des Elements in der Gruppe}}{\text{Anzahl der vorgegebenen Elemente}}$$

zen kann, daß der »Meßfehler« in allen Gruppen mehr oder weniger gleichermaßen auftritt, so daß die Relationen und Proportionen aussagekräftig bleiben; das absolute Niveau drückt der Index ohnehin nicht aus.

Die nach meßbaren Ergebnisformen ermittelten Unterschiede korrespondieren in ihrem grundsätzlichen Profil deutlich mit den Unterschieden in der Qualität und im Ausprägungsgrad von Wertorientierungen und ideellen Leistungszielen. Leiter oberer Ebenen, wissenschaftlich höher Qualifizierte (Promotion) und die Leistungsgruppe 1 der Hochschulforschung (was sich teilweise überschneidet) sind jene Gruppen, auf die sich höherentwickelte Leistungsziele und ein höheres Niveau realer Leistungen eindeutig konzentrieren. Angesichts der erheblichen Differenzierungen muß ein wesentlicher Aspekt der gesellschaftlichen Verantwortung dieser Gruppe darin gesehen werden, auf die Erhöhung des *Gesamtniveaus* (vor allem im Hinblick auf die Leistungsgruppe 2 in der Industrie- und Hochschulforschung und auf die nichtpromovierten Hochschulkader) einzuwirken – was die weitere Ausprägung des eigenen Spitzenniveaus voraussetzt.

Was die Leistungsgruppe 1 selbst betrifft, wird das gleiche Problem deutlich wie hinsichtlich der Ausprägung ideeller Orientierungen: der fast in der Relation von 2:1 liegende Unterschied zwischen Hochschul- und Industrieforschung. Das ist in gewisser Hinsicht auch ein methodischer Effekt, weil die Konstruktion des Index von wissenschaftlichen Ergebnisformen im »eigentlichen« Sinne ausgeht: Publikationen, Patente, Vorstellen von Ergebnissen auf Fachtagungen, während spezifische Ergebnisformen der Industrieforschung, eben wegen ihrer Spezifik und Vielschichtigkeit, nicht eingingen. Aber erstens bringt die wachsende Praxisorientierung der Hochschulforschung auch dort ein wachsendes Gewicht solcher Ergebnisformen mit sich, und zweitens betrifft das Problem nicht die Gesamtheit der Beschäftigten in der Industrieforschung, sondern die dortige Leistungsspitze. Für diese trifft aber die Notwendigkeit, patentwürdige und publikationsfähige Ergebnisse hervorzubringen, nicht weniger zu; in führenden Einrichtungen der Industrieforschung gilt das Patent längst als ein sehr entscheidendes Kriterium wissenschaftlicher Leistung.

In diesem Sinne erweisen sich Reproduktion und Ausprägung des kreativen Kerns der ingenieurwissenschaftlichen Intelligenz als kardinale Erfordernisse der Ausprägung solcher Strukturen, die den Erfordernissen der wissenschaftlich-technischen Revolution entsprechen.

In der internationalen Literatur wird angenommen, daß der »kreative Kern« des wissenschaftlichen Gesamtarbeiters – bezogen auf die Fähigkeit, international ins Gewicht fallende und die Entwicklung des Fachgebietes prägende Leistungen hervorzubringen – etwa fünf bis sieben Prozent umfaßt. Das wären in der DDR bei etwa 124 000 Hoch- und Fachschulkadern für Forschung und Entwicklung etwa 6 000 bis 8 500 Personen – eine Größenordnung, die zu Überlegungen zwingt, denen man durchaus prinzipiellen Rang zusprechen kann: Das Tempo der wissenschaftlich-technischen Revolution wird letzten Endes an der *Spitze* bestimmt, durch bahnbrechende Erfindungen und aus ihnen hervorgehende Basisinnovationen. Demzufolge hängt der Platz unseres Landes im globalen Wettbewerb um die Bewältigung der wissenschaftlich-technischen Revolution maßgeblich davon ab, wie es gelingt, Qualität und Quantität verfügbarer Leistungen dieses Typs zu erhöhen. Wie ungeheuer viel hängt dann von so wenigen Menschen ab? Wie ist es möglich, gerade in dieser Hinsicht positive Traditionen aufzugreifen[23] und weiterführende Lösungen zu finden, die unseren heutigen Bedingungen entsprechen? Wir wollen versuchen, dazu mit einigen Überlegungen beizutragen.

5.3.
Ansätze für Erklärungsversuche und Lösungswege

Das Problem liegt auf unterschiedlichen Ebenen. Zunächst sollte die in der einschlägigen Diskussion durchaus prononciert vertretene Idee, das Problem müßte vorrangig durch einen »aufopferungsvollen« Arbeits- und Lebensstil der Spitzenwissenschaftler und des Nachwuchses gelöst werden, an den Platz rücken, der ihr zukommt. Spitzenleistungen sind

23 Siehe: Wissenschaft in Berlin, Berlin 1987.

ohne extensiven Aufwand an individueller Arbeitszeit nicht zu haben, was auch unsere Daten unterstreichen. Aber der Hauptweg, der Schlüssel zum Erfolg ist es nicht, jedenfalls nicht isoliert von einem Gefüge weiterer Bedingungen.

Kreativität ist kein automatischer Effekt des »natürlichen Privilegs des Talents«; sie ist – in Grenzen – erlernbar und trainierbar. Kreativitätstraining und Erfinderschulen erweisen sich international und in unserem Lande als wichtige Instrumente, um schöpferisches Denken zu erlernen und zu schulen; auf diese Ebene gehört auch die zu Unrecht vergessene »systematische Heuristik« – ein ausgezeichnetes und in einer weltbekannten Forschungseinrichtung unseres Landes mit Erfolg praktiziertes Mittel, um der Logik, den Gesetzmäßigkeiten und Prozeduren schöpferischen Denkens auf die Spur zu kommen und Schöpfertum zu einer erlernbaren Fähigkeit zu machen.

Auf einer dritten Ebene geht es um gesellschaftliche Mechanismen und Rahmenbedingungen, um gesellschaftliche Determinanten für die Formierung und das Verhalten sozialer Gruppen. Auf dieser Ebene liegen unsere Überlegungen, wobei wir eine Grundthese voranstellen wollen: Vorwiegend extensives *Wirtschafts*wachstum bedingte und erzeugte analoge Prozesse der *Wissenschafts*entwicklung. Mit der Herausbildung eines qualitativ neuen Reproduktions- und Wachstumstyps – der intensiv erweiterten Reproduktion – werden Tendenzen und Erfordernisse des erstgenannten Wachstumstyps teils tiefgreifend modifiziert, teils völlig aufgehoben. Dort, wo es nicht gelingt, den neuen Erfordernissen rechtzeitig Geltung zu verschaffen, entstehen Effektivitätsverluste. Eine Seite dieses allgemeinen Mechanismus kann der Umschlag erforderlicher Entwicklungen in die Verfestigung disfunktionaler Strukturen sein, genauer: bei extensiven Erfordernissen funktionierende Strukturen schlagen unter Erfordernissen der Intensivierung in disfunktionale um. Dabei sind unseres Erachtens zumindest die folgenden Aspekte wesentlich:

Erstens: Aus dem Ende der extensiven Erweiterung des personellen Wissenschaftspotentials ergeben sich neue Erfordernisse, aber auch neue Lösungsmöglichkeiten. Bis zur Mitte der siebziger Jahre mußte sich die DDR den für diese Entwicklungsphase charakteristischen Tendenzen stellen und zunächst den Gesamtbestand an Hoch- und Fachschul- ingenieuren in den für entwickelte Industrieländer typischen Raten erhöhen, aus vielen Gründen sogar über diese Raten hinaus. Das Problem mußte mit einem Bestand an Hoch- schullehrern gelöst werden, der der Erweiterung der Größen- ordnung und des Netzes der ingenieurwissenschaftlichen Bildungseinrichtungen nicht proportional war, so daß sich zwangsläufig Abläufe der Hochschulbildung gegenüber frü- heren Bedingungen veränderten: Die Ausbildungsformen mußten größeren Studentenzahlen Rechnung tragen, Kapa- zitäten für die zielgerichtete Ausbildung und Förderung be- sonders befähigter Studenten standen im geringeren Maße zur Verfügung. Die damit verbundenen Probleme werden in- zwischen weltweit kritisch diskutiert, wobei es allerdings völ- lig unnötig ist, sie mit der negativen Bezeichnung »Vermas- sung des Hochschulbetriebes« zu belegen, eben weil es sich um zwangsläufige Entwicklungen handelte.

Nunmehr stehen erweiterte Ausbildungskapazitäten ver- ringerten Studentenzahlen gegenüber. Daraus ergeben sich trotz der neuen Probleme, die mit der Gestaltung zweier Ausbildungsprofile zusammenhängen, neue Chancen, vor al- lem im Hinblick auf die stärkere Berücksichtigung und Aus- formung individueller Begabungen und Interessen. Talente- fördernde Ausbildungsformen wie individuelle Studienpläne für besonders befähigte und motivierte Studenten, Einbezie- hung in Forschungsprozesse, im Idealfall mit dem Ziel, schon mit der Diplomarbeit patentfähige Leistungen zu er- reichen, Forschungsstudium und anderes mehr, haben sich bereits bewährt und als ausbaufähig erwiesen.

In den Ausbildungsrichtungen, die für die Erarbeitung und Durchsetzung hochtechnologischer Lösungen besonders wichtig sind und wo es im besonderen Maße darauf an- kommt, den Anschluß an die internationale Spitze herzustel- len, wird das Auslandsstudium in den Ländern, in denen das Hochschulstudium den aktuellsten Wissensstand vermittelt, zunehmende Bedeutung erlangen.

Die Chancen, im erweiterten Umfang Nachwuchs für die kreative Spitze der ingenieurwissenschaftlichen Intelligenz heranzubilden, erweitern sich. Aus Chancen werden in dem Maße reale Entwicklungen, wie es gelingt, Elemente zu einem *System* zusammenzufügen, was zumindest zu zwei weiteren Fragekomplexen führt: Welche spezifischen Bildungswege können und sollten der Hochschulausbildung vorhergehen, um Vorlauf für die dort unternommenen Anstrengungen zu schaffen, und welche Entwicklungen müssen ihr folgen, um geschaffene Potentiale weiter auszuprägen?

Zweitens: Die erstgenannte Frage führt zu Überlegungen über die der Ausbildung von Ingenieuren vorangehenden Wege, wobei sich auch hier historische Erfordernisse mit neuen Bedingungen verknüpfen. Es kann als Prämisse gesetzt werden, daß die Brechung des Bildungsprivilegs von Minderheiten und die Gewährleistung institutionell gleicher Bildungschancen die Schaffung eines einheitlichen sozialistischen Bildungssystems voraussetzt. Dabei ging es um die Überwindung von Barrieren, die schon von der institutionellen Struktur des Bildungssystems her ungleiche Chancen erzeugten; eine solche *soziale* Barriere war etwa der Schnitt zwischen Realschule und Gymnasium. Zugleich ist ein einheitliches sozialistisches Bildungssystem ein System der Einheitlichkeit durch Vielfalt, kein System der Uniformität. Wie wir an anderer Stelle zu zeigen versuchten, nehmen differenzierte Zugänge zur Ingenieurausbildung an Bedeutung zu: über die Facharbeiterausbildung und den Vorkurs, perspektivisch wohl auch über die Facharbeiter- und Technikerausbildung.

Dieses Grundprinzip, dessen Sinn sich für die Ingenieurausbildung im allgemeinen längst bewährt, wäre im Hinblick auf »Bildungswege zur Spitze« weiterzudenken. Die technischen Universitäten und Hochschulen hätten es leichter, besondere Talente gezielt zu entwickeln, wenn die Suche nach ihnen umfassender frühzeitig begänne. Spezialschulen für Mathematik und solche speziellen Institutionen wie die von der Humboldt-Universität Berlin betreute mathematische Schülergesellschaft »Leonhard Euler« sind ausbau- und verallgemeinerungsfähige Modelle. Es entspräche vollständig der wachsenden Bedeutung der Technikwissenschaften unter den Bedingungen der wissenschaftlich-technischen Revolution, im Umkreis technischer Universitäten und Hochschulen sowie führender technikwissenschaftlicher Forschungseinrichtungen verstärkt ein Netz von Spezialschulen aufzubauen, das, wie die Erfahrungen anderer Spezialschulen beweisen, mehrere Funktionen erfüllen würde. Es könnte helfen, jungen Menschen frühzeitig die Faszination neuer technischer Möglichkeiten nahezubringen, Neigungen aufzuspüren und zu entwickeln, technikwissenschaftlich relevante Wissensgebiete (ohne unsinnige Überspezialisierung) stärker zu vermitteln und so den Hochschulen einen Kaderstamm zu übergeben, der frühzeitig und gezielt zur Spitze geführt werden könnte. Dabei sollten Erfordernisse der territorialen Rationalisierung angemessen bedacht werden.

Die zweite Frage schließt an die Probleme des vierten Kapitels an, so daß hier nur ein spezieller, die Reproduktion der oberen Leistungsgruppe betreffender Aspekt nachzutragen ist. Fast 75 Prozent der Leistungsgruppe 1 unserer Untersuchung sind älter als 40 Jahre, davon 51 Prozent älter als 45 Jahre; dagegen sind weniger als 5 Prozent jünger als 30 Jahre. Der eigentliche qualitative Sprung erfolgt (wenn überhaupt) erst nach dem 40. Lebensjahr. Das ist zu spät und widerspricht historischen und aktuellen internationalen Erfahrungen. Eine weitere Erscheinungsform dieses Problems ist das relativ hohe Durchschnittsalter bei akademischen Berufungen. Uns bleibt nur, die von vielen führenden Natur- und Technikwissenschaftlern wiederholt erhobene Forderung nachhaltig zu unterstützen, motivierten und befähigten Nachwuchs schnell durch Einbeziehung in anspruchsvolle Forschungsaufgaben an die Spitze heranzuführen.

Auch in dieser Hinsicht tritt die Spezifik der Industrieforschung hervor: Während im akademischen Bereich der Entwicklungsweg zu höheren Graduierungen – nicht identisch mit dem Zugang zur oberen Leistungsgruppe, aber eine wesentliche Bedingung – definierten Regeln unterliegt und das Problem hier »nur« darin besteht, diese Regeln – durch »produktive Intoleranz« gegenüber Verzügen beim Erwerb der Promotion A oder B – konsequent einzuhalten, sollte in der Industrieforschung diesen Graduierungen zunächst höhere formelle und moralische Geltung verschafft werden, nicht zuletzt durch weit konsequenter gestaltete Zusammenhänge zwischen wissenschaftlicher Qualifikation und materieller Vergütung (siehe 6. Kapitel).

Drittens: Ein Grundproblem ist unseres Erachtens die Ausprägung der spezifischen Funktionsprinzipien wissenschaftlicher Arbeit in der Industrieforschung. Vor dem zweiten Weltkrieg beginnend und beschleunigt seit den fünfziger

Jahren, nahm weltweit die Bedeutung der unmittelbaren Industrieforschung, vor allem auf dem Gebiet der Technikwissenschaften, rapide zu. Allgemeine Tendenzen wie Zunahme der Größenordnung wissenschaftlicher Institutionen, sich vertiefende Arbeitsteilung und komplexer werdende Kooperation traten und treten hier ausgeprägter als auf anderen Gebieten wissenschaftlicher Arbeit hervor. Die stärkere funktionale Bezogenheit und räumliche Nähe zur materiellen Produktion hob »klassische« Funktionsprinzipien wissenschaftlicher Arbeit radikal auf: Bereits die Vorlaufforschung ist, mehr oder weniger vermittelt, erzeugnis- oder verfahrensorientiert; konkrete Forschungs- und Entwicklungsaufgaben unterliegen aus übergreifenden Bezügen (Markt- und Verdrängungsstrategien) abgeleiteten Zielen; Planung und Termintreue werden zu integralen funktionellen Prinzipien – übrigens auch in einer Welt, in der man ansonsten das Wort »Planung« gern als Synonym für »Starrheit und Bürokratie« fehldeutet.

Das hat oft einen Effekt zur Folge, den man als »Übertragung von Funktionsprinzipien der Großindustrie auf die wissenschaftliche Arbeit« definieren kann. Dieser Effekt ist seinem Wesen nach ambivalent. Auf der einen Seite werden *bestimmte* Funktionsprinzipien des Wissenschaftsbetriebes aus objektiven Gründen denen der materiellen Produktion ähnlicher: Große Einrichtungen erzwingen andere Regeln der Diszipliniertheit als kleine, autonome Kollektive; die sachliche und zeitliche Abhängigkeit industrieller Innovationsprozesse vom wissenschaftlichen Vorlauf macht die konsequente Einhaltung von Planterminen zu einem Erfordernis, das gleich wichtig ist wie bei industriellen Fertigungsprozessen; neue Dimensionen der Spezialisierung und Kooperation erzwingen verbindliche und strikt einzuhaltende Regeln usw.

Auf der anderen Seite kommt es aber oft zu Entwicklungen, mit denen das objektiv bestimmte Maß überschritten wird: im Extrem zur *formalen* Übertragung der Regeln des materiellen Produktionsprozesses an der Logik und an den spezifischen Bedingungen wissenschaftlicher Arbeit vorbei (beispielsweise überformalisierte Arbeitszeit- und Pausenregimes). Hinter solchen vordergründigen Erscheinungsformen verbergen sich dann weit substantiellere Probleme: Unterschätzung spezifischer wissenschaftlicher Qualifikationen, über die Tagesaufgaben hinausgehender wissenschaftlicher Kontakte und spezifischer wissenschaftlicher Ergebnisformen.

Zweifellos ist dieser Effekt im Spiele, wenn es um die Ursachen und Hintergründe der dargestellten erheblichen Unterschiede zwischen den Leistungsgruppen 1 der Hochschul- und Industrieforschung geht. Er erzeugt mit einer gewissen Zwangsläufigkeit eine Anpassung an Vorgegebenes, die aber nur die eine Seite heutiger ingenieurwissenschaftlicher Arbeit ist; die andere Seite – Mut zu neuen Wegen, Freiräume für schöpferisches Denken, Einsatz eines Teils der Freizeit zumindest für die Aneignung neuer Kenntnisse, im weiteren Sinne wissenschaftsspezifische Lebensstile – entsteht aus anderen Bedingungen: aus der konsequenten Berücksichtigung der Spezifik wissenschaftlicher Arbeit.

Das ist ein geradezu klassisches soziales Optimierungsproblem, ein Problem der »Maßbestimmung« zwischen den Polen »Algorithmiertheit« und »Autonomie«. Der Weg zum Optimum läßt sich nicht auf deduktivem Wege bestimmen; er führt letztlich über durch »trial and error« zu gewinnende Erfahrung. Allerdings muß nicht jede Forschungseinrichtung diesen schwierigen Lernprozeß isoliert absolvieren – weil die erfolgreichsten von ihnen längst über verallgemeinerungsfähige Erfahrungen verfügen. Die Grundregel »Soviel Algorithmiertheit wie nötig und soviel Selbständigkeit wie möglich« faßt das Wesen dieser Erfahrungen ganz gut zusammen.

Die der materiellen Produktion ähnlicheren Funktionsprinzipien der Industrieforschung haben noch einen weiteren Hintergrund: die kürzere Geschichte und Tradition. Industrieforschung – im Sinne großer wissenschaftlicher Institutionen, die in industrielle Einheiten integriert sind, einem diese Einheiten prägenden Entscheidungsprozeß unterliegen – sind weltweit eine relativ neue Erscheinung; ihre quantitativ ins Gewicht fallende Entwicklung begann erst in den fünfziger Jahren, sehr spät im Verhältnis zur jahrhundertelangen Tradition akademischer Einrichtungen.

Die an Bedeutung zunehmende Kooperation zwischen Hochschul- und Industrieforschung erhält hier eine wichtige Aufgabe, die weit über die Einbeziehung akademischer Forschungskapazitäten in der Lösung praktischer Aufgaben hinausgeht.

Effektive und – wie die Untersuchungsergebnisse zeigen – der Ausprägung wissenschaftsspezifischer Einstellungen und Verhaltensweisen dienliche Funktionsprinzipien können, in den Grenzen ihrer Spezifik, die Hochschulforschung auch in die Industrieforschung »hineintragen«: konzeptionelle Beratungen über langfristige Linien der Produktivkraft- und Wissenschaftsentwicklung über die unmittelbaren Tagesfragen hinaus; Zusammenarbeit auf im eigentlichen Sinne technik*wissenschaftlichen* Gebieten (wir erinnern an das erwähnte Problem spezifischer *Gesetze* der Technikentwicklung); wissenschaftlich-theoretische Weiterbildung der führenden Kräfte der Industrieforschung, deren Einbeziehung in das wissenschaftliche Leben der Hochschule (was zeitliche Freiräume in der Industrieforschung voraussetzt) – all das sind Formen, über die progressiven Traditionen wissenschaftlicher Arbeit auch in der Industrieforschung größere Geltung verschafft werden kann, ebenso wie sich die akademische Forschung an realen volkswirtschaftlichen Erfordernissen orientiert, was die Struktur der ermittelten Wertorientierungen beweist.

Viertens: Entscheidende Bedingung für international das Niveau mitbestimmende wissenschaftliche Leistungen sind *Informationen* (siehe Tabelle 8). Ohne genaues Wissen über den internationalen Erkenntnisstand ist dieser nicht zu erreichen und erst recht nicht zu überbieten.

Sowohl in der Industrie- als auch in der Hochschulforschung konzentrieren sich die kritischen Urteile, trotz der doch erstaunlichen Diskrepanz bei »Anwenderbedürfnissen«, auf die Informationsquellen, aus denen sich neben der Fachliteratur Aufschlüsse über internationale Niveaus und Entwicklungen gewinnen lassen, wobei zwischen den oberen Leistungsgruppen beider Bereiche keine signifikanten Unterschiede festzustellen sind. Das deutet auf allgemeine und spezifische Probleme hin.

Da die Forderung nach international ins Gewicht fallenden Leistungen ein übergreifendes volkswirtschaftliches Erfordernis reflektiert, betrifft sie, zunächst unabhängig vom konkreten individuellen Anteil, den ingenieurwissenschaftlichen Gesamtarbeiter. Real sind es aber in beiden Bereichen

Tabelle 8
Informationsquellen der wissenschaftlichen Arbeit – Punktwerte*

Rangfolge	Bedeutung	Verfügbarkeit	Differenz
1. Fachliteratur	4,5	3,7	−0,8
2. informelle Gespräche mit Kollegen der Einrichtung	4,1	4,1	0
3. informelle Gespräche mit Kollegen außerhalb der eigenen Einrichtung	3,9	3,1	−0,8
3. interne Materialien (Studien, Forschungsberichte usw.)	3,9	3,1	−0,8
4. Analysen über die Bedürfnisse der Anwender	3,7	2,1	−1,6
5. Teilnahme an Kongressen und Fachtagungen	3,6	2,6	−1,0
6. Weltstandsanalysen	3,5	1,9	−1,6
6. internationale persönliche Kontakte mit Fachkollegen	3,5	1,6	−1,9
6. Arbeitsbesprechungen	3,5	4,0	+0,5
7. Studienreisen Ausland	3,4	1,5	−1,9
8. Besuch technischer Messen Inland	3,2	2,7	−0,5
9. Besuch technischer Messen Ausland	3,1	1,1	−2,0
10. Patentrecherchen	2,9	2,6	−0,3
11. Auslandseinsätze	2,7	1,3	−1,4

* Punktwert
1 = unwichtig
⋮
5 = sehr wichtig

Verfügbarkeit
1 = nicht verfügbar
⋮
5 = verfügbar

und in den oberen Leistungsgruppen beider Bereiche nur Minderheiten, die ihrem eigenen Urteil zufolge gut über die entsprechenden Informationen verfügen. Das bedeutet jedoch: Immerhin verfügen einige Mitarbeiter über entsprechende Informationsquellen; es handelt sich um kein *absolutes* Informationsdefizit. Eher lassen die zwischen den Gruppen sehr differenzierten Urteile auf innere, organisationsinterne Informationsverluste schließen, deren Überwindung Effektivitätsreserven freisetzen kann: so durch die zügige Weitergabe verfügbarer Informationen an alle Mitarbeiter des Kollektivs und der Institution. Auch wenn Auslandsreisen nicht zur Informationsquelle aller Mitarbeiter werden können (was sie in keinem Land der Welt sind), müssen doch ihre Ergebnisse, das heißt aus gesammelten Informationen synthetisch hervorgehende Weltstandsanalysen im allgemeinen, zumindest all jenen wissenschaftlichen Kollektiven umfassend zugänglich gemacht werden, die internationale Spitzenleistungen erbringen sollen.

Das spezifische Problem betrifft erneut die Leistungsgruppe 1 der Industrie- und Hochschulforschung. Daraus, daß sich die Urteile beider Gruppen nicht signifikant unterscheiden ist nicht zu folgern, daß die realen Probleme in beiden Gruppen ein gleiches Gewicht hätten. Zunächst ist zu berücksichtigen, daß die dargestellten Daten nicht das Niveau der *realen Informiertheit* ausdrücken, sondern die *Relation* zwischen der Bedeutung, die der jeweiligen Informationsquelle beigemessen wird, und dem Urteil über den Grad der Verfügbarkeit. Die Differenz wird somit von zwei Größen bestimmt: von der tatsächlichen Verfügbarkeit und dem Anspruchsniveau. Nun kann man aber voraussetzen, daß die Leistungsgruppe 1 der Hochschulforschung in wesentlichen Punkten über günstigere reale Informationsmöglichkeiten verfügt.

Führende Ingenieurwissenschaftler und Hochschullehrer, die diese Gruppe überwiegend konstituieren, kennen die meisten ihrer internationalen Fachkollegen persönlich und stehen mit ihnen in engem Kontakt oder verfügen zumindest über alle Möglichkeiten, solche Kontakte herzustellen. Technische Hochschulen organisieren regelmäßig internationale wissenschaftliche Fachtagungen (Berg- und Hüttenmännischer Tag der Bergakademie Freiberg, Internationales Wissenschaftliches Kolloquium der Technischen Hochschule Ilmenau), an denen führende Vertreter der Fachdisziplin aus dem In- und Ausland mitwirken. Alles in allem, was viele aktuelle Probleme keineswegs ignoriert, haben die wissenschaftlichen Bibliotheken umfassenderen und aktuelleren Bestand als die vor allem kleinerer Einrichtungen der Industrieforschung.

Viele führende Vertreter der Hochschulforschung sind international namentlich bekannt, was ebenfalls günstigere Möglichkeiten für Kontakte und Informationen mit sich bringt. Da sich die Leistungsgruppe 1 der Hochschulforschung über das Problem der internationalen Information, wenn auch nur in einer schwach ausgeprägten Tendenz, eher kritischer äußert, läßt sich auf ein anderes, höher ausgeprägtes Anspruchsniveau dieser Gruppe schließen. Wenn diese Hypothese zuträfe, ergäbe sich daraus eine spezifische Verpflichtung der führenden Ingenieurwissenschaftler im akademischen Bereich: die intensivere Verbreitung orientierender Informationen über internationale Trends und die darauf beruhende Mitwirkung an der Erarbeitung von Forschungs*strategien*.

Fünftens: Wie Gerhard Schellenberger und andere mit Recht bemerken, sollte die »Schlüsselrolle, die Ingenieure bei der Durchsetzung des wissenschaftlich-technischen Fortschritts einnehmen«, damit einhergehen, »daß der Ingenieurberuf gesellschaftlich sehr geschätzt wird und folgerichtig auch ein hohes Ansehen bei anderen sozialen Gruppen und Schichten haben müßte«.[24] Unsere Untersuchungen unterstützen die in der genannten Publikation mitgeteilten Befunde: Die überwiegende Mehrheit der untersuchten Ingenieure der Industrie- und Hochschulforschung sieht eine bedeutende Diskrepanz zwischen der gesellschaftlichen Funktion und Verantwortung der Ingenieure einerseits und der gesellschaftlichen Anerkennung, die ihre Tätigkeit im allgemeinen genießt andererseits. Allerdings bedarf dies der Differenzierung.

In unserem Verständnis reicht der Begriff »Ingenieur« (siehe 1. Kapitel) vom Produktionsingenieur mit Fachschulausbildung bis zum habilitierten Ordentlichen Professor der Ingenieurwissenschaften. In unserer Untersuchung beurteilten höherqualifizierte und leitende Ingenieure, dabei vor allem die Ingenieurwissenschaftler im engeren Sinne, den gleichen Sachverhalt weit weniger kritisch als die Mehrheit. Der Prestigeverlust gilt somit nicht für alle Ingenieure im umfassenden Sinne dieses Begriffs gleichermaßen. Er ist, auch darin stimmen wir Schellenberger zu, vor allem ein Effekt der »Massenhaftigkeit« des Ingenieurberufes[25] und tritt folge-

24 Technisch rationell – sozial effektiv, Berlin 1986, S. 106.
25 Siehe ebenda, S. 107/108.

richtig vor allem dort auf, wo dieser Effekt in besonderem Maße wirkt: in der Industrie und in ihrem unmittelbaren Umfeld.

Hinzu kommen weitere Faktoren: die Tendenz zur Anonymität ingenieurwissenschaftlicher Arbeit, die Tendenz zur Status-Inkonsistenz, vor allem in Gestalt oft nur sehr gering entwickelter Übereinstimmung zwischen Qualifikation und Verantwortung einerseits und materieller Anerkennung andererseits (siehe Kapitel 6) und andere mehr.

Ansehen, worauf wir uns innerhalb der komplexeren Problematik »Status« konzentrieren wollen, entsteht nicht automatisch. Es wird vermittelt durch Öffentlichkeit, das heißt dadurch, daß die Träger bestimmter Funktionen in das gesellschaftliche Bewußtsein rücken. Das geschieht bei Ärzten und Wissenschaftlern, Künstlern und Sportlern mehr oder weniger automatisch. Viele Resultate der Ingenieurtätigkeit »verschwinden« aber im Produkt, damit in der Anonymität.

Aber auch in dieser Hinsicht sind die Unterschiede zwischen Ingenieuren im Umkreis der Produktion und im akademischen Bereich tiefgreifend. Neben den unmittelbaren Kollegen ist die Bezugsgruppe der Hochschulingenieure die der Studenten; beim Produktionsingenieur bis hin zum produktionsnahen Forschungsingenieur sind es die Arbeiter. Im akademischen Bereich ist das Statussystem klar geordnet, im Umkreis der materiellen Produktion dagegen nicht. Hinter der oben zitierten Äußerung, in der Produktion gelte der Doktor wenig, verbirgt sich nicht nur mangelnde Sorgfalt gegenüber höherer Qualifikation, sondern auch eine tiefergehende soziale Erscheinung.

Dafür ein einfaches Indiz: An keiner Hochschule kommt jemand auf die Idee, einen Professor mit »Herr N.« anzureden, und noch weniger träte man so einem Arzt gegenüber. Im Umkreis der materiellen Produktion (und nicht nur dort) gilt es aber oft geradezu als »fortschrittlich«, akademische Titel als unnötig beiseite zu lassen. Statussymbole, was akademische Titel eben auch sind, haben jedoch, von Relikten vergangener Zeiten befreit, auch eine durchaus nützliche Funktion: Sie sind ein Ausdruck der Wertschätzung, die der Persönlichkeit und ihrem sozialen Status entgegengebracht wird; es sind verdiente Symbole, weil es immerhin einigen Aufwand gekostet hat, sie zu erlangen.

Das ist, wie gesagt, nur ein Indiz für ein allgemeineres Problem. Zum Wertebewußtsein der sozialistischen Gesellschaft gehört die Anerkennung sozialer Besonderheiten – nicht nur hervorragender Wissenschaftler und Künstler, sondern auch im unmittelbaren Umkreis der Produktion tätiger Ingenieure, die Entscheidendes zum wissenschaftlich-technischen Fortschritt beitragen. In sozialen Mechanismen, die diesem Erfordernis nicht oder nicht hinreichend entsprechen, findet unseres Erachtens die relativ schwächere Ausprägung sozialer Besonderheiten der Ingenieure in der Industrieforschung und ihrer Leistungsspitze eine wesentliche Erklärung. Und in der positiven Umkehrung: Ausprägung der sozialen Spezifik ingenieurwissenschaftlicher Arbeit erfordert, mehr zu tun, um das soziale Prestige des Ingenieurs mit seiner hohen und weiter wachsenden gesellschaftlichen Verantwortung in Übereinstimmung zu bringen.

6.
Zur Durchsetzung des Leistungsprinzips – Erfordernisse, Tendenzen, Erfahrungen

6.1.
Ausgangspunkte

Das Leistungsprinzip in allen Formen und Feldern seiner Durchsetzung – in Ausbildungsprozessen, beim fähigkeitsgerechten Einsatz der Werktätigen, der leistungsorientierten Lohnpolitik usw. – so zu verwirklichen, daß die intensiv erweiterte Reproduktion und die soziale Gerechtigkeit nachhaltig gefördert werden, ist eine übergreifende Aufgabe.[1]

Seit Beginn der achtziger Jahre hat die sozialistische Gesellschaft ihre Anstrengungen beträchtlich verstärkt, um die vielfältigen Potenzen des Leistungsprinzips auch in der wissenschaftlich-technischen Intelligenz stärker geltend zu machen. Hierzu gehören neue Schritte zur leistungsorientierten Entlohnung von Forschern und Ingenieuren oder zur gezielten Förderung wissenschaftlich-technischer Talente ebenso wie das vertiefte gesellschaftliche Verständnis für gesetzmäßige Zusammenhänge zwischen wissenschaftlich-technischen Spitzenleistungen und »Spitzenkönnern«. Die dabei erreichten Fortschritte entsprechen den gesellschaftlichen Erwartungen und Wertvorstellungen der Ingenieure. Unsere Analysen lassen den Schluß zu: Ein konsequent und umfassend praktiziertes Leistungsprinzip bestimmt das Bild der Ingenieure vom entwickelten Sozialismus und ihre Vorstel-

---

1 Siehe: Programm der Sozialistischen Einheitspartei Deutschlands, Berlin 1977, S. 20.

lungen von sozialer Gerechtigkeit in unserer Gesellschaft. Es gibt wohl kaum eine Gruppe in unserer Gesellschaft, in der das Leistungsprinzip eine größere Wertschätzung genießt und die an seine weitere Durchsetzung höhere Erwartungen knüpft.

Aus der gleichen Perspektive bewerten die Ingenieure all das mit kritischer Sensibilität, was in ihrem Erlebnisbereich den heutigen Erfordernissen und Möglichkeiten der gesellschaftlichen Anerkennung von Ingenieurleistungen bzw. ihrer Kollektive und Individuen, der leistungsgerechten Differenzierung von Einkommen und beruflichen Entwicklungschancen zuwiderläuft. Positive Erfahrungen und Unzureichendes bilanzierend, sieht die überwiegende Mehrheit der Forscher und Ingenieure in einem kompromißlos praktizierten, die Besonderheiten wissenschaftlich-technischer Arbeit in Rechnung stellenden Leistungsprinzip eine erstrangige soziale Reserve für den notwendigen Leistungsanstieg in Wissenschaft und Technik.[2]

Dieser empirische Befund widerspiegelt weit mehr als eine Summe individueller Erfahrungen und Wünsche. Denn als Fazit verschiedener Untersuchungen ergibt sich: Die Potenzen des Leistungsprinzips im gesellschaftlichen Maßstab noch umfassender für eine höhere Leistungsfähigkeit der wissenschaftlich-technischen Intelligenz auszuschöpfen, ist auf längere Sicht ein (wenn nicht gar der) Schwerpunkt bei der Durchsetzung dieses Grundprinzips unserer Gesellschaft.

Dafür gibt es vielfältige Gründe.

■ In allen Phasen und Bereichen des Reproduktionsprozesses wächst das Gewicht von Ingenieurleistungen für die ökonomisch effektive, sozial und ökologisch verantwortungsvolle Verwertung wissenschaftlicher Erkenntnisse. Vieles

2 Im Rahmen der bereits erwähnten Untersuchung Sozialstrukturelle Bedingungen der Erhöhung der Effektivität wissenschaftlicher Arbeit (I-86) wurden Leiter und Mitarbeiter in der Industrieforschung nach ihrer Meinung über Möglichkeiten zur Erhöhung der Effektivität wissenschaftlich-technischer Arbeit befragt. Unter den vorgegebenen 37 Einflußfaktoren rangierte an erster Stelle: »Das Leistungsprinzip muß nach beiden Seiten konsequent angewendet werden; gute Leistungen sollten stärker belohnt, aber unterdurchschnittliche Leistungen auch nicht toleriert werden.«

spricht dafür, daß sich diese Tendenz mit Tiefe, Breite, Tempo und Komplexität wissenschaftlich-technischer Innovationen weiter ausprägt. Schon deshalb verdienen Probleme und Bedingungen, die Leistungsfähigkeit und -verhalten der Ingenieure betreffen, höchste gesellschaftliche Aufmerksamkeit.

Das Leistungsprinzip fungiert hierbei in zweifacher Hinsicht als gesellschaftliches Steuerungsinstrument. Im *gesamtgesellschaftlichen* Maßstab gilt es, der Arbeit, den Leistungen und Fähigkeiten von Ingenieuren jenes Maß an gesellschaftlicher Wertschätzung zu sichern, das ihrer gewachsenen Verantwortung für ökonomischen und sozialen Fortschritt entspricht und geeignet ist, die personelle Reproduktion der wissenschaftlich-technischen Intelligenz aus dem talentierten Nachwuchs aller sozialer Gruppen zu fördern. Zum anderen kommt es darauf an, *innerhalb* der Gruppe der Ingenieure und ihrer Kollektive den Zusammenhang von Leistungsniveau und sozialer Position bzw. Bedürfnisbefriedigung zwingender und stimulierender zu gestalten, die mit wachsenden Leistungsanforderungen ohnehin deutlicher hervortretenden Leistungsunterschiede spürbarer anzuerkennen.

■ An Bedeutung gewinnen all jene Konsequenzen des Leistungsprinzips, die unabdingbar sind, um die sozialen und personellen Voraussetzungen für das Hervorbringen wissenschaftlich-technischer *Spitzenleistungen* zu verbessern: die systematische und durchgängige Förderung wissenschaftlich-technischer Talente und Spitzenkönner in Ausbildung und beruflicher Entwicklung; effektive Wirkungs- und Reproduktionsbedingungen für besonders leistungsstarke wissenschaftlich-technische Kader und Kollektive usw.

■ Ein spezifisches Gewicht erhalten diese Funktionen differenzierter Leistungsanerkennung vor dem Hintergrund der nunmehr weitgehend abgeschlossenen Phase raschen zahlenmäßigen Wachstums der Gruppe der Ingenieure und der sozialpsychischen Folgen dieses Prozesses. Die Entwicklung der Ingenieurtätigkeit zu einem »Massenberuf«, der hohe Zustrom aus der Arbeiterklasse haben ebenso wie gesamtgesellschaftliche Tendenzen in der Bedürfnisentwicklung (gewachsene Wertschätzung von Freizeit und Familie, höhere Ansprüche an die gleichberechtigte berufliche Entwicklung beider Ehepartner usw.) die Bedingungen für die Aneignung, Reproduktion und Realisierung von wichtigen berufsethischen Haltungen und Leistungsmotivationen gründlich verändert. Die Erwartung, daß aus der bloßen Zugehörigkeit zu dieser Gruppe hochqualifizierter Arbeit, den hierfür charakteristischen Bildungswegen, Sozialisationsprozessen und Tätigkeitsmerkmalen oder ihrem sozialen Status schon hinreichend kräftiges Identifikationspotential mit Beruf und Engagement für überdurchschnittliche Leistungen erwächst, ist deshalb heute weniger realistisch denn je. Aus dieser Situation ergeben sich unter anderem zwei Konsequenzen:

Erstens. Der Grundmechanismus des Leistungsprinzips, die Organisation eines attraktiven, nach oben und unten flexiblen Zusammenhanges zwischen Leistungs- und Einkommensniveau ist unverzichtbare – gleichermaßen elementare wie bedeutsame – Voraussetzung, um Leistungsbereitschaft und -verhalten bei *allen* Ingenieuren zu fördern. Einseitige Vorstellungen von ingenieurtypischer Leistungsmotivation, welche faktisch auf eine Unterschätzung leistungsgerechter materieller Anerkennung hinauslaufen, werden in gewisser Weise von den Ingenieuren selbst widerlegt. Sie messen – wie gerade neuere Untersuchungen übereinstimmend ausweisen – der leistungsgerechten Differenzierung von Lohn, Gehalt, Prämie eine zentrale Rolle bei der Leistungsstimulierung zu.[3]

Zweitens. Nachdem es gelang, eine wissenschaftlich-technische Intelligenz sozialistischen Typs im erforderlichen

3 Einige empirische Belege für diese Aussage: Eine Analyse von Bedingungen des Leistungsverhaltens von Ingenieuren in der Projektierung erbrachte den Nachweis, daß dem Faktor »direkte Kopplung zwischen persönlicher Leistung und Arbeitseinkommen« von den Projektanten der höchste Einfluß für ein stärkeres Engagement in der Arbeit zugemessen wird. 85 Prozent von ihnen maßen ihm eine sehr große bzw. große Bedeutung zu. (Siehe Günter Gutsche/Sonja Häder: Objektive und subjektive Voraussetzungen der Leistungsbereitschaft von Ingenieuren [Projektanten]. Studie. Institut für marxistisch-leninistische Soziologie der Humboldt-Universität zu Berlin, Berlin, Mai 1987.) – Der Auffassung, »Das Einkommen ist nicht insgesamt zu niedrig, aber zuwenig differenziert: überdurchschnittliche Leistungen müssen finanziell besser belohnt werden«, stimmten etwa 60 Prozent der Industrieforscher vorbehaltlos zu; von den Leistungsstärksten waren es 69 Prozent (I-86).

Umfang heranzubilden, ist die Formierung (bzw. personelle Reproduktion) von *Spitzenbefähigungen* zu einem wesentlichen Prozeß inneren, qualitativen Wachstums dieser Gruppe und ihrer Leistungsfähigkeit geworden. Das Leistungsprinzip hat hierbei wichtige Funktionen, um den mühevollen Weg und die Zugehörigkeit zur »Spitzengruppe« hinreichend sozial attraktiv werden zu lassen, hervorragenden Forschern und Ingenieuren angemessene Leistungsbedingungen zu ermöglichen. Zugleich ist – eben weil der Ingenieurberuf im Maße seiner Verbreitung auch seinen sozialen Sonderstatus weitgehend eingebüßt hat – die gesellschaftliche Wertschätzung für hervorragende Ingenieure, Erfinder, erfolgreiche Leiter von wissenschaftlich-technischen Kollektiven ein wesentlicher Faktor des gesellschaftlichen Ansehens, des sozialen Status der *ganzen* Gruppe geworden. Die Identifikation mit der Gruppe, Berufsstolz oder die Vermittlung von Leitbildern werden hiervon maßgeblich beeinflußt.

■ Schließlich ist die wirksamere Durchsetzung des Grundsatzes »Jeder nach seinen Fähigkeiten, jedem nach seiner Leistung« im Tätigkeitsbereich der Ingenieure auch deshalb ein besonderer Schwerpunkt bei der Verwirklichung des Leistungsprinzips, weil hier vergleichsweise viele Probleme noch unzureichend bewältigt sind, was sich mancherorts auch in einer beachtlichen Unzufriedenheit mit der erfahrenen Praxis differenzierter Leistungsanerkennung niederschlägt. Das ist unter anderem dadurch bedingt, daß die Gültigkeitsdauer bestimmter Formen der differenzierten Leistungsanerkennung in diesem Bereich noch relativ kurz ist. Aber dennoch ist der Fundus an Erfahrungen und Analysen ausreichend, um einige Richtungen, Bedingungen, Wege für eine schrittweise Verbesserung der Situation zu fixieren.

6.2.
Gesellschaftliche Verantwortung der Ingenieure und ihr sozialer Status

Rufen wir uns kurz in Erinnerung, was in anderen Kapiteln bereits ausführlich begründet wurde: Noch nie war das Gewicht der ingenieurtechnischen Leistungen für ökonomischen und sozialen Fortschritt in unserem Lande so hoch wie in der gegenwärtigen Etappe der wissenschaftlich-technischen Revolution. In allen Gliedern der Innovationskette bestimmen Forschungs- und Entwicklungsingenieure, Konstrukteure, Projektanten, Technologen – als Spezialisten oder Leiter – mit ihren Fähigkeiten und ihrem Engagement im engen Zusammenwirken mit anderen Gruppen maßgeblich das Niveau von Erzeugnissen, Technologien. Inwiefern hierbei auch die sozial günstigsten Lösungen für die Gestaltung von Arbeitsorganisation und -bedingungen angestrebt und gefunden werden, mit welcher Konsequenz wissenschaftlich fundierte Leistungskennziffern ermittelt und praktiziert werden – stets sind Ingenieure mit ihren Ideen und Haltungen an der Bewältigung komplizierter Probleme beteiligt.

Wie widerspiegelt sich diese objektiv gewachsene Verantwortung im gesellschaftlichen Ansehen dieser Gruppe? Lassen wir zunächst die Ingenieure selbst zu Wort kommen. Etwa 40 Prozent der Angehörigen der wissenschaftlich-technischen Intelligenz sehen hier nur einen geringen Grad der Übereinstimmung.[4] Daß dies keine nostalgische Sehnsucht nach Rückkehr zum Sonderstatus des Ingenieurs vergangener Zeiten signalisiert, ist aus einem anderen Befund ablesbar. Ein (bedenklich) hoher Anteil von Forschern und Ingenieuren stimmt vorbehaltlos der Meinung zu, wissenschaftliche Tätigkeit sei »eine Arbeit wie jede andere auch«.[5] Problematisch ist dies insofern, da sich hier nicht nur soziale Bescheidenheit spiegelt, sondern auch ein Defizit an gesellschaftlichem Selbstverständnis bleibender Besonderheiten hochqualifizierter wissenschaftlich-technischer Arbeit deutlich wird. Zieht man noch andere soziale Fakten in Betracht, so wird deutlich, daß die Diskrepanz zwischen gesellschaftlicher Verantwortung und sozialem Prestige der wissenschaftlich-technischen Intelligenz nicht nur im Bewußtsein ihrer Angehörigen existiert: Die Attraktivität wichtiger wissen-

4 Nach Ergebnissen der I-86.
5 So stimmt immerhin mindestens jeder fünfte Ingenieur in der Industrieforschung vorbehaltlos der Meinung zu: »Ich glaube, man spricht zuviel über die ›besondere Rolle und Verantwortung von Wissenschaft und Technik‹. Die Arbeit auf diesem Gebiet ist eine Arbeit wie jede andere.« (I-86)

schaftlich-technischer Studieneinrichtungen ist nach wie vor zu gering, um die erforderliche Anzahl von Studienbewerber anzuziehen oder gar ihre eignungsgerechte Auswahl zu verstärken. Dementsprechend hoch ist der auf diese Fachrichtungen »Umgelenkten«. Ebenfalls bedenklich ist die Anzahl jener Absolventen, die bekunden, daß sie sich nicht noch einmal für das gleiche Studienfach entscheiden würden.[6] Technologen, die vor Aufnahme des Studiums schon als junge hochqualifizierte Facharbeiter tätig waren, verweisen direkt darauf, daß sie in ihrer früheren Tätigkeit als Werkzeugmacher etwa ein weitaus höheres Ansehen im Betrieb hatten.

Mit diesem Zustand können wir uns als eine Gesellschaft, die ihre Möglichkeiten und Reserven im Kampf um wissenschaftlich-technische Spitzenleistungen mobilisiert, weil sie von mittlerem Niveau nicht leben kann,[7] natürlich nicht abfinden. In ihm kommt eine ganze Reihe noch unzureichend genutzter spezifischer Vorzüge unserer Gesellschaft für die Bewältigung der wissenschaftlich-technischen Revolution zum Ausdruck. Aber wenn wir diesen Widerspruch auch an den Beginn unserer Überlegungen zur wirksameren Durchsetzung des Leistungsprinzips in der wissenschaftlich-technischen Intelligenz setzen, so hat das einen speziellen Grund. In gewisser Hinsicht ist die schrittweise Überwindung dieser Diskrepanz Ausgangspunkt und entscheidendes Kettenglied, um andere Funktionen und Mechanismen des Leistungsprinzips für eine höhere Leistungsfähigkeit dieser Gruppe wirksamer geltend zu machen. Denn: Erhöht sich das gesellschaftliche Prestige von Ingenieurtätigkeit, werden Arbeit und Leistung in Wissenschaft und Technik sozial attraktiver, so verstärkt dies den »Sog« zu den entsprechenden beruflichen Positionen. An der damit verbreiterten personellen Ausgangsbasis für die Reproduktion des Kaderpotentials in die-

6 Siehe unter anderem: Die ersten Berufsjahre von Hochschulabsolventen ausgewählter Grundstudienrichtungen. In: Studien zur Hochschulentwicklung, Berlin 1986, S. 17/18.
7 Siehe Erich Honecker: Die Aufgaben der Sozialistischen Einheitspartei Deutschlands bei der Vorbereitung des XI. Parteitages. Aus dem Referat auf der Beratung des Sekretariats des Zentralkomitees der SED mit den 1. Sekretären der Kreisleitungen der SED. 1. Februar 1985. In: Reden und Aufsätze, Bd. 10, Berlin 1986, S. 471.

sem Bereich kann wiederum eine systematischere Förderung wissenschaftlich-technischer Talente ansetzen.

Gelingt es auf dieser Weise, mehr Individuen für Wissenschaft und Technik zu interessieren und Talente auf diesem Gebiet zu fördern, werden sie von entsprechenden Studienrichtungen und Tätigkeiten stärker »angezogen«. So kann zugleich die »Filter-Funktion« des Leistungsprinzips strikter praktiziert werden: Die Eignungskriterien für den Zugang zu (bzw. Verbleib im) Studium, beruflichen Positionen (beispielsweise Forschung) können höher angesetzt werden; das Startniveau für Spitzenförderung steigt. Vor allem aber wird dadurch auch die Ausprägung der für hohe wissenschaftlich-technische Leistungen notwendigen berufsethischen Orientierungen begünstigt. Da leistungsstarke Kader in stärkerem Maße solche Verhaltensweisen personifizieren, erhöhen ihr »Zustrom« sowie ihre Wirksamkeit in forschungsentscheidenden Positionen auch das Gewicht derartiger Haltungen bei der Bildung von Gruppennormen, kollektiver Leistungs-anspruchsniveaus.

Zugleich verbessert sich damit eine entscheidende Voraussetzung für die wirksamere Durchsetzung des Leistungsprinzips in Wissenschaft und Technik. Denn leistungsstarke Mitarbeiter, besonders kompetente Kollektivleiter, sind eher bereit und fähig, Leistungen kritisch zu bewerten. Sie haben verständlicherweise auch ein stärkeres Interesse, das reale Leistungsgefälle im Kollektiv transparent zu machen und anzuerkennen. Steigt durch diese und andere Schritte das Niveau wissenschaftlich-technischer Leistungen, kristallisieren sich deutlicher öffentlich (betrieblich, national, international) anerkannte individuelle und kollektive Leistungsspitzen heraus, wird der gesellschaftlich-politische Rang erreichter Leistungen überzeugend popularisiert, so wächst mit dem gesellschaftlichen Prestige der Forscher und Ingenieure zugleich auch bei Angehörigen anderer sozialer Gruppen die soziale Akzeptanz, das Verständnis für das gesellschaftlich erforderliche Maß ihrer gesellschaftlichen Wertschätzung und Leistungsanerkennung. Ebendiesen – schematisch verkürzten – gesellschaftlichen Kreislauf gilt es auf »höherer Stufenleiter« zu reproduzieren.

Fragen wir vor diesem Hintergrund nach den Ursachen und den praktischen Erfahrungen, die eine beträchtliche Anzahl von Ingenieuren ein Defizit an gesellschaftlicher Wertschätzung ihrer gesellschaftlichen Rolle empfinden läßt, so stehen zwei Problemkomplexe im Vordergrund.

■ Unmittelbar handelt es sich um die *soziale Anerkennung, gesellschaftliche Wertschätzung* von Arbeit und Leistung der Ingenieure. Das ist auch eine Frage der Einkommensrelationen, ihrer Chancen, durch höhere Arbeitsleistungen ein höheres Einkommen zu erzielen im Vergleich zu denen in anderen Berufen oder Gruppen. In einer Gesellschaft, die sich zum Leistungsprinzip bekennt, wird dies zwangsläufig als ein wesentliches Indiz für die generelle gesellschaftliche Wertschätzung der Tätigkeit betrachtet. Aber auch bei Leistungsbilanzen, Rechenschaftslegungen verschiedener Art und Ebene wird mitunter – aus dem Bemühen, die Leistungen der Produktionsarbeiter besonders zu würdigen – der Anteil von Forschern und Ingenieuren unzureichend ausgewiesen oder er verschwindet in der anonymen Formulierung »andere Werktätige«. Mancherorts wird auch den Hinweisen und Kritiken von Ingenieuren, ihren sozialen Belangen von Leitungen weniger Aufmerksamkeit geschenkt als jenen von Produktionsarbeitern oder die Einheit von Leistungssteigerung und verbesserten Arbeits- und Lebensbedingungen wird im wissenschaftlich-technischen Bereich weniger strikt gehandhabt als in Kollektiven der materiellen Produktion.

■ Zum anderen reflektiert das erwähnte Defizit an empfundener gesellschaftlicher Wertschätzung ein ganzes Bündel von zum Teil noch unzureichend bewältigten Problemen der realen Stellung von Forschung, Entwicklung, Technologie im betrieblichen *Reproduktionsprozeß*. Vor allem betrifft das den uneffektiven Umgang mit der Qualifikation der Forscher und Ingenieure. Häufen sich solche Erscheinungen wie
– unterqualifizierter – und damit objektiv abwertender – Einsatz von Ingenieuren (vom »Feuerwehreinsatz zur Rettung des Produktionsplanes« bis hin zu Mängeln bei der Versorgung mit elementaren Mitteln zur Rationalisierung geistiger Arbeit),
– herrscht eine unschöpferisch-hektische, auf kurzfristige Interessen eingeengte Atmosphäre,
– sind die Kompetenzen zwischen Forschung, Entwicklung, Technologie einerseits und produzierenden Bereichen bzw. Stabsorganen andererseits ungünstig verteilt,

– werden Experten aus Wissenschaft und Technik unzureichend in strategische Entscheidungen einbezogen, ihre Standpunkte erst dann ernst genommen, »nachdem die ›Konkurrenz‹ zur gleichen Ansicht gelangt ist«[8],
so ist es nicht verwunderlich, wenn sich all das zur Meinung verdichtet: »Forscher und Ingenieure haben nichts zu sagen; F/E ist der Prügelknabe im Betrieb.« Seine betrieblichen Erfahrungen resümierend, warf ein Forscher während unserer Untersuchungen zweifelnd die Frage auf, ob denn der in den Dokumenten der Partei fixierte Grundsatz, daß der Mensch mit seinen Fähigkeiten und Bedürfnissen im Zentrum stehe, auch für Forscher und Ingenieure gelte, wenn einerseits konsequent um mehrschichtige Auslastung von Technik, um sparsamen Verbrauch von Material und Energie gerungen werde, aber weitaus »großzügiger« mit Kreativität, Qualifikation, Arbeitszeit von Ingenieuren umgegangen werde.

All das behindert zugleich in direkter Weise die Gewinnung von befähigtem Nachwuchs für Ingenieurberufe. Denn in derartigen Betrieben findet ein Teil der Berufsausbildung mit Abitur statt, nehmen Ingenieure oder Facharbeiter Einfluß auf die Berufswahl ihrer Kinder, sollen befähigte Lehrlinge oder junge Facharbeiter für ein Studium gewonnen werden usw.

Beide angesprochenen Problemkreise haben eine gemeinsame historische Wurzel, sind Ausschnitt und Symptom eines umfassenderen Widerspruchs unserer gesellschaftlichen Entwicklung: Nachdem die wissenschaftlich-technische Intelligenz als soziale Folge und unmittelbares Subjekt der qualitativen Wandlungen im Gesamtsystem der Produktivkräfte organisch »mitgewachsen« ist (und zwar in einem Tempo, das jenem des europäischen Industrieproletariats im 19. Jahrhundert durchaus vergleichbar ist), geht es nunmehr darum, dieser Gruppe, ihren Interessen und anderen sozialen Eigentümlichkeiten jenen »Platz« im gesellschaftlichen Reproduktionsprozeß einzuräumen – von der Leitung und Planung betrieblicher ökonomischer Prozesse bis hin zum gesellschaftlichen Wertesystem –, der sie noch besser in die Lage versetzt, ihre spezifischen Aufgaben effektiv im gesamtgesellschaftlichen Interesse zu realisieren.

8 Werner Scheler: Produktivkraft Wissenschaft. In: spectrum, 1981, Heft 6, S. III.

Dieser Prozeß ist keineswegs abgeschlossen, und er vollzieht sich in einem Feld vielfältiger Widersprüche – keineswegs nur zu manch historisch gewachsenen Denkweisen, Methoden, sozialen Wertvorstellungen. Wenn wir den Industriebetrieb als soziales System betrachten, so bilden Forschung und Entwicklung einerseits als Konzentrationspunkt wissenschaftlich-technischer Intelligenz und die »laufende« materielle Produktion andererseits mit ihren jeweils eigentümlichen, unterschiedlichen Funktionen, sozialpsychischen Normen, Leitungsmethoden, Zyklen und Rhythmen, den recht unterschiedlichen »Quantitäten« von Werktätigen usw. ein quasi natürliches Spannungsfeld. Schon deshalb ist die praktische Anerkennung des gewachsenen Ranges von Forschung und Entwicklung, das produktive Beachten sozialer Besonderheiten ihrer Subjekte gleichermaßen objektiv kompliziert wie dringlich.

Kommen wir zurück zur Frage, was zu tun ist, um das gesellschaftliche Ansehen des Ingenieurs stärker mit seiner tatsächlichen gesellschaftlichen Verantwortung in Einklang zu bringen, um somit die soziale Position »Ingenieur« attraktiver auszugestalten. Etwas prinzipiell Neues muß unseres Erachtens hierfür nicht erdacht werden. Vielmehr gilt es, energisch und ideenreich all jene Wege fortzusetzen, die sich dafür in den letzten Jahren bewährt haben. So hat die gewachsene gesellschaftliche Aufmerksamkeit für wissenschaftlich-technische Leistungen und ihre Schöpfer in der politischen Öffentlichkeit und in den Massenmedien wesentlich dazu beigetragen, das gesellschaftliche Verständnis dafür zu vertiefen, daß die wissenschaftlich-technische Revolution nur mit einer leistungsstarken wissenschaftlich-technischen Intelligenz ökonomisch und sozial erfolgreich bewältigt werden kann.

Publizistisch wirksame Porträts hervorragender Forscher, Ingenieure, wissenschaftlich-technischer Kollektive sind mehr als eine moralisch-gesellschaftliche Würdigung ihrer konkreten Leistungen und persönlichen Anstrengungen. Sie sind gleichermaßen unverzichtbar, um der breiten Öffentlichkeit jene Haltungen, Fähigkeiten, sozialen Bedingungen zu verdeutlichen, aus denen solche Leistungen erwachsen, aber auch um die »Reize« dieses Typs schöpferischer Arbeit zu zeigen. Das ist zugleich notwendig, um das Bild des Ingenieurs in zeitgemäßer Weise als einen wesentlichen Typus sozialistischer Persönlichkeitsentwicklung überzeugend in unserem Menschenbild und gesellschaftlichen Wertesystem zu verankern.

Die Möglichkeiten unserer Gesellschaft hierfür sind bei weitem nicht ausgeschöpft. Gemessen am gesellschaftlichen Gewicht des Ingenieurs, aber auch an den Konflikten und Bewährungssituationen, in die Ingenieure gerade heute gestellt sind, den interessanten Charakteren, die sich im Ringen um hohe wissenschaftlich-technische Leistungen ausprägen, ist es eine bedauerliche Lücke, wenn in weiten Bereichen von Kunst und Literatur die Gestalt des Ingenieurs, des Industrieforschers noch kaum vorkommt.

Aber auch beim gezielten Einsatz von politischer Autorität, um das öffentliche Ansehen von Forschern, Ingenieuren und Technikern anzuheben, existieren noch beträchtliche Reserven. Man vergleicht nur die Aufmerksamkeit, mit der Spartakiaden, Leistungsvergleiche, Olympiaden auf sportlichem (oder künstlerischem) Gebiet in den Medien bedacht werden, mit denen im Bereich von Wissenschaft und Technik. Gleiches gilt für den gesellschaftlich-politischen Rang der Förderung von sportlichen und naturwissenschaftlich-technischen Talenten oder den Bekanntheitsgrad von Sportlern, Künstlern im Vergleich zu herausragenden Entdeckern, Erfindern, Wissenschaftlern.

Weitere Schritte in dieser Richtung sind auch angeraten, um das Leitbild des schöpferischen, gesellschaftlich verantwortungsbewußten Forschers und Ingenieurs für Kinder und Jugendliche beiderlei Geschlechts – auf unterschiedliche Weise – attraktiver zu vermitteln. Hierfür sind auch persönliche Kontakte mit führenden Vertretern aus Wissenschaft und Technik, das eigene Erleben der Mühen und Reize wissenschaftlich-technischen Problemlösens in Unterricht und Arbeitsgemeinschaften ebenso wichtig wie die Aneignung der inzwischen reichhaltigen Memoirenliteratur von Erfindern und Entdeckern oder eine Traditionspflege und Leistungsbewertung von Schulen, Ausbildungsstätten usw., die das Hervorbringen wissenschaftlich-technischer Spitzenkönner stärker einbeziehen.

Auf der Ebene von Betrieb und Kombinat hat es sich unter anderem auch bewährt, bei Rechenschaftslegungen unterschiedlicher Art die grundlegende Bedeutung von wissenschaftlich-technischen Leistungen anhand konkreter Ergebnisse für das gesamte Betriebskollektiv auszuweisen und die dafür notwendigen Haltungen und Bedingungen für alle zu verdeutlichen. Gleiches gilt für spezielle Aussprachen des Generaldirektors oder von politischen Funktionären mit Vertretern der wissenschaftlich-technischen Intelligenz, für ihren persönlichen Kontakt zu führenden Wissenschaftlern und Ingenieuren.

Offenkundig ist es auch erforderlich, den spezifischen Interessen und sozialen Belangen von Forschern und Ingenieuren – in der Gewerkschaftsarbeit oder durch die Kammer der Technik – noch energischer Geltung zu verschaffen. Denn so dringlich direkte moralisch-gesellschaftliche Aufwertungen des Ingenieurs in unserer Gesellschaft sind, sie allein reichen nicht aus, um der gesellschaftlichen Stellung des Ingenieurs jene Anziehungskraft zu verleihen, die notwendig ist, um die personelle Reproduktion dieser Gruppe aus dem Talentepotential des gesamten Volkes zu sichern. Steht ein befähigter Lehrling oder Jungfacharbeiter vor der Entscheidung, ob er ein Ingenieurstudium aufnimmt oder bei seiner Facharbeiterlaufbahn bleibt, so wägt er die sozialen Vor- und Nachteile beider Perspektiven ab: Wann kann er wahrscheinlich mit eigenem Wohnraum für sich bzw. seine Familie rechnen; wann hat er – wenn überhaupt – den »Einkommensausfall« durch Studium wieder wettgemacht usw. Hierbei spielt natürlich auch die Gesamtheit der Chancen, durch eigene Leistungen persönliche Bedürfnisse besser realisieren zu können, also die Wirksamkeit des Leistungsprinzips *innerhalb* der jeweiligen Berufsgruppe, eine wesentliche Rolle.

Insofern sind die nachfolgend behandelten Aspekte der bedürfniswirksamen Anerkennung individueller Leistungsunterschiede zugleich ein Faktor des Ansehens bzw. der Attraktivität von Arbeit und Leistungen des Ingenieurs.

6.3.
Zur leistungsorientierten Entlohnung

Was eingangs generell von der Wertschätzung der Ingenieure für das Leistungsprinzip gesagt wurde, gilt uneingeschränkt auch für eine seiner wichtigsten Erfordernisse – die leistungsabhängige Entlohnung. Die in den letzten Jahren in verschiedenen Gruppen der wissenschaftlich-technischen Intelligenz durchgeführten empirischen Analysen münden nahezu einhellig in die Schlußfolgerung: Ein deutlich nach Leistung differenziertes Einkommen gehört aus der Sicht der Ingenieure zum Kreis der einflußreichsten Bedingungen für die Erschließung subjektiver Leistungsreserven in Forschung, Entwicklung und Projektierung. Auffassungen, wonach ausgeprägte materielle Interessiertheit und berufsethische Leistungsorientierungen miteinander unverträglich seien, oder die Meinung, Geld spiele in der wissenschaftlichen Arbeit für die Stimulierung von Leistungsbereitschaft eine untergeordnete Rolle, werden von der großen Mehrheit der Forscher und Ingenieure abgelehnt,[9] und zwar von der Leistungsspitze nicht weniger als von anderen.

Diese stark ausgeprägte Erwartungshaltung in bezug auf die leistungsorientierte Entlohnung widerspiegelt sowohl positive Erfahrungen, erzielte Fortschritte und Wirkungen bei der schrittweisen Verwirklichung der leistungsorientierten Lohnpolitik[10] in dieser Gruppe, als auch noch unzureichend bewältigte Probleme, insbesondere bei der materiellen Anerkennung unter- *und* überdurchschnittlicher Leistungen. Sie entspricht zugleich dem objektiven Gewicht dieses zentralen Elements des Leistungsprinzips im Ensemble der leistungsfördernden Faktoren. Denn in der Tat beeinflußt die spürbar

9 Etwa 80 Prozent der Industrieforscher stimmt völlig der Meinung zu, daß hohe moralische Motivation und Anwendung des Leistungsprinzips sich in der wissenschaftlichen Arbeit nicht ausschließen. Nur etwa jeder neunte Ingenieur vertritt die Auffassung, in der wissenschaftlichen Arbeit spiele das Geld eine untergeordnete Rolle für die Stimulierung von Leistungsbereitschaft (I-86).
10 Grundzüge der leistungsorientierten Lohnpolitik sind dargestellt in Hans Rößler/Hilmar Schmidt/Helmut Seidl: Das ökonomische Gesetz der Verteilung nach der Arbeitsleistung. Die gesellschaftlichen Fonds der Konsumtion, Berlin 1986.

leistungsabhängige Entlohnung maßgeblich, ob und wie stark eine Reihe von Bedürfnissen und anderen sozialen Erscheinungen als Triebkräfte für Leistungsverhalten im Arbeitsprozeß wirksam werden.

Unmittelbar betrifft das all jene Bedürfnisse, deren Realisierung über Ware-Geld-Beziehungen vermittelt ist. Wenn Untersuchungen zuweilen zum Ergebnis gelangten, das Streben nach höherem Verdienst nehme in der Motivstruktur von Forschern und Ingenieuren einen vergleichsweise niedrigeren Rang ein als bei Produktionsarbeitern, so hat das vor allem zwei Ursachen: Die günstigeren objektiven Möglichkeiten und höheren subjektiven Ansprüche von Ingenieuren, *im* Arbeitsprozeß andere Bedürfnisse zu verwirklichen *und* ihre relativ geringeren realen Chancen, durch bessere Leistungen ihr Einkommen zu steigern. Theoretisch falsch und praktisch verhängnisvoll wäre es deshalb, aus dem obengenannten Befund abzuleiten, konsumtiv-materielle (Freizeit-) Bedürfnisse hätten in der wissenschaftlich-technischen Intelligenz eine (absolut) geringere Schubkraft als potentielle Leistungsmotive, weitere Schritte, sie praktisch zu nutzen, wären hier etwa weniger dringlich als bei Produktionsarbeitern.

Besonderheiten gibt es natürlich in der inhaltlichen und zeitlichen Struktur sowie im Anspruchsniveau von Freizeitbedürfnissen. Diese aber legen eher die Schlußfolgerung nahe, daß ihre Realisierung vergleichsweise »teurer« ist, zumal das Durchschnittseinkommen eines Ingenieurs ohne Leitungsfunktion zumeist nicht das des Facharbeiters – vor allem des Schichtarbeiters – übersteigt. Auch der beträchtliche Anteil von Ingenieuren, die einer bezahlten »Feierabendtätigkeit« nachgehen – oftmals unterhalb ihrer Qualifikation –, spricht für die Dringlichkeit einer wirkungsvolleren materiellen Stimulierung. Wenn es finanziell lohnender ist, sich voll für die Lösung der Arbeitsaufgaben zu engagieren, hierfür gegebenenfalls auch einen Teil der Freizeit einzusetzen, geht dieser Anteil zurück. Das belegen zum Beispiel die Erfahrungen im VEB Planeta nach Einführung der erfolgreich praktizierten objektbezogenen Prämierung.

Für jene Minderheit von Forschern, Ingenieuren, Leitern, für die ihre Arbeit dominanter Lebensinhalt ist und die dafür einen beträchtlichen Teil ihrer Freizeit verwenden – ein Typus, der ohnehin für Grundlagenforscher weitaus charakteristischer ist als für Ingenieure im Betrieb – haben leistungsgerechtes Einkommen und bedarfsgerechte Realisierungschancen zweifellos eine andere, keineswegs aber geringere Bedeutung. Hier ist der unmittelbar reproduktionsfördernde Effekt entscheidend, also insbesondere die Frage, wie mit dem erarbeiteten Geld der Umfang und Reproduktionswert der knapp bemessenen arbeitsfreien Zeit erhöht werden können. Ist das unzureichend möglich, so sind diese besonders engagierten Ingenieure sozial benachteiligt gegenüber ihren Kollegen, die von vornherein stärker auf Freizeitbedürfnisse orientiert sind, und für deren Befriedigung mehr Zeit und Energie investieren.

Zugleich tangiert die differenzierte materielle Leistungsanerkennung andere Bedürfnisse und Wertorientierungen. Das betrifft zum Beispiel das stärker hervortretende Bedürfnis nach gesellschaftlich produktiver Respektierung von Individualität. In der Arbeitsleistung kommt eben auch Individualität – individuelle Fähigkeiten, Anstrengungen, Arbeitsstile, Motive – zum Ausdruck, und zwar bei hochqualifizierten Tätigkeiten deutlicher als bei jenen mit geringeren Freiheitsgraden. Zieht man weiterhin in Betracht, daß die materielle Anerkennung von Leistungsunterschieden eine besonders sichtbare gesellschaftliche Leistungsbewertung ist, so wird klar: Nivellierungen im Einkommen sind weit folgenreicher, als dies mit der Formel »unzureichendes Ansprechen materiell-konsumtiver Bedürfnisse« erfaßt wird.

Aus der Tatsache, daß innerkollektive und gesellschaftliche Einkommensstrukturen eine besonders sichtbare, zu mancherlei quantitativem Vergleich anregende gesellschaftliche Leistungsanerkennung sind, daß sie als wichtigste Form differenzierter gesellschaftlicher Wertschätzung individueller Leistungen und Tätigkeiten überhaupt empfunden werden, erklärt sich auch, weshalb sie in besonders sensibler Weise das Gerechtigkeitsempfinden berühren. Wenn Ingenieure in der Industrieforschung in dieser Hinsicht unzufriedener sind als Produktionsarbeiter und Wissenschaftler in der Grundlagenforschung, so ist das unter anderem auf zwei Umstände zurückzuführen: *Einmal* sind hier Wahrscheinlichkeit und Ausmaß von Leistungsunterschieden höher als in Kollektiven materieller Produzenten, sie schlagen sich aber nicht mit gleicher Konsequenz finanziell nieder. *Zum anderen* sind Ingenieure in der Industrie vielfältiger und unmittelbarer als Kader an Hochschulen mit dem Vergleich ihres Einkommens zu dem anderer sozialer Gruppen »konfrontiert«. Ungünstige, weil Leistung, Qualifikation, Verantwortung von Ingenieuren unzureichend berücksichtigende (relative) Einkommenschancen von Ingenieuren können zudem recht direkt ihre Funktionen, ihre Autorität und Durchsetzungsfähigkeit an der Nahtstelle unterschiedlicher sozialer Gruppen behindern, – beispielsweise wenn ein Technologe gegenüber einem spürbar höher entlohnten Produktionsarbeiter optimale Leistungsnormen oder andere technologische Parameter durchzusetzen hat, die dessen Interessen tangieren.

Weiterhin ist eine deutlich nach Leistung differenzierte Einkommensstruktur ein unverzichtbares soziales Regulativ, um die für die Leistungsfähigkeit ganzer Forschungs- und Entwicklungskollektive bzw. der Gruppe der wissenschaftlich-technischen Intelligenz ausschlaggebenden Positionen/Funktionen möglichst eignungsgerecht zu besetzen. Das betrifft solche wesentlichen Dimensionen der inneren Struktur der wissenschaftlich-technischen Intelligenz wie die funktionelle Gliederung nach leitender/nichtleitender Tätigkeit, nach den spezifischen Aufgaben im Innovationszyklus (von anwendungsorientierter Grundlagenforschung bis hin zur Ingenieurarbeit im unmittelbaren Überleitungsprozeß) oder die institutionell weniger abgrenzbare Differenzierung nach »Spitzenkader« und »Durchschnitt«.

Je attraktiver das jeweils obere Niveau von Leistung, Qualifikation und Verantwortung finanziell anerkannt wird und juristische Regelungen die leistungs- und fähigkeitsorientierte Mobilität begünstigen, um so wirksamer kann der eignungsgerechte Einsatz der Ingenieure unterstützt bzw. die personelle Reproduktion der entsprechenden Positionen, Funktionsgruppen »optimiert« werden. Wenn also Forschungsarbeit höhere Anforderungen an kreative Fähigkeiten impliziert als andere Einsatzgebiete eines Diplomingenieurs, die spezielle Eignung aber erst gültig im Arbeitsprozeß bewiesen werden kann, so ergibt sich daraus: Diese berufliche Position muß auch finanziell hinreichend attraktiv sein, um Möglichkeiten eignungsgerechter Auswahl zu sichern, und das Arbeitsverhältnis sollte entsprechend flexibel

(Probezeiten, befristete Arbeitsverträge) sein. Und ein Forschungsingenieur, der seine unzureichende Eignung auch am Vergleich seines Einkommens mit dem seiner leistungsstärkeren Kollegen spürt, wird wohl eher geneigt sein, sich um eine Tätigkeit zu bemühen, in der er für sich und die Gesellschaft mehr leisten kann.

Aufgrund dieser vielfältigen Funktionen eines wirksamen Systems materieller Stimulierung ist es so wichtig, daß im Verlauf des letzten Jahrzehnts eine Wende zu einer wirklich leistungsorientierten Entlohnung in der wissenschaftlich-technischen Intelligenz eingeleitet wurde. War früher das Einkommen der Ingenieure nahezu ausschließlich durch Dienststellung, -alter und Qualifikationsabschluß bestimmt, so haben sich die Chancen für leistungsabhängige Einkommenssteigerungen kontinuierlich verbessert. Insbesondere hinsichtlich der juristischen Möglichkeiten zur materiellen Anerkennung individueller Leistungsunterschiede in Forschung und Entwicklung wurden bedeutende Fortschritte erzielt. Dort, wo sie ausgeschöpft werden, haben sich – nach Einschätzung von Ingenieuren und Leitern – Termindruck, Konzentration auf Schwerpunktaufgaben, das kollektive Engagement für den erfolgreichen Projektabschluß und andere Momente des Leistungsverhaltens günstig entwickelt.[11] Die Anlässe und Zwänge, sich mit dem Leistungsniveau von einzelnen oder Kollektiven auseinanderzusetzen, haben zugenommen. Nunmehr kommt es darauf an, bewährte Formen (wie beispielsweise den aufgabenbezogenen Gehaltszuschlag) in breiterem Umfang anzuwenden, was auch vom XI. FDGB-Kongreß gefordert wurde.[12] Dies entspricht auch den Erwartungen der Ingenieure, die vor allem eine deutlicher differenzierte materielle Anerkennung unter- und überdurchschnittlicher Leistungen für dringlich erachten.

11 Nach Ergebnissen der I-86.
12 »Entschieden treten wir dafür ein, die gegebenen Möglichkeiten, wie die aufgabengebundenen Gehaltszuschläge in Forschung, Entwicklung, Konstruktion und Projektierung, bei Wahrung hoher Maßstäbe weitaus stärker anzuwenden.« (Die Entwicklung unserer Republik ist untrennbar mit der Kraft und Autorität der Gewerkschaften verbunden. Aus dem Bericht des Bundesvorstandes des FDGB an den 11. FDGB-Kongreß. Berichterstatter: Harry Tisch. In: Neues Deutschland (B), 23. April 1987, S. 4.)

Bei der weiteren Vervollkommnung der leistungsabhängigen Entlohnung in der wissenschaftlich-technischen Intelligenz entsprechend der vom XI. Parteitag bekräftigten leistungsorientierten Lohnpolitik[13] können wir uns auf einen beachtlichen Fundus an gesellschaftlichen Erfahrungen stützen. Einige davon werden nachfolgend analysiert.

■ *Erstens.* Bewährt hat es sich, den wirklich *leistungsabhängig variablen Teil des Einkommens* kontinuierlich zu vergrößern. Das kann sowohl in Form längerfristig gültiger Einstufungen (in Gehaltsgruppen bzw. Von-bis-Spannen entsprechend dem relativ stabilen Niveau von Qualifikation, Verantwortung, Arbeitsergebnissen) als auch aufgaben- bzw. projektkonkret erfolgen, also an persönlich beeinflußbare, für einen überschaubaren Zeitraum vorgegebene Leistungskriterien gebunden sein. Hierbei hat sich vor allem der aufgabenbezogene Gehaltszuschlag (AGZ) als eine für weite Bereiche der Ingenieurarbeit gültige Form erwiesen. Er ist in seiner Höhe (bis 500,– Mark monatlich) attraktiv und berücksichtigt in seinem Auszahlungsmodus wesentliche Besonderheiten von industrieller Forschungsarbeit.

Gewiß können auch leistungsorientierte (LOZ) Zuschläge im Umfang von etwa zehn Prozent des monatlichen Nettoeinkommens – die nach wie vor am meisten praktizierte ergebnisbezogene Stimulierungsform – im (praktisch äußerst seltenen) Fall ihrer öffentlichen Nichtgewährung als negative moralische Sanktion wirken, kaum jedoch als positiver materieller Anreiz. Es entspricht durchaus der Spezifik von wissenschaftlicher Arbeit, wenn etwa ein Drittel des Einkommens oder mehr leistungsabhängig variabel gestaltet ist. Solche Differenzierungsspannen werden von der überwiegenden Mehrheit der Ingenieure nicht nur schlechthin als gerecht und stimulierend akzeptiert, sondern erwartet[14] – vorausgesetzt natürlich, sie sind an wirklich beeinflußbare Leistungskriterien gekoppelt.

13 Siehe: XI. Parteitag der SED. Bericht des ZK der SED. S. 48.
14 So stimmen zum Beispiel 64 Prozent der befragten Projektanten vorbehaltlos der Feststellung zu: »Ich finde, das Leistungsprinzip verlangt viel deutlichere Gehaltsunterschiede, als wir haben.« Lediglich 3 Prozent verneinen dies. (Siehe Günter Gutsche/Sonja Häder: Objektive und Subjektive Voraussetzungen, S. 52.) Eine ähnliche Tendenz ist aus anderen Untersuchungen ablesbar.

Gegenwärtig jedoch schlagen sich Leistungsunterschiede noch unzureichend in Einkommensdifferenzierungen nieder. Für die meisten Kollektive in Forschung und Entwicklung sind monatliche Einkommensunterschiede zwischen der Leistungsspitze und dem »Durchschnitt« charakteristisch, die etwa jener Summe entsprechen, die durch manche Feierabendarbeit unterhalb der erworbenen Ingenieurqualifikation, dabei mitunter durch Tätigkeiten, die mit dieser Qualifikation überhaupt nichts zu tun haben, erreichbar ist. Der aktuelle Weg, um diese Situation sukzessive zu überwinden und zu sichern, daß die »Werktätigen mit den höchsten Leistungen ... den größten Zuwachs im persönlichen Einkommen haben«[15], ist die offensivere Ausschöpfung der in den letzten Jahren beträchtlich erweiterten gesetzlichen Regelungen. Ob hierfür der aufgabenbezogene Zuschlag, andere projektkonkrete bzw. leistungsorientierte Gehaltszuschläge in attraktiven Differenzierungsspannen oder die Zuerkennung persönlicher Gehaltsgruppen die geeignete praktische Form ist, wird von den jeweiligen Bedingungen diktiert. Entscheidend ist das Ziel, überdurchschnittliche Leistungen markanter anzuerkennen und längerfristig solche Einkommensstrukturen zu profilieren, in denen sich relativ stabile Leistungsunterschiede zwischen Spitze und Durchschnitt in einem sozial differenzierenden Ausmaß niederschlagen.

In jedem Fall aber ist Konsequenz auf verschiedenen Leitungsebenen erforderlich. Das ergibt sich schon aus der Notwendigkeit, den jährlich verfügbaren Zuwachs an Stimulierungsmitteln konzentriert einzusetzen. Deren »breite Streuung« kann zwar einen bestimmten Typ von Spannungen, Konflikten vermeiden, aber eben um den Preis leistungsgerechter Differenzierung, produktiver Auseinandersetzungen um das Leistungsniveau einzelner Kollegen oder ganzer Kollektive.

Beim aufgabenbezogenen Leistungszuschlag verlagert sich diese Entscheidung auf die gründliche Auswahl der wichtigsten und anspruchsvollsten Themen, Aufgaben und der hierfür geeigneten kreativen Kader (insofern überhaupt Auswahlmöglichkeiten bestehen). Je besser dies gelingt und je

15 XI. Parteitag der SED. Direktive des XI. Parteitages der SED, S. 96.

überschaubarer an die Bearbeiter überdurchschnittliche Leistungsanforderungen gestellt sind, desto eher wird diese Stimulierung auch von anderen akzeptiert, die zum gegebenen Zeitpunkt oder (funktionell bedingt) überhaupt keine Chance haben, an einem derart stimulierten Projekt mitzuarbeiten.

Dennoch bleibt die Herausforderung zu bewältigen, daß die erforderliche Prioritätensetzung nicht die Proportionalität des Forschungsprozesses gefährdet, indem andere Aufgaben vernachlässigt werden und deren Bearbeiter sich auf Dauer an den Rand des Geschehens zurückgesetzt fühlen. Dieser Tendenz ist unter anderem dadurch zu begegnen, daß auch die anderen Stimulierungsformen effektiver praktiziert werden, also zum Beispiel der leistungsorientierte Gehaltszuschlag in seinen Differenzierungsspannen und seiner Leistungsabhängigkeit attraktiver wird. Chancengerechtigkeit kann jedoch nicht bedeuten, daß jeder Ingenieur, unabhängig von seiner Funktion und aktuellen Aufgabe, einen Anspruch auf Einbeziehung in jegliche Stimulierungsform hat; sie bezieht sich auf die Gesamtheit der Möglichkeiten leistungsabhängiger Einkommenssteigerung und auf größere Zeiträume.

Um wissenschaftlich-technische Leistungen auf diese Weise wirksamer zu stimulieren, kann es durchaus zweckmäßig sein, »traditionelle« Proportionen bei der Verteilung von Stimulierungsmitteln auf die einzelnen Bereiche und Gruppen des betrieblichen Reproduktionsprozesses zugunsten von Forschung, Entwicklung, Technologie zumindest zeitweilig zu verändern. Akut wird dies vor allem, wenn in einer Phase tiefgreifender Innovationen Leistungsanforderungen an Ingenieure spürbar in Umfang und Niveau zunehmen.

Spielräume und Konsequenz für solche Entscheidungen sind unter anderem davon abhängig, wie stark von der Leistungsbewertung auf Kombinatsebene her das ökonomische Interesse an wissenschaftlich-technischen Innovationen gefördert wird, wie stimmig über die wirtschaftliche Rechnungsführung die Bewertung von wissenschaftlich-technischen Leistungen in den betrieblichen Reproduktionsprozeß eingeordnet und mit der Zuführung zu Stimulierungsfonds gekoppelt ist. (Dies ist zugleich eine Voraussetzung, um die

Existenz besonders leistungsstarker Forschungskollektive bzw. »Schulen« in der Industrieforschung ökonomisch anzuerkennen und zu fördern, sie in unser Konzept des Leistungsprinzips einzuordnen. Eine spezifische Anwendung des Leistungsprinzips hat ja nicht nur die beträchtlichen individuellen, sondern gleichermaßen auch die kollektiven Leistungsunterschiede in Rechnung zu stellen.) Es ist durchaus kein bloßer Zufall, wenn in jenen Kombinaten und Betrieben, die besonders stark und direkt mit dem Weltmarkt konfrontiert und dementsprechend innovationsorientiert sind, in der Regel auch das Leistungsprinzip in Forschung und Entwicklung wirksamer durchgesetzt ist.

■ *Zweitens.* Eine wirklich leistungsabhängige Entlohnung schließt von vornherein *Flexibilität* im Zusammenhang von Leistungs- und Einkommensniveau nach *oben und unten* ein. Dieses Erfordernis tritt um so stärker hervor, je größer die von der Gesellschaft als direkt leistungsabhängig definierten Einkommensbestandteile sind. Zweifellos ist die positive Abhängigkeit zwischen steigenden Leistungen und wachsendem Einkommen die hauptsächliche und »bequemer« durchzusetzende Wirkungsrichtung. Aber es gehört zu den Grunderfahrungen beim Praktizieren des Leistungsprinzips in unserem Land: Ist die Elastizität nach *unten* unzulänglich ausgeprägt, so wird nicht nur die real wirksame Differenzierungsspanne objektiv verkürzt, sondern es entsteht sehr rasch ein sozialpsychisches Klima und einseitiges Verständnis vom Leistungsprinzip, welche eindeutig leistungsbezogene Zuschläge, Einstufungen usw. als »feste« Bezüge erscheinen lassen. Daß bei der erforderlichen Elastizität beachtliche Reserven existieren, geht aus einer Reihe von Befunden hervor: Die Angehörigen der wissenschaftlich-technischen Intelligenz selbst betrachten mangelnde Flexibilität als gravierenderes Problem bei der leistungsorientierten Entlohnung als etwa die Höhe ihres Einkommens. Allein schon der weit verbreitete Ausdruck »Abzug« für die Nichtgewährung von leistungsorientierten Zuschlägen ist ein deutliches Indiz für eine einseitig praktizierte Leistungsabhängigkeit; leistungsabhängige Einkommensbestandteile werden fest einkalkuliert.

In unseren Untersuchungen stießen wir sogar auf Kollektive, in denen die leistungsschwächsten Forscher die höchsten Einkommen realisierten. Sie hatten vor mehr als zehn Jahren an einem besonders wichtigen Projekt gearbeitet und wurden dafür in eine Gehaltsgruppe eingestuft, die ihrem gegenwärtigen Leistungsniveau nicht mehr entspricht.[16] Das sind zwar extreme »Fälle«, sie verweisen aber zugleich auf ein allgemeines Problem: Während bei Stimulierungsformen, die an konkrete Ergebnisse bzw. Aufgaben gebunden und zeitlich klar befristet sind (wie zum Beispiel beim AGZ), der Druck auf Konsequenz (Gewährung-Nichtgewährung) von vornherein größer ist, sind noch erhebliche Anstrengungen notwendig, um Leistungsanerkennungen für ein längerfristig stabiles Leistungsniveau hinreichend flexibel zu gestalten. Je mehr es aber auch auf diese Weise möglich wird, Leistungsunterschiede nach oben anzuerkennen (Erweiterung der Von-bis-Spannen, Zuerkennung persönlicher Gehaltsgruppen), um so dringlicher ist es, den Grundsatz der Verteidigungspflicht erworbener, leistungsabhängiger finanzieller Positionen durchzusetzen. Die gesetzlichen Möglichkeiten hierfür bestehen. Aber sowohl Qualität als auch Regelmäßigkeit, in der periodische Leistungseinschätzung oder Attestationen erstellt und dabei Schlußfolgerungen für die weitere Entwicklung des Kaders fixiert werden, sind vielerorts unzureichend. Beurteilungen leistungsschwächerer Mitarbeiter enthalten oftmals keinerlei Aussagen zum Leistungsniveau.[17]

Wird über die Ursachen derartiger Inkonsequenzen diskutiert, werden oft zwei Faktoren einseitig in den Vordergrund gerückt. Das ist einmal die *Kompliziertheit der Bewertung* individueller Leistungen in Forschung, Entwicklung, Projektierung usw. Offensichtlich ist das in diesen Bereichen weitaus schwieriger als bei vielen Tätigkeiten in der materiellen Produktion. Die Meßbarkeit von Leistungen ist hier wohl eher

16 Wir stützen uns hier auf Ergebnisse einer Kollektivforschung, die Uwe Burmester (Institut für Marxistisch-Leninistische Soziologie der Akademie für Gesellschaftswissenschaften beim ZK der SED) 1986 in F/E-Bereichen der Industrie durchgeführt hat.
17 Dieses Ergebnis einer umfangreichen Analyse von Beurteilungen für Forschungs- und Entwicklungskader trug Neidhardt Henning auf dem 4. Soziologie-Kongreß (1985) der DDR vor. (Siehe: Soziale Triebkräfte ökonomischen Wachstums, S. 288.)

die Ausnahme. Dementsprechend sind die Bewertungs- und Einschätzungsspielräume größer, die es konsequent und kompetent auszufüllen gilt. In besonderem Maße betrifft das interdisziplinär zusammengesetzte Themenkollektive. Und bei Projekten, die auf verschiedenen Gebieten gleichzeitig in Neuland vorstoßen, sind objektive Schwierigkeiten, Anlaufprobleme von subjektiven Fehlern besonders schwer zu trennen. Dennoch zeigen die Erfahrungen jener Kollektive und Betriebe, in denen das Leistungsprinzip organisch in die Leitungstätigkeit integriert ist, in denen die sozialen Normen eines ausgeprägten Leistungsklimas »leben«: Ist der Wille zur leistungsgerechten Differenzierung vorhanden, sind die richtigen, kompetenten Partner an der Leistungseinschätzung beteiligt, werden Kriterien und Zeiträume gewählt, die dem jeweiligen Projekt bzw. individuellen Aufgaben angemessen sind, so ist es durchaus möglich, das Leistungsniveau des einzelnen bzw. seinen ungefähren Anteil an einem kollektiven Ergebnis einzuschätzen. Bestätigt wird dies auch durch Untersuchungen, die nachweisen, daß die Eingruppierung der Mitarbeiter von Kollektiven in Forschung und Entwicklung nach ihrem Leistungsniveau vermittels unterschiedlicher Methoden bzw. Subjekte hochgradig übereinstimmen: die Einschätzung durch den Kollektivleiter, die Bewertung nach objektiven, funktionsspezifischen Kriterien (Patente, Publikationen, Neuerervorschläge) und die gegenseitige Einschätzung der Kollektivmitglieder.

Noch häufiger wird in diesem Zusammenhang auf *ungenügend konsequentes Verhalten von Leitern* verwiesen. Zweifellos hat der *Kollektivleiter* eine Schlüsselrolle und -verantwortung bei der wirksamen Durchsetzung des Leistungsprinzips. *Er* – weder die übergeordnete Leitung noch die Kaderabteilung – kennt am besten die »Leistungshierarchie« in seinem Kollektiv, die Entwicklung der einzelnen Mitarbeiter; er weiß, wann angestrengte Forschungsarbeit, die aufgrund vertretbaren Risikos nicht zum Erfolg führte, dennoch Anerkennung verdient; welche Form der Leistungsanerkennung bei wem am wirksamsten »anschlägt«. Aus der Sicht der Mitarbeiter ist er (bzw. das Kollektiv) die entscheidende »Instanz« der Leistungsbewertung und -anerkennung. Richtig ist auch, daß hierbei eine konsequente Haltung und Charakterstärke in hohem Maße gefordert sind. Denn wie ein Leiter seine Möglichkeiten zur Anerkennung von Leistungsunterschieden im Kollektiv auch handhabt, in jedem Falle bewegt er sich in einem Spannungsfeld:

– Schon das Interesse, das reale Leistungsgefälle innerhalb eines Kollektivs sichtbar und spürbar zu machen, ist bei den leistungsstarken Kollektivmitgliedern stärker ausgeprägt. Unterschiedliche Reaktionen lassen sich deshalb kaum vermeiden. Mit einer gewissen Wahrscheinlichkeit macht sich der Leiter bei einem Teil des Kollektivs zumindest zeitweilig unbeliebt, – auch bei Kollegen, mit denen ein sozialistischer Leiter sozial, politisch, emotional verbunden ist und deren freiwilliges Engagement er in vielfältigen Situationen braucht.

– Leiter und Kollektiv bewerten den einzelnen und seinen Gesamtbeitrag zur kollektiven Leistung an unterschiedlich akzentuierten Kriterien. Funktional bedingt haben hierbei aus der Sicht des Leiters die unmittelbaren *Arbeitsergebnisse* ein höheres relatives Gewicht als aus der Perspektive des Kollektivs. Letzteres beurteilt den einzelnen tendenziell komplexer, veranschlagt das kollegiale Leistungs- und *Gesamtverhalten* höher – eine Sichtweise, die aus dem kooperativen Charakter der Arbeit, der erlebten Zusammenarbeit, den vielfältigen zwischenmenschlichen Beziehungen usw. erwächst. Beide Bezugsysteme sind notwendig und haben spezifische Potenzen als Determinanten von Leistungsverhalten; der Unterschied wird jedoch nur dann produktiv, wenn sich der Leiter nicht dem Normdruck des Kollektivs anpaßt.

– Des weiteren sollte der Leiter in seinen Urteilen über individuelle und kollektive Leistungen von Maßstäben ausgehen, die in der Regel das kollektive Leistungsanspruchsniveau übertreffen. Das ergibt sich vor allem aus der Tatsache, daß im kollektiven Leistungsanspruchsniveau eben auch die Leistungsmaßstäbe der schwächeren Kollektivmitglieder enthalten sind.

Aus all diesen Gründen ist die *konsequente Haltung des Leiters* unabdingbar für die Durchsetzung des Leistungsprinzips. Aber: »Konsequenz« ist weder eine isolierte noch unveränderliche Leiterqualität. Sie ist oftmals um so deutlicher ausgeprägt, und vor allem wirksamer, je mehr sie sich mit *fachlicher Kompetenz* paart. In besonderem Maße gilt das für Kollektive in Forschung und Entwicklung. Aufgaben zu stellen und Ergebnisse einzuschätzen, das erfordert hohe Qualifikation und Überblick. Der Leiter demonstriert mit einer öffentlichen Leistungseinschätzung sein eigenes fachliches Urteilsvermögen.

Zugleich aber ist »Konsequenz« selbst »Resultante« vielfältiger Rahmenbedingungen seines Handelns. Deshalb sollten sich Leitungen, in deren Verantwortungsbereich gehäuft Inkonsequenz auftritt, unter anderem folgende Fragen vorlegen:

– Inwiefern ist in der ideologischen Arbeit darauf hingewirkt worden, daß nicht nur das Leistungsprinzip »an sich«, sondern auch seine »unbequemen«, differenzierenden Folgen[18] hinreichend im *Wertebewußtsein*, im Sozialismusbild als notwendig, legitim, sozial gerecht verankert sind? Wird ein *einheitlich*-konsequentes Handeln von Leitern im Kombinat und Territorium gefördert, oder werden konsequente Leiter »alleingelassen«? Nehmen die oftmals komplizierten und »heiklen« Probleme bei der Durchsetzung leistungsgerechter Differenzierungen einen gebührenden Platz ein in der Leitungstätigkeit, in der Weiterbildung, in der Arbeit von Partei- und Gewerkschaftsorganisation, oder ist dies nur in der Einführungsphase neuer Regelungen zur leistungsorientierten Entlohnung der Fall?

– Wie sind Autorität und *sozialer Status* von Leitern sowie ihre Befugnisse bei der Durchsetzung des Leistungsprinzips beschaffen? Welche Vorteile haben sie, wenn sie es in ihrem Verantwortungsbereich strikt zur Geltung bringen? Werden zum Beispiel Kompetenzen, Entscheidungsspielräume von Leitern bei der Verteilung von Stimulierungsmitteln in kleinlicher Weise reglementiert oder ist dies mit einem »abschreckend« hohen bürokratischen Aufwand verbunden, so wird dies zu Recht als Widerspruch zu ihrer sonstigen Verantwortung empfunden. Prüfenswert ist der häufig von Kollektivleitern unterbreitete Vorschlag, ihnen das Recht einzuräumen, nicht gewährte leistungsbezogene Zuschläge gänzlich oder teilweise innerhalb des Kollektivs zugunsten leistungsstärkerer Mitarbeiter umzuverteilen. Dies könnte

18 Einige theoretische Aspekte dieser Problematik sind behandelt in Frank Adler: Das sozialistische Leistungsprinzip in der Dialektik von sozialer Gleichheit und Differenziertheit. In: DZfPh, 1986, Heft 2, S. 116.

nicht nur die Stellung des Kollektivleiters im Stimulierungsprozeß stärken, die Differenzierungsspannen objektiv erweitern, sondern vor allem auch das Interesse *im* Kollektiv an leistungsgerechter Entlohnung – einschließlich negativer Sanktionen – bekräftigen.

Überhaupt wirken Interessen und Normengefüge des Kollektivs als einflußreiche »Filter« bei der differenzierten Bewertung und Stimulierung individueller Leistungen durch den Leiter; eine Tatsache, die aus der starken Position der Arbeitskollektive in unserer Gesellschaft resultiert. Um in wissenschaftlichen Kollektiven das Leistungsanspruchsniveau und die Bereitschaft zur offenen, kritischen Auseinandersetzung mit unzureichenden Leistungen zu fördern, ist unter anderem zweierlei vonnöten: Ein *höheres Niveau der Aufgaben* und Leistungsziele, das die *schöpferischen* Fähigkeiten mehr herausfordert, – verbunden mit einer attraktiven Honorierung überdurchschnittlicher Ergebnisse –, gibt besonders kreativen Forschern mehr Chancen und Impulse, mit ihren Fähigkeiten, Leistungen und Ansprüchen hervorzutreten und dem mancherorts nicht geringen (innerkollektiven) Anpassungsdruck in Richtung »guter Durchschnitt« zu widerstehen. Sie werden stärker von Leiter und Kollektiv für den gemeinsamen Erfolg benötigt und sie können demzufolge ihre Position im innerkollektiven »Kräfteverhältnis«, ihren Einfluß auf das Normengefüge verbessern. Wird zudem das *kollektive materielle Interesse* deutlich angesprochen, so kann dies ebenfalls die gegenseitige erzieherische Einflußnahme, die kritische Auseinandersetzung im Kollektiv anregen.

Auf solche Wirkungen kollektiven Erfolgsdrucks verweisen die Erfahrungen jener Kollektive, in denen der AGZ überschaubar an das kollektive Endergebnis gebunden ist. Dieser Effekt kann noch durch *Mitspracherechte* des Kollektivs bei der leistungsgerechten Verteilung von Stimulierungsmitteln verstärkt werden – vor allem dann, wenn die Mittel in ihrer Größenordnung so attraktiv sind, daß es lohnt, um ihre Differenzierung zu streiten. Solche Möglichkeiten sind in den neueren Regelungen zur Differenzierung des akkumulierten AGZ-Betrages ausdrücklich fixiert. Demgegenüber können von »außen« bzw. »oben« erzwungene leistungsbezogene Einkommensdifferenzierungen (so durch pauschal vorgegebene Quoten für die Nicht-Gewährung von LOZ oder für die Einbeziehung in AGZ) bestenfalls als »Initialzünder« den Druck zur leistungsgerechten Differenzierung verstärken. Läuft dies jedoch den Interessenlagen des Kollektivs, dem realen Leistungsgefälle, damit auch dem Gerechtigkeitsempfinden zuwider, so findet das Kollektiv recht bald wirkungsvolle »Gegenstrategien« bzw. »Ausgleichsmechanismen«.

Mit welcher Klarheit anspruchsvolle individuelle und kollektive Leistungsziele vorgegeben und wie konsequent unterschiedliche Ergebnisse und Anstrengungen bewertet und anerkannt werden, das wird maßgeblich beeinflußt vom Niveau der Stabilität, *Planmäßigkeit und Organisiertheit* des gesamten Arbeits- und Leitungsprozesses. Die Folgen ungenügend beherrschter ökonomischer und wissenschaftlich-technischer Dynamik und Vergesellschaftung (diskontinuierlicher Arbeitsablauf, Instabilität von Kooperationsbeziehungen) begünstigen die Vorgabe »verschwommener« Ziele und erschweren die deutliche Fixierung subjektiv beeinflußbarer Unterschiede in den Arbeitsergebnissen. Zugleich werden dadurch (Wechsel von ungenügender Auslastung des Arbeitsvermögens und Überstunden, die uneffektive Verwendung von Arbeitsergebnissen auf der nachfolgenden Verarbeitungsstufe usw.) tendenziell Leistungsanerkennungen moralisch und ökonomisch entwertet.

Gleichfalls werden die Leistungsmaßstäbe von Kollektiv und Leiter sowie ihre Bereitschaft zur kritischen Auseinandersetzung um Leistungsreserven maßgeblich beeinflußt von der *politisch-ideologischen Atmosphäre* im Betrieb und Kombinat. Ziele und Ergebnisse kompromißlos an volkswirtschaftlichen Erfordernissen und international gültigen Maßstäben zu bewerten, ist ein Anspruch an alle Leitungsebenen. Und bei der Ausprägung einer kritisch offenen Atmosphäre in den Kollektiven hat natürlich das gesamte soziale und geistige Klima eine normsetzende Funktion, insbesondere die Art, wie Erreichtes *und* Unzulängliches im Kombinat oder in der publizistischen Öffentlichkeit bilanziert wird.

■ Aus all dem läßt sich – gewissermaßen als eine *dritte* gesellschaftliche Erfahrung – ableiten: Der Kollektivleiter hat gerade in Forschung und Entwicklung und in anderen Bereichen von Ingenieurarbeit eine beträchtliche, durch niemand ersetzbare Verantwortung bei der leistungsgerechten Einkommensdifferenzierung. Zugleich aber ist sein Verhalten, die Durchsetzbarkeit der einschlägigen gesetzlichen Möglichkeiten, von zahlreichen ökonomischen, sozialen und ideologischen Rahmenbedingungen bestimmt. Die Auseinandersetzung mit inkonsequentem Leiterverhalten *und* die Analyse seiner objektiven Ursachen im gesamten Reproduktionsprozeß bilden eine einheitliche Aufgabe bei der Durchsetzung des Leistungsprinzips.

■ *Viertens.* Der stimulierende Effekt leistungsorientierter Entlohnung der Ingenieure ist maßgeblich davon bestimmt, wie es gelingt, den *ökonomischen und sozialen Besonderheiten* ihrer Tätigkeitsbereiche, Funktionen, Leistungen Rechnung zu tragen. Allgemeingültigkeit und Einheitlichkeit des Leistungsprinzips beziehen sich auf seine grundsätzlichen Ziele und Mechanismen. Um diese unter verschiedenartigen sozialtypischen objektiven und subjektiven Bedingungen durchzusetzen, sind spezifische Methoden der Erfassung, Bewertung und Anerkennung von Leistungen unabdingbar; ansonsten gerät »Einheitlichkeit« zu Schematismus, Formalismus, zeitigt gegenläufige Wirkungen.

Gerade diese Erfahrung wurde mit viel »Lehrgeld« bezahlt, vor allem in den Forschungsbereichen der Industrie. Die räumlich-soziale Nähe zur materiellen Produktion und zur Arbeiterklasse, das Streben nach möglichst einheitlichen Regelungen, aber auch mechanische Vorstellungen vom sozialen Prozeß der Annäherung von Arbeiterklasse und wissenschaftlich-technischer Intelligenz können offenkundig dazu »verleiten«, in der materiellen Produktion bewährte Formen und Methoden der Durchsetzung des Leistungsprinzips pauschal auf die Industrieforschung zu übertragen.

Im Verständnis und der praktischen Berücksichtigung von Besonderheiten geistig-schöpferischer Arbeit im Bereich Forschung und Entwicklung sind inzwischen deutliche Fortschritte erzielt worden: Die Kriterien und Methoden individueller und kollektiver Leistungsbewertung entsprechen genauer der begrenzten Normierbarkeit schöpferischer Leistungen, den tatsächlichen Einflußmöglichkeiten von Forschung und Entwicklung auf die Effektivität des Reproduktionsprozesses sowie dem Phasenverlauf der Projekte. Nicht jedes Forschungsprojekt und -kollektiv kann zum gleichen

Zeitpunkt, etwa monatlich, zwecks einheitlicher Abrechnung und Wettbewerbsführung in Forschung, Entwicklung *und* Produktion adäquat als Leistung bewertet werden. Wichtig ist es, Einseitigkeiten in der Leistungsbewertung – vor allem ein Übergewicht des »Termindrucks« oder anderer, von »außen« leichter kontrollierbarer Leistungsparameter zuungunsten von Qualität – entgegenzuwirken.

Der aufgabenbezogene Leistungszuschlag entspricht in seinem Auszahlungsmodus wichtigen Besonderheiten von Forschung und Entwicklung, er kann das Interesse an risikobehafteten Aufgaben *und* das kollektive Engagement für ihre erfolgreiche Realisierung fördern. Dies gelingt um so besser, wenn alle wichtigen Partner in die Innovationskette einbezogen, am gemeinsamen Ergebnis interessiert werden. Als problematisch erweist es sich oftmals noch, zwischen Kooperationspartnern unterschiedlicher Betriebe oder Einrichtungen ein annähernd gleich kräftiges Interesse am *gemeinsamen* Erfolg zu stimulieren. Insgesamt hat sich ein angemessenerer moralischer und ökonomischer Umgang mit dem Forschungsrisiko herausgebildet. Es wird zunehmend als eine unvermeidbare, »strukturelle Größe« gehandhabt, die von der jeweiligen Einrichtung zu »verkraften« ist und nicht im Falle des negativen Ausgangs »automatisch« dem einzelnen Forscher oder Kollektiv anzulasten ist.

Insbesondere dort, wo Umfang und Niveau kreativer Aufgaben für Forscher und Ingenieure spürbar gewachsen sind, hat sich zumeist auch das Verständnis für das spezifische Gewicht von Spitzenkönnern vertieft. Die nunmehr vorhandene Möglichkeit, solchen Mitarbeitern persönliche Gehaltsgruppen zuzuerkennen ist ein wichtiger Schritt, um ihre Leistungen materiell stärker zu honorieren, um eine gewisse Starrheit in den Gehaltsstufen, welche die Existenz außergewöhnlich leistungsstarker Kader zuwenig beachtet, zu überwinden.

Dennoch ist – gerade in bezug auf Spitzenkader – das ganze Spektrum wissenschaftsgemäßer Wege differenzierter Leistungsanerkennung keineswegs ausgeschöpft. Mehr Mut und Einfallsreichtum sind gefragt, um das Leistungsprinzip auch in solchen Formen zu praktizieren, die in der materiellen Produktion weder möglich noch sinnvoll sind. Einige Überlegungen hierzu sollen zum Schluß dargelegt werden.

6.4.
Andere Formen differenzierter
Leistungsanerkennung

So wichtig weitere Schritte bei der leistungsgerechten Einkommensdifferenzierung sind, nicht minder bedeutsam ist es, sie durch gesellschaftliche Anerkennungen von Fähigkeits- und Leistungsunterschieden zu ergänzen, die geeignet sind, *unmittelbar* die Wirksamkeit des kreativen Potentials in Wissenschaft und Technik zu erhöhen. Besonders offenkundig und vordringlich ist das bei Spitzenkadern in der Industrieforschung. Ein Beispiel, um einen Aspekt der generellen Problematik zu illustrieren: Im Rahmen unserer Analysen erklärte uns ein Spitzenforscher eines Industriekombinats, der bereits eine sehr hohe Anzahl von Patenten angemeldet hatte, daß er sich mit seinen Einkünften ein Eigenheim bauen ließ – nicht zuletzt, um sich bessere Bedingungen für kreatives geistiges Arbeiten zu Hause zu schaffen. Dabei hat er einen »Freizeitaufwand« in das »Abenteuer Hausbau« investiert, mit dem er wahrscheinlich zehn Patente erarbeitet hätte. Oder: Zeitfonds-Analysen bei Spitzenkadern in Forschung und Entwicklung – insbesondere bei jenen mit Leitungsfunktionen – zeigen, daß die freiwillige Verlängerung der Arbeitszeit schon ein kritisches Maß erreicht hat. Die notwendige Reproduktionszeit wird oftmals nur dadurch gesichert, daß die Ehepartner einen überproportional hohen Anteil bei der Bewältigung der »Alltagsprobleme« übernehmen. Sie sind zwar einerseits stolz auf die Erfolge ihrer Partner, zumal, wenn ihr indirekter Anteil hieran bei Auszeichnungen usw. angemessen gewürdigt wird. Zugleich aber führt diese ungleiche innerfamiliäre Arbeitsteilung, insbesondere bei der jüngeren Generation, zunehmend zu Konflikten, was wiederum den Reproduktionswert der Freizeit für beide Partner untergräbt.[19]

19 Siehe Werner Koch/Steffen Wilsdorf: Subjektive Triebkräfte der Beschleunigung des wissenschaftlich-technischen Fortschritts. Soziologische Bedingungsanalyse einer wissenschaftlich-technischen Spitzenleistung unter besonderer Berücksichtigung des Verhältnisses von Arbeit und Freizeit im Forschungsinstitut »M. v. Ardenne«. Thesen zur Dissertation B, Leipzig 1986.

Die längerfristige Lösung derartiger Probleme ist in unserer Gesellschaftsstrategie klar vorgezeichnet: Ersparnis von Zeit und psychischer Energie *für alle* durch ein bedarfsgerechteres Angebot an Konsumgütern und Dienstleistungen, durch eine insgesamt reibungsloser funktionierende Reproduktionssphäre; bessere Chancen für kreative Tätigkeit *für alle* Forscher und Ingenieure durch Intensivierung der wissenschaftlich-technischen Arbeit.

Dennoch müssen eine Reihe recht gegenwärtiger Fragen beantwortet werden: Können wir uns im Wettlauf mit der Zeit diese Art von »Gleichheit« im gesellschaftlichen Umgang mit der Zeit von Spitzenkönnern leisten, oder sind hier nicht in stärkerem Maße fähigkeits- und leistungsgerechte Prioritäten bei der Verteilung solcher Bedingungen in Arbeit und Freizeit durchzusetzen, welche unmittelbar die Wirksamkeit der Leistungsspitze tangieren? Laufen hier – aufgrund objektiver Besonderheiten dieses Typs von Arbeit und Persönlichkeit (spezifische funktionelle Durchdringung von Arbeits- und Freizeitsphäre, Länge des Arbeitstages usw.) – gleiche Reproduktionsbedingungen nicht sogar tendenziell auf soziale Benachteiligung hinaus?

Wenn wir diese Fragen vorbehaltlos bejahen, so haben wir dafür vor allem drei Gründe.

Erstens sind das zunächst die objektiven – auch nicht durch mehr durchschnittlich befähigte Kader substituierbaren – Funktionen von *Leistungsspitzen* in Wissenschaft und Technik,[20] ihre realen gegenwärtigen Wirkungsbedingungen in Arbeit und Freizeit sowie Besonderheiten ihrer Motivation. Daraus ergeben sich spezifische Aufgaben und Wege, um den allgemeingültigen Grundsatz »Jeder nach seinen Fähigkeiten, jedem nach seiner Leistung« praktisch durchzusetzen.[21] So tritt hier seine Funktion, Leistungsverhalten zu stimulieren, zurück – diese Minderheit *ist* hochgradig leistungsorientiert, die Arbeit *ist* ihr wesentlicher Lebensinhalt – gegenüber dem Ziel, ihnen fähigkeits- und leistungs-

20 Siehe hierzu unter anderem Harry Nick/Reiner Radtke/Sabine Totz: Die wechselseitige Durchdringung wissenschaftlich-technischer und industrieller Arbeit – ein Grundprozeß der Intensivierung. In: Wirtschaftswissenschaft, 1985, Heft 1, S. 19ff.
21 Siehe hierzu auch Gregor Schirmer: Spitzenleistungen erfordern Spitzenkräfte. In: Einheit, 1986, Heft 10, S. 917ff.

gerechte *Wirkungs*möglichkeiten zu verschaffen. In bezug auf den Forschungsprozeß selbst betrifft das unter anderem: Prioritäten im Zugang zu besonders wichtigen, aber knappen Forschungsgeräten, -materialien oder bei der Verteilung anderer materiell-technischer oder organisatorischer Bedingungen effektiven, kreativen Arbeitens (Entlastung von Routinetätigkeiten, spezielle Befugnisse bei der Formierung leistungsstarker Forschungskollektive).

Reserven gibt es mancherorts aber auch bei ihrer Einbeziehung als Experten in strategische Entscheidungen auf Kombinatsebene und in die entsprechenden Informationsflüsse. Zum anderen handelt es sich um Bedingungen der *Reproduktion* ihrer Leistungsfähigkeit in Arbeit und Freizeit. Das Spektrum der hierfür noch zuwenig genutzten Möglichkeiten in der Industrieforschung umfaßt vor allem die Gewährung

– zusammenhängender Zeiträume zum wissenschaftlichen »Auftanken« (zum Beispiel nach Abschluß eines Projekts, einer Phase höchster Verausgabung geistiger und psychischer Kräfte bzw. in Vorbereitung auf ein neues Thema), um der längerfristigen Gefahr des »Ausbrennens«, des wissenschaftlichen Substanz- und Kreativitätsverlusts bei forschungsentscheidenden Kadern vorzubeugen;

– funktionell möglicher individueller Freiräume bei der Gestaltung der Anwesenheitszeit am Arbeitsplatz, womit dem individuellen Leistungsrhythmus deutlicher entsprochen und eine rationellere Zeitstruktur der familiären Lebensführung begünstigt werden könnte;

– direkter Hilfe, Unterstützung für zeitsparende, reproduktionsfreundliche Freizeitbedingungen (beispielsweise Arbeitszimmer in der Wohnung), die Maß und Spezifik der zeitlichen und psychischen Beanspruchung entsprechen.

All das sind keine mit der Person des jeweiligen Spitzenkaders »verwachsenen« Privilegien, sondern durch entsprechende Arbeitsergebnisse stets zu verteidigende gesellschaftliche Leistungsanerkennungen. Ist dies gesichert, und treten Leiter, Partei und gesellschaftliche Organisationen konsequent für die Schaffung erforderlicher Bedingungen ein, so können hiervon auch – gewissermaßen als Nebeneffekt – Impulse für die Reproduktion der für diese Kader charakteristischen Leistungsmotivation ausgehen.

Zweitens. Gleichermaßen unverzichtbar ist dieser Typus gesellschaftlicher Leistungsanerkennung für die *personelle Reproduktion der Leistungsspitze* in diesem Bereich. Er hat hierbei vor allem zwei Funktionen.

a) Fähigkeits- und leistungsgerecht differenzierte Wege in Ausbildung, beruflichem Einsatz und weiterer Entwicklung sind unabdingbar für eine effektive, systematische Förderung von Spitzennachwuchs.

Elementare Voraussetzung dafür ist zunächst, daß für den speziell für Forschungsarbeit befähigten Absolventen ein wirklich optimaler Einsatzort gesichert wird und dies nicht von »Zufälligkeiten« (Vorhandensein von Wohnraum, angemessenen Arbeitsmöglichkeiten für den zumeist ebenfalls hochqualifizierten Ehepartner usw.) abhängig ist. Entscheidend für den weiteren Weg als potentieller Spitzenkader sind Aufgaben, Projekte, die überdurchschnittliche Herausforderungen beinhalten, um – möglichst im Umkreis »gestandener Spitzenkönner« – die eigenen Fähigkeiten unter Beweis zu stellen. Den Grundsatz »Jeder nach *seinen* Fähigkeiten« praktisch zur Geltung zu bringen, heißt hier vor allem auch, ihnen vorrangig solche Qualifizierungschancen einzuräumen, die sicher für alle günstig wären, aber eben nur begrenzt verfügbar sind: Kreativitätslehrgänge, Studienaufenthalte an führenden Forschungsstätten des In- und Auslandes, Auftreten auf wissenschaftlichen Veranstaltungen, die Teilnahme an Verhandlungen mit wichtigen Partnern, Kunden usw. Bei der gezielten, etappenweisen, leistungsabhängigen Förderung von Spitzennachwuchs gibt es inzwischen in einigen Kombinaten verallgemeinerungsfähige Erfahrungen, die allerdings noch recht zögernd in breitem Umfang genutzt werden.[22]

b) Gleichfalls sind derartige fähigkeits- und leistungsabhängige Entwicklungschancen bzw. Wirkungsbedingungen in Verbindung mit anderen (finanziellen und moralischen) Anerkennungen notwendig, um die Position des Spitzenkaders in Wissenschaft und Technik hinreichend *sozial attraktiv* auszugestalten. Der Kreis jener, die gewillt sind, den an-

22 Siehe auch Wolfgang Biermann: Das Wissenschaftspotential des Kombinates. In: Einheit, 1986, Heft 1, S. 21 ff. – Einige Erfahrungen bei der Förderung talentierter Industrieforscher sind verallgemeinert in: Arbeit, Leistung, Persönlichkeit, S. 192 ff.

strengenden Weg zur Spitze ihres Fachs zu beschreiten und durchzustehen, wird offenkundig größer, wenn diese Perspektive mit günstigeren Realisierungschancen für wichtige Bedürfniskomplexe gekoppelt ist.

Für die Minderheit der von ihrer Arbeit »Besessenen« haben natürlich die fachlichen Entwicklungschancen die zentrale motivationale Bedeutung. Aber auch sie haben zumeist eine Familie, ihre entscheidende berufliche Profilierungsphase fällt zusammen mit anderen wichtigen Aktivitäten (Gründung eines »Hausstandes«, Erziehung kleiner Kinder, Übernahme gesellschaftlicher Funktionen usw.). Die Bewältigung der komplizierten Widersprüche bei der Suche nach individuell und familiär optimalen Lebensplänen und zeitlichen Abläufen kann ihnen niemand abnehmen; wohl aber können soziale Lebensbedingungen (beispielsweise Wohnbedingungen) das Auftreten unproduktiver Alternativen reduzieren.

Drittens schließlich sind die genannten Formen nichtfinanzieller Leistungsanerkennung auch für einen breiteren Umkreis von Forschern und Ingenieuren attraktiv, da sie an Bedürfnisse anknüpfen, die bei jedem mehr oder weniger stark ausgeprägt sind. Das gilt für das Streben nach fachlicher Entwicklung, Selbstverwirklichung in Arbeit und Beruf ebenso wie für das Bedürfnis nach rationellen Freizeitstrukturen. Dementsprechend betrachtet die Mehrheit zum Beispiel eine leistungsbezogene Flexibilisierung der Arbeitszeit für einen wichtigen und gangbaren Weg der Leistungsstimulierung.[23] Eine andere Untersuchung ergab, daß unter den erstrebenswerten Zielen beruflichen Vorwärtskommens die Übernahme anspruchsvoller Aufgaben, Arbeit an modernster Forschungstechnik, die Möglichkeit zum Erwerb einer höhe-

---

23 So befürwortet die Mehrheit der Ingenieure in der Industrieforschung (IU-86) eine verstärkte Anwendung von bisher nicht üblichen Formen der *Leistungsstimulierung* (zum Beispiel die leistungsbezogene Gestaltung der Anwesenheitszeit am Arbeitsplatz). Ingenieure in der Projektierung messen unter anderem dem Besuch von Fachtagungen, Messen usw. (73 Prozent), besseren Qualifikations- und Entwicklungsmöglichkeiten (67 Prozent) oder der Gewährung von Studienurlaub eine große bzw. sehr große stimulierende Wirkung zu. (Siehe Günter Gutsche/Sonja Häder: Objektive und subjektive Voraussetzungen, S. 53.)

ren zusätzlichen Qualifikation vordere Rangplätze einnehmen.[24]

Was hiervon zu welchem Zeitpunkt wo praktikabel ist, kann natürlich konkret nur »vor Ort« bestimmt werden. Damit dies jedoch stärker als gegenwärtig gewollt und ermöglicht wird, ist hauptsächlich zweierlei vonnöten: Ein tieferes Verständnis im gesamten Leitungsprozeß und Betriebskollektiv für die Besonderheiten von Forschungsarbeit bzw. der Leistungsmotivation und Wirkungsbedingungen überdurchschnittlich leistungsorientierter und -starker Forscher und Ingenieure sowie eine hinreichende Flexibilität allgemeingültiger Regelungen.

24 In einer Untersuchung von »Bedingungen des Leistungsverhaltens von Angehörigen der wissenschaftlich-technischen Intelligenz in der Industrie (P 81)« wurde auch analysiert, welche Formen des Vorwärtskommens in Arbeit und Beruf Ingenieure (zumeist aus F/E) für erstrebenswert erachten (Angaben in Prozent):

1. Übernahme einer anspruchsvolleren Arbeitsaufgabe bzw. Tätigkeit	55,0
2. höhere fachliche/wissenschaftliche Autorität im Arbeitskollektiv	45,5
3. Einstufung in höhere Gehaltsgruppe	44,6
4. höhere/zusätzliche Qualifikation	29,9
5. Arbeit an modernster Forschungstechnik	24,4
6. Übernahme einer Leitungsfunktion	10,4
7. Delegierung zu einer Tätigkeit oder zu einem Studienaufenthalt im Ausland	7,7
8. höherer/zusätzlicher akademischer Grad	3,8
9. andere Formen	2,5

Inhalt